W0349339

White House Princess

Desaster Teil 1

Any Cherubim

Texte: © Any Cherubim

Umschlaggestaltung: Reiner Sander
Foto: Fotolia:Artl
Pixaby

Lektorat/Korrektorat: Sandra Nyklasz und Anja Horn

Alle Rechte vorbehalten.

Jede Verwertung oder Vervielfältigung dieses Buches – auch auszugsweise – sowie die Übersetzung dieses Werkes ist nur mit schriftlicher Genehmigung der Autorin gestattet. Handlungen und Personen im Roman sind frei erfunden. Ähnlichkeiten mit lebenden oder verstorbenen Personen sind rein zufällig und nicht beabsichtigt.

Copyright © 2017 Any Cherubim
All rights reserved.

ISBN-13: 978-1981103867
ISBN-10: 1981103864

Von Fotografen verfolgt und von der Presse durch den Kakao gezogen, versucht die junge Präsidententochter Leni, ein normales Studentenleben zu führen. Kopflos trifft sie Entscheidungen, die ihr immer wieder Ärger einbringen. Ihr Beziehungsstatus: Es ist kompliziert ...

Wie hätte sie damit rechnen können, dass ausgerechnet Luke Carter, ihr neuer Bodyguard, alles auf den Kopf stellt? Er ist verführerisch, sexy und für Leni absolut verboten. Seine Blicke gehen ihr unter die Haut, seine arrogante, voreingenommene Art auf die Nerven.

Neuer Beziehungsstatus: Es wird komplizierter ...

Während Luke ihr den Verstand raubt und ein Lila-Glitzer-Feuerwerk aus höllischen Gefühlen und himmlischen Qualen schenkt, ahnt Leni nicht, dass sie sich in großer Gefahr befindet - einer Gefahr, die sie und jeden, der ihr nahe steht, das Leben kosten könnte ...

Liebe Leser,

das Weiße Haus in Washington – Machtzentrale, Wohnort des Präsidenten der Vereinigten Staaten und seiner Familie, ein Ort mit unzähligen Geheimnissen. Vielen war ich auf der Spur, landete aber oft in einer Sackgasse. Um die Story so detailgetreu wie möglich zu schreiben, habe ich mich an die meisten Fakten gehalten, mir aber auch erlaubt, einiges frei zu erfinden.

Die Liebesgeschichte zwischen Leni und Luke hat mich nicht mehr losgelassen. Ich hoffe, ihr seid genauso verliebt wie ich.

Eure Any

1

Leni

Wie jeden Sonntagvormittag schlenderte ich mit meinem Dad über den roten Teppich durch die Eingangshalle des Weißen Hauses. An den prunkvollen Anblick, der mich jedes Mal faszinierte, hatte ich mich immer noch nicht gewöhnt, auch wenn das Weiße Haus schon seit drei Jahren mein Zuhause war. Überall auf dem Anwesen spürte man deutlich den historischen Geist der Vergangenheit, der sich in jedem Gemälde, in den wertvollen Vasen und in allen Geheimnissen der letzten Jahrhunderte widerspiegelte.

»Denkst du bitte daran, dass wir nächstes Wochenende den Empfang für den chilenischen Botschafter geben?«, erinnerte mich Dad.

»Ist gespeichert.«

»Und diesmal hätte ich gern eine friedliche Präsidententochter an meiner Seite.«

Ich blieb stehen und seufzte schwerfällig. Die Erinnerung an das letzte Bankett verdüsterte sofort meine Stimmung. »Ich mag es eben nicht, unter dem Tisch begrapscht zu werden, auch wenn es der Sohn eines Kongressabgeordneten ist.«

»Ein Wort hätte ausgereicht, um ihn durch unser Personal entfernenzulassen – ohne öffentlichen Skandal.«

»Immerhin weiß niemand, dass ich dafür verantwortlich war, dass ihm die Hose bis zu den Knöcheln heruntergerutscht ist«, kicherte ich. Ich hatte noch immer das Bild vor Augen, wie Matthew vom Bankett aufstand und vor allen politisch hochrangigen Persönlichkeiten in Unterhose dastand.

»Da hast du recht. Wie hast du es nur geschafft, die Hose so zu öffnen, dass Matthew es nicht bemerkt hat? Sogar die Times hat Fotos von ihm mit heruntergelassener Hose veröffentlicht.«

»Tja, so was nennt man Berufsgeheimnis und wird nicht verraten, Mr. President.«

Wir erreichten die große Flügeltür. Dort wartete meine Limousine mit den Bodyguards, die mich nach Harvard zurückbegleiten würden.

»Ach, komm her, Pepper. Die Wochenenden vergehen viel zu schnell. Du fehlst uns.«

Dad zog mich in seine Arme, und sofort kitzelte mich sein Aftershave, das er schon seit Jahren benutzte. Ich liebte diesen herben und frischen Duft, der zu ihm passte – der einfach zu ihm gehörte. Auch wenn mein Vater der Präsident der Vereinigten Staaten war, war er immer mein Dad geblieben – der Mann, der mir das Fahrradfahren beigebracht, Gute-Nacht-Geschichten vorgelesen und sich immer Zeit für mich genommen hatte – bis heute.

Ich löste mich von ihm. »Du und Mum fehlt mir auch sehr.«

Er küsste mich auf die Stirn, strich meine pink gefärbte Haarsträhne hinters Ohr und führte mich hinaus zur Limousine.

»Ich verspreche, ein braves Mädchen zu sein.«

In seinen Ohren klang es wahrscheinlich wie eine Lüge, aber er brauchte diesen Satz, um mich beruhigt gehenzulassen. Ich setzte ein süßes Lächeln auf, blinzelte, und schon entspannte er sich.

»Wieso habe ich da meine Zweifel?«, neckte er mich grinsend. »Okay, noch eine letzte Umarmung, bitte.« Lachend tat ich ihm den Gefallen. Eine Weile standen wir so da und genossen den seltenen Moment.

Mrs. Blum, Dads Assistentin, unterbrach uns und räusperte sich dezent im Hintergrund. »Mr. President, die Minister warten.«

Er löste sich von mir. »Ich muss los, Leni, die Pflicht ruft.« Er warf einen Blick zur wartenden Limousine und meinen Bodyguards. »Ärgere die Jungs nicht. Du weißt, sie machen nur ihren Job.«

Ich rollte mit den Augen und kam mir vor, als wäre ich wieder sechzehn. »Aber Mr. President, so etwas würde ich niemals tun«, gab ich in gespielter Marilyn-Monroe-Manier von mir. Grinsend schüttelte er den Kopf, als ich mich von ihm abwandte und zur Limousine ging.

»Leni Davis«, rief er mich.

Ich hielt inne und wusste genau, was er wollte. »Ja, Dad?«

Mit dem Zeigefinger winkte er mich zu sich. »Sei ein braves Mädchen und rück ihn raus.«

Er streckte mir seine flache Hand entgegen und wartete. Ertappt legte ich seinen exquisiten Montblanc-Kugelschreiber, den ich geschickt aus seiner Anzugsjacke entnommen hatte, in seine Handfläche zurück.

»Du bist unverbesserlich, Pepper«, lachte er.

»Ich weiß«, gab ich zu. Die Sache mit dem Montblanc war so ein Ding zwischen uns. Schon seit einigen Jahren machte ich mir einen Spaß daraus, alltägliche Dinge aus Taschen verschwinden zu lassen. Ich war gut darin und amüsierte mich köstlich, wenn Mum mal wieder nach ihrer wertvollen Halskette oder unser Personal nach irgendwelchen Wertgegenständen, die es zuhauf im Weißen Haus gab, suchten. Als Kind war ich von Magiern und Zauberkünstlern fasziniert gewesen, schaute YouTube-Videos und übte jeden Tag, bis ich meine Familie und Freunde völlig verblüffte. Mittlerweile war die Sache mit dem Kugelschreiber meines Vaters zu einem Ritual geworden. Bei jeder Verabschiedung stahl ich ihm seinen heißgeliebten Montblanc. Ich sah meinem Dad nach, während er den Stift in seine Innentasche steckte, triumphierend mit seinen Augenbrauen zuckte und zusammen mit seinem Stab im Weißen Haus verschwand.

Seufzend wandte ich mich dem Wagen und den vier Jungs zu, die mich nach Harvard begleiten würden. Ziemlich anhängliche Typen, die mir früher mit ihren stoischen Blicken und undurchdringlichen Zügen Angst eingejagt hatten. Schwarze Anzüge, dunkle Sonnenbrillen, breit wie Kleiderschränke – das waren die Kerle vom Secret Service. Inzwischen hatte ich mich an sie gewöhnt und wusste, wie ich mit ihnen umzugehen hatte. Nicky, meine beste Freundin und Zimmergenossin, liebte es, wenn ich aus den unterkühlten und coolen Typen verwirrte, ängstliche Häschen machte. Nur Steven McLane, der Leiter meines Bewacher-Teams, ließ sich von mir nicht aus der Ruhe bringen. Nicky war heimlich in ihn verliebt und himmelte ihn regelrecht an, doch der gute Steven hatte nur Augen für mich – seinen Job. Neben ihm waren für meine Sicherheit noch Jeff, Richie und ...

Fehlte nicht einer?

Ich senkte meine Sonnenbrille und schaute mich um.

»Hat Ferris keine Lust mehr oder wurde er wegen seiner Paranoia gefeuert?« Ferris war der Schlimmste von allen.

Wenn es nach ihm gegangen wäre, hätte man die Harvard-Professoren mitsamt den historischen Gebäuden nach Washington verlegen lassen. Hinter jedem Grashalm und Baum hatte er einen Terroristen vermutet.

»Ferris hat sich versetzen lassen. Es kommt Ersatz für ihn, Ms. Davis«, gab Steven sachlich von sich.

Schuldbewusst hielt ich inne. »Ich hoffe nicht meinetwegen, oder?«

Statt mein schlechtes Gewissen zu vertreiben, schmunzelte er und schwieg. Oh Mann, das war Antwort genug. War ich wirklich so ein Monster?

Eigentlich hatte ich mich am Freitag nur unter die Besucher mischen und durch die Gänge des Weißen Hauses schlendern wollen, aber Ferris, die Nervensäge, hatte mich wie üblich nicht aus den Augen gelassen. Er hatte sofort seinen Kollegen meinen genauen Standort durchgeben wollen. Dank meiner geschickten Finger hatte ich unbemerkt das Spiralkabel hinter seinem Ohr mit einer Rasierklinge durchgeschnitten.

Ich musste jetzt noch grinsen, wenn ich an sein verdutztes Gesicht dachte. Er war deswegen völlig ausgeflippt und hatte sich wohl auch deshalb versetzen lassen. Das Einzige, was ich zu meiner Verteidigung sagen konnte, war, dass ich mich nicht so fürchterlich ernst nahm und es niemals böse meinte. Als Tochter des Präsidenten war man eben eingeschränkt und musste Mittel und Wege finden, um sich den Alltag irgendwie erträglich zu machen.

Seufzend stieg ich ein und ließ mich zum Flughafen chauffieren. Kaum verließen wir die Sicherheitsschranken des Weißen Hauses, wurde der Wagen von Blitzlichtgewitter verfolgt, und einige Journalisten rannten uns hinterher. Ich war es mittlerweile gewöhnt, dass mein Gesicht in vielen der

Klatsch- und Tratsch-Blätter mit den verrücktesten Geschichten abgelichtet wurde. Okay, manches entsprach der Wahrheit, aber nur selten. Weit genug von den Presseleuten entfernt, zog ich eine Fratze. Ein Redakteur hätte für solch ein Foto ein Vermögen hingeblättert. Ich kicherte in mich hinein, dann setzte ich noch einen oben drauf und streckte meinen schwarz lackierten Mittelfinger aus. Das war meine kleine persönliche Rache, und jedes Mal genoss ich es. »Dass die nie müde werden, Fotos von mir zu machen«, stöhnte ich genervt und lehnte mich in das weiche Leder zurück.

»Sie sind eben eine der meistfotografierten Personen«, antwortete Steven, schaute zu mir nach hinten und warf mir ein Lächeln zu.

»Ja, leider.«

~

Die Straßen von Washington flogen an uns vorbei, und ich erinnerte mich an die Zeit vor der Präsidentschaft meines Vaters. Wenn ich daran zurückdachte, lächelte ich, weil wir alle glücklich und zufrieden gewesen waren. Bilder von fröhlicheren Tagen flackerten auf, und manchmal, so wie jetzt, wurde ich wehmütig.

Mein Dad war der zielstrebigste und ehrlichste Mensch, den ich kannte, und der tollste Dad der Welt. Er war ein Held – mein Held. Zu ihm schaute ich auf und wünschte, ich wäre so mutig und tapfer wie er. Was er und ich gemeinsam hatten, konnte man nicht an Äußerlichkeiten festmachen. Ich sah ihm überhaupt nicht ähnlich, dafür hatten wir beide einen ausgeprägten Sinn für Gerechtigkeit, waren Kämpfer und setzten uns stets für andere ein. Leider hatte ich deshalb, und wegen meinem Temperament, das ich nicht immer im Zaum halten konnte, ab und zu mal Ärger. Die Presse und Journalisten ließen kein gutes Haar an mir. Einmal hatten sie mich blöderweise mit einem Bier abgelichtet, ein anderes Mal passte ihnen meine Bikinifigur nicht, und auf einer Jacht hatte ich an einer Zigarette gezogen. War ja klar, dass die Presse eine Haschtüte daraus machte und der Skandal damit perfekt war. Das Verhältnis zwischen der Medienmeute und mir blieb schwierig, ganz zu schweigen von der Standpauke, die ich von Mum und Dad damals erhalten hatte. Bis ich in unserem neuen Leben zurechtkam, dauerte es eine ganze Weile.

Mit der Zeit lernte ich den weißen Bunker zu schätzen, der mein Zuhause war. Manchmal streifte ich stundenlang durch die prunkvollen Säle oder mischte mich unerkannt unter die Besucher, die zahlreich in das Weiße Haus strömten.

Ich war nicht die Prinzessin im goldenen Käfig und bekam auch nicht alles in den Allerwertesten geschoben. Ich war früh selbstständig, hatte mit verschiedenen Jobs mein eigenes Geld verdient. Erst als ich nach Harvard ging, musste ich alles aufgeben und mich auf das Jurastudium konzentrieren.

Es war bereits Mittag, als wir am Campus ankamen. Endlich riss auch in Cambridge die graue Wolkendecke auf und die Sonne traute sich hervor. Zwischen den roten Backsteingebäuden erstreckte sich eine große Wiese, die an mehrere Wohnheime grenzte. Entspannt lagen einige Leute in Gruppen in der Sonne und genossen ihren freien Tag. Es war wirklich zu schön, um den restlichen Tag in der staubigen Bibliothek zu verbringen, daher beschloss ich, entgegen meinem Tagesprogramm, im Park spazieren zu gehen. Vielleicht hatte Nicky Lust mich zu begleiten. Mitten auf den Stufen der Bibliothek blieb ich stehen und zog mein Handy aus der Tasche. Mehrere Mitteilungen blinkten auf, aber ich hatte jetzt keinen Nerv dafür, dreiundfünfzig Antworten zu tippen, und schrieb nur Nicky eine Nachricht. Auf dem Absatz machte ich kehrt und stieß mit Steven zusammen.

»Äh, Ms. Davis?« Irritiert sah er mir nach und beeilte sich mich einzuholen, während Richie meinen Richtungswechsel ans Team weitergab.

»Keine Bange, ich habe heute keine Lust zu lernen. Ich will nur in mein Zimmer, um Nicky zu einem Spaziergang zu überreden, okay?«

»Spaziergang?« Steven McLane stöhnte genervt auf.

»Ja, Spaziergang – Sauerstoff, frische Luft, Sonne und so was. Noch nie davon gehört? Tut gut; solltet ihr Jungs dringend mal ausprobieren.«

»Aber ... wir haben Ihr Zimmer noch nicht gecheckt, und zwei von uns wollen Feierabend machen.«

Abrupt blieb ich stehen. »Machen Sie sich mal locker, Steven. Ich will nur Nicky abholen. Ich bin mir sicher, dass sich kein Meuchelmörder in meinem Schrank versteckt und auf mich wartet, und falls doch, dann habt ihr endlich mal was zu tun, oder?« Unbeirrt überquerte ich die Wiese zum Wohnheim. Okay, meine Aktion entsprach nicht dem Tagesplan, den alle Agents mittlerweile verinnerlicht hatten, aber sie sollten immer mit dem Unerwarteten rechnen. War ein wenig Spontanität etwa zu viel verlangt?

Anfangs hatte Dad nicht mit sich über die Anzahl der Bodyguards verhandeln lassen. Überhaupt war mein Vater ein harter Verhandlungspartner, und ich brauchte gute Argumente, bis ich ihn überzeugt hatte, die Bewachung auf eine Zwei-Mann-Schicht zu beschränken.

Es hatte auch viel Überredungskunst gebraucht, meine

Eltern davon zu überzeugen, dass ich im Wohnheim wohnen durfte, statt in ein teures Appartement zu ziehen. Ich wollte im Studium so wenig Sonderstatus wie möglich. Es hatte an meinem ersten Tag schon genug Aufsehen gegeben; Presse, Schaulustige und das Empfangskomitee des Harvard-Vorstands.

Nicky und ich waren schnell enge Freundinnen geworden. Natürlich hatte der Secret Service sie und ihre Familie durchleuchtet, bevor wir grünes Licht bekamen, dass sie meine Zimmerpartnerin werden durfte.

Ich starrte auf mein Handy. Wieso antwortete Nicky nicht? Wahrscheinlich schlief sie mal wieder. Niemand brauchte so viel Schlaf wie Nicole Finniger, die ihr halbes Leben im Bett verbrachte. Fest entschlossen sie aus den Federn zu schmeißen und mit ihr die Sonne zu genießen, betrat ich im Stechschritt den langen Flur zu meinem Zimmer. Dicht gefolgt von Steven und Richie, die es mir mit grimmigen Gesichtern übel nahmen, dass ich unseren Ablauf mit meinem Spaziergang durcheinanderbrachte.

»Ms. Davis, lassen Sie mich die Tür öffnen«, meinte Steven, als ich den Schlüssel ins Schloss schob.

»Netter Versuch, McLane, aber ich bin mit neunzehn schon ein großes Mädchen.« Selbstsicher drehte ich den Schlüssel um und wunderte mich, warum die Tür zweimal verschlossen war. Mir stockte der Atem und ich blieb wie angewurzelt stehen als ich ins Zimmer getreten war.

Laute Musik dudelte aus Nickys Radio und die Jalousien waren heruntergelassen. Eine Videokamera stand mitten im Raum. Ein Leuchtstrahler erhellte das Geschehen auf meinem Bett. Mit vielem hätte ich gerechnet, aber nicht mit dem Anblick zweier entblößter Körper, die alles um sich herum vergessen zu haben schienen. Ein Typ mit blondem Haar und einer Pappmaske vögelte hart und unnachgiebig eine ebenfalls maskierte Blondine. Sie stöhnten unüberhörbar, und das Klatschen ihrer nackten Haut hallte von den Wänden wider. Heiliger Bimbam! Mein Mund klappte auf, was ich da sah, schockte mich. Doch was dieser bizarren Situation wirklich die Krone aufsetzte: Sie trugen Masken mit den Gesichtern von Jim und mir.

Bevor ich kapierte, was das zu bedeuten hatte, wurde ich grob von McLane beiseitegeschoben. Blitzschnell zog er seine Waffe und zielte auf das Pärchen.

»Hände über den Kopf!«, brüllte er. Alles ging so schnell, dass ich gar nicht dazu kam, die Situation richtig zu erfassen. Fasziniert starrte ich auf die beiden Nackten. Mir war sofort klar, dass sie es darauf angelegt hatten, erwischt zu werden. Mit hocherhobenen Händen und steifem Schwanz beugte sich der Kerl zur Kamera. »Yes! Wir haben die Präsidententochter Leni geprankt!«, schrie er völlig außer Atem zum Camcorder, der augenblicklich von McLane einen Tritt bekam und geräuschvoll umfiel. »Hey Mann! Ganz ruhig, es ist sowieso zu spät. Es war live, wir haben es gestreamt«, brüllte der Typ stolz und klatschte seiner Partnerin auf den Hintern.

Ich wurde aus dem Zimmer gezerrt, und gleich darauf hörte ich Gepolter und Geschrei. Jeff Goldmann, mein dritter Bodyguard, packte mich am Arm und rannte los. »Folgen Sie mir, Ms. Davis.« Von draußen dröhnten bereits Sirenen, und die Zimmertüren der anderen Bewohner wurden neugierig geöffnet.

~

Knapp drei Stunden später saß ich mit einer heulenden Nicky im Arm und dem tobenden stellvertretenden Sicherheitschef des Secret Service, Mr. Mitchell, in einem gesicherten Gebäude auf dem Unigelände und versuchte die Wogen zu glätten. Mrs. Olivia Barrows, die Präsidentin der Harvard-Universität, betrat das Zimmer und setzte sich an ihren Schreibtisch. »Die Situation scheint noch nicht ganz unter Kontrolle zu sein. Die Presse erwartet eine Stellungnahme.« Streng warf sie Nicky einen Blick zu. »Ihnen muss klar sein, dass diese Sache kein gutes Licht auf Harvard wirft, Ms. Finniger.«

Oh Mann, was für ein Schlamassel! Sie hatten mein Facebook-Account und einige andere Social-Media-Kanäle gehackt, und das Porno-Video live übertragen. Das war schon heftig, aber was Mrs. Barrows jetzt von sich gab, konnte ich nicht akzeptieren.

»Was hat Ms. Finniger mit den Sicherheitslücken der Uni zu tun?«, mischte ich mich, schärfer als beabsichtigt, ein. Mir war bewusst, dass ich mir die Harvard-Präsidentin damit nicht zur Freundin machte, aber ich konnte es noch nie leiden, wenn man einen Sündenbock für eigene Fehler suchte.

Ihr Blick war giftig auf mich gerichtet. Ich erwiderte ihn selbstgefällig.

»Nicht, Leni«, wollte Nicky mich besänftigen. Sie wusste, dass ich dazu imstande war, mich mit dem obersten Boss von Harvard anzulegen. »Ich sagte doch schon mehrmals, dass es mir leidtut. Ich habe keine Ahnung, wie die an meinen Schlüssel gekommen sind.« Sie wischte sich die Tränen aus dem Gesicht. Die Arme war völlig von der Rolle.

Am gestrigen Abend war Nicky mit unseren Freunden Sandy und Fred auf eine Party gegangen und hatte anschließend bei Sandy übernachtet. Ihr war erst heute Mittag, als das FBI das Zimmer gestürmt hatte, aufgefallen, dass ihr Zimmerschlüssel fehlte. Sie stand immer noch unter Schock.

Mr. Mitchell ließ Nickys Entschuldigung nicht gelten und schaute mich an. »Bei allem Respekt, Ms. Davis, ich denke schon, dass eine gewisse Fahrlässigkeit Ihrer Kommilitonin vorliegt. Ms. Finniger hat Sie durch ihr Verhalten in Gefahr gebracht. Und was Sie betrifft, Ms. Finniger, Sie wurden von uns eingewiesen, welche Vorsichtsmaßnahmen Sie treffen müssen, wenn Sie sich mit Ms. Davis ein Zimmer teilen. Warum haben Sie den Schlüssel denn nicht abgegeben, wenn Sie wussten, dass Sie die Nacht nicht im Wohnheim verbringen würden?«

Nicky starrte ihn an und suchte nach einer Antwort.

»Das wird auf jeden Fall ein Nachspiel haben, Ms. Finniger«, ergänzte Mrs. Barrows.

Das durfte doch nicht wahr sein! Empört stand ich auf. »Also Moment mal! In erster Linie dient der Secret Service meiner Sicherheit, und außerdem, sollte die Wohnstätte nicht so gesichert sein, dass Fremde keinen Zugang haben? Wo waren die Wachleute der Uni?«

Aufgebracht lief Mr. Mitchell im Büro auf und ab, fuhr sich immer wieder durchs Haar. Er wusste genau, dass ich recht hatte. Sein Handy klingelte. Genervt nahm er das Gespräch an und wurde aschfahl.

Ich wusste sofort, wer der Anrufer war. Nur er schaffte es, selbst den strengen Mitchell einzuschüchtern.

»Ja, Mr. President, sie ist hier ... einen Moment ...« Er reichte mir das Telefon.

»Hi Dad.« Ich versuchte meine Stimme unbekümmert

klingen zu lassen, ging zum Fenster und wandte den Zuhörern im Raum den Rücken zu.

»Geht es dir gut, Pepper?«

»Ja, alles okay. Und bei dir?«

»Ich möchte, dass du das Appartement beziehst, von dem wir gesprochen haben – dort bist du sicher. Und ich will, dass du dich strikt an die Sicherheitsvorkehrungen hältst, die der Secret Service für dich ausgearbeitet hat.«

»Darf ich auch etwas dazu sagen?«

Eine Pause entstand. »Ich werde nicht mit dir darüber diskutieren, Leni.«

Kurz schaute ich zu den anderen. Alle Augen im Raum waren auf mich gerichtet. »Ich muss dir das aber sagen, Dad. Du fällst Entscheidungen, die mein Leben betreffen, und da habe ich auch ein Wörtchen mitzureden.«

»Jetzt ist nicht der richtige Zeitpunkt für eine Auseinandersetzung. Wir müssen handeln, verstehst du?«

»Ja, da bin ich ausnahmsweise deiner Meinung. Ich finde es ungeheuerlich, dass man Nicky die Schuld in die Schuhe schieben will. Wir müssen etwas dagegen unternehmen.«

»Deine Freundin hat sich nicht an die Regeln gehalten. Zwei Personen haben ein Pornovideo in deinem Zimmer, auf deinem Bett gedreht und es live gestreamt. Innerhalb von Minuten hat die halbe Welt es sich angesehen. Das wäre nicht passiert, wenn sie nicht so betrunken gewesen wäre und die Nacht in ihrem Bett verbracht hätte.«

Ich rollte mit den Augen und war froh, dass er das nicht sehen konnte. »Wer weiß, was sie mit Nicky gemacht hätten, wenn sie im Zimmer gewesen wäre. Hast du auch darüber mal nachgedacht?«

»Sie waren nicht bewaffnet ...«

»Spielt das eine Rolle? Dad, sie wollen Nicky von der Uni werfen, weil sie vergessen hat, den Schlüssel einem unserer Beamten zu geben! Hätte das etwas geändert? Ich finde es eher fragwürdig, wie sie überhaupt ins Wohnheim gelangen konnten. Noch dazu haben sie es geschafft, diese ganze Kameraausrüstung quer über den Campus zu schleifen, ohne dass auch nur ein Sicherheitsmann sich darüber gewundert hat! Das kann doch nicht sein, oder?«

»Da gebe ich dir recht, dennoch hat sie sich nicht an die Regeln gehalten.« Er seufzte. »Genau diese Fehler sind es, die dir schaden. Hör zu, ich finde es auch ungerecht, dass deine Freundin damit rechnen muss, die Uni zu verlassen, aber ...«

»Nein, Dad«, unterbrach ich ihn. »Das ist wirklich mies.« Wir schwiegen einen Augenblick. »Konntet ihr das Tape überall löschen?«

»Natürlich haben wir das versucht. Leider wurde es kopiert und kursiert nach wie vor im Netz. Du weißt ja, einmal im Internet, immer im Internet. Das ändert aber nichts an der Frage deiner Sicherheit. Wenn es so einfach ist, sich Zutritt zu deinem Zimmer zu verschaffen, dann will ich mir nicht ausmalen, was geschehen wäre, wenn ...« Da hatte er recht. Meine Gedanken drifteten zu der Situation ab, und während mein Vater weiter auf mich einredete, stellte ich mir vor, wie es sein würde, zurück in das Zimmer zu gehen. Anfangs hatte ich den Videodreh noch für eine mutige, wenn auch schmutzige Aktion gehalten. Jetzt aber machte sich Ekel in mir breit. Niemals könnte ich mich wieder ungezwungen dort aufhalten, geschweige denn in das Bett legen. »Schon gut, Dad«, unterbrach ich ihn. »Ich schlage dir einen Deal vor.«

»Und der wäre?«

»Wenn du dafür sorgst, dass Nicky nicht von der Uni fliegt,

werde ich mit ihr in das Appartement ziehen.«

»Du willst, dass sie mit dir in die Wohnung zieht?«

»Dad, sie ist meine Freundin und braucht mich. Das alles ist für sie genauso schlimm wie für mich. Du solltest sie sehen, sie ist völlig mit den Nerven runter und macht sich große Vorwürfe, außerdem ergänzen wir uns super beim Lernen und ...«

»Das ist eine Entscheidung von Mrs. Barrows, darauf habe ich keinen Einfluss.«

»Ach, und ich dachte, du wärst der Präsident der Vereinigten Staaten?!«

»Leni!« Sein warnender Unterton sollte mich entmutigen, aber für gewöhnlich stachelte er mich nur weiter an. Ich blieb hart. »Es wäre ungerecht, wenn Nicky ihren Platz verlieren würde, weil sie beklaut wurde. Komm schon, Dad. Du hast selbst erzählt, dass du in Harvard kaum eine Party ausgelassen hast und ...«

»Pepper, ich mache mir einfach nur Sorgen um dich.« Eigentlich mochte ich es, wenn er mich bei meinem Spitznamen nannte, aber diesmal brachte es mich ehrlich gesagt auf die Palme.

»Und ich sorge mich um meine Freundin. Was sagst du nun? Haben wir einen Deal?«

Er schwieg eine ganze Weile und dachte nach. Dann pustete er laut hörbar ins Telefon, was mich zum Schmunzeln brachte, weil ich gewonnen hatte. »Ich hoffe nur, dass du nicht dasselbe durchmachen musst wie deine Mutter und ich, wenn du eines Tages selbst Kinder hast.«

Jetzt grinste ich breit. »Ich werde ganz sicher nie Präsidentin. Ich liebe dich, Daddy.« Ich strahlte Nicky an und gab ihr mit einem Nicken zu verstehen, dass mein kleiner

Erpressungsversuch aufgegangen war.

»Ich liebe dich auch, Pepper. Mehr als du dir vorstellen kannst. Na los, gib mir Mrs. Barrows, ich regle alles.«

2

Luke

Der Morgen in Washington war geprägt von allgemeiner Hektik, unendlichem Verkehrsstau und Menschen, die eilig die New York Avenue entlangströmten. Niemand nahm Notiz von mir, während ich in einem Straßencafé saß, vermeintlich in eine Zeitung vertieft, und hoffte, dass meine Kopfschmerzen bald verschwinden würden.

Ich hätte den brünetten Vamp von gestern Abend nicht vögeln sollen. Die kleine Raubkatze war unersättlich gewesen und hatte mich die ganze Nacht wachgehalten. Mir pochte der Schädel; die Schmerztablette wirkte immer noch nicht. Dabei war heute ein wichtiger Tag und ich sollte wach und ausgeruht sein. Fuck! Nun gut, ich würde es hinbekommen – es musste einfach klappen. Ich ließ meinen Blick über die Straße gleiten, registrierte die Bewegungen der Leute und achtete auf jede Kleinigkeit. Das war mein Job, dafür war ich ausgebildet worden. Mein Kopf ratterte und ich scannte jede Person. Mein Hirn filterte alles und jeden. Meine Sinne waren scharf und präzise. Wieder etwas, womit mein alter Herr recht gehabt hatte. Ein unaufhörlicher Teufelskreis, dem ich nicht entkommen konnte.

In dem kleinen Straßencafé war nicht viel los. Zwei Tische neben mir saß ein Typ und schielte mehrmals ungeduldig auf seine protzige Armbanduhr. Sein Anzug war maßgeschneidert, darunter verbarg er einen dicken Bauch und dunkle Brusthaare, die durch den dünnen Stoff seines Hemdes hindurchschimmerten. Anhand seiner ergrauten Schläfen und den Altersflecken auf den Händen schätzte ich ihn auf fünfundsechzig. An einem Finger trug er einen auffälligen Goldring, und permanent fuhr er sich über sein lichtes Haar. Der Kerl schien reich zu sein, aber als gutaussehend würde ich ihn nicht bezeichnen. Zweimal hatte er aus der Innentasche seines Jacketts ein schwarzes Samtkästchen herausgeholt. In der Sonne hatte der darin enthaltene Diamant gefunkelt. Das schürte natürlich meine Neugier, wer seine Verabredung war? Nervös zappelte er mit seinem Fuß und trieb mich damit in den Wahnsinn. Ich hoffte wirklich für ihn, dass sein Date bald auftauchte. Sonst müsste ich ihm auf unmissverständliche Weise – diskret und unauffällig natürlich – klarmachen, dass keine Frau der Welt es wert war, sich so aufzuführen.

Zu seinem Glück kreuzte kurze Zeit später eine hübsche Blondine auf. Er erhob sich und grinste ihr dümmlich entgegen. Sie war attraktiv und wusste um ihre Wirkung auf Männer. Hüftschwingend und mit einer dunklen Sonnenbrille auf der Nase, lief sie direkt auf ihn zu. Doch etwas an ihrer Art zu gehen irritierte mich. Ich war mir nicht sicher, ob es an ihren High Heels lag, sie ein orthopädisches Problem hatte oder an diesem Morgen nicht fit war. Ihre Art zu laufen erinnerte mich an Angelique, meinen Dauer-One-Night-Stand.

Blondie nahm ihre Sonnenbrille ab, umarmte und küsste den Lackaffen, als hätte sie ihn seit Jahren nicht mehr gesehen. Ich hätte kotzen können. Auch der Kerl warf sich ihr förmlich an den Hals und gab ihr damit alle Macht – was sie schamlos ausnutzte. Was für ein Waschlappen!

Dennoch war sie eine sehr schöne Frau, auch wenn ihr Make-up alles andere als perfekt saß. Das Zeug, womit die Tussis ihre Wimpern färbten, klebte ihr unter den Augen. Sie sah aus, als hätte sie sich vor dem Zubettgehen nicht abgeschminkt und am Morgen nur eilig die schlimmsten Spuren beseitigt. Ansonsten war sie der Typ, den ich regelmäßig zum Schreien brachte. Ein kurzer Minirock betonte ihre Schenkel und ein tiefausgeschnittenes Oberteil zeigte ihre wohlgeformten Titten. Ein Tuch bedeckte ihren Hals und ihr blondes Haar fiel in weichen Wellen über ihre Schultern.

»Entschuldige die Verspätung, Mason. Ich konnte meinen Schlüssel nicht finden. Wartest du schon lange?«, begann sie das Gespräch.

Genau in dem Augenblick, als sie Platz nahmen, verzog sie gequält ihr Gesicht. Es dauerte nur eine Sekunde, aber ich hatte es sofort registriert. Ihrem Kerl war es bestimmt nicht aufgefallen, da er nur Augen für ihr Dekolleté hatte. Schnell setzte sie ein Lächeln auf, um es zu vertuschen, aber vor meinem Blick war niemand sicher. Jetzt konnte ich ihr ›orthopädisches Problem‹ benennen: Die Frau war so was von wund! Nur ein Trottel hätte das nicht bemerkt.

»Nein, mein Hase, ich bin auch erst eben gekommen.« Er küsste ihren Handrücken.

Was für ein Schleimer, dabei hatte er es nicht erwarten können, dass sie endlich auftauchte.

Sie entzog ihm die Hand, nahm aus ihrer Handtasche einen Spiegel und begann sich um ihr ramponiertes Make-up zu kümmern. »Meine Güte, wie sehe ich denn aus? Ich hatte noch nicht einmal Zeit, mich ordentlich zu schminken. Entschuldige bitte, Liebling.«

Er winkte ab. »Mach dir keine Gedanken, du siehst wie immer bezaubernd aus.« Er lächelte ihr zu und übersah das Offensichtliche. »Du hast ja keine Ahnung, wie sehr ich dich vermisst habe.«

Sie blickte über den Spiegelrand hinweg und setzte ein süßes, aber falsches Lächeln auf. »Ich habe dich auch sehr vermisst.«

Widerlich, wie manche Leute sich anschmachteten. Ich trank einen Schluck von meinem Kaffee, um den Würgereiz zu unterdrücken.

»Wie war das Wochenende bei deiner Großmutter?«, wollte er wissen. »Geht es ihr besser?«

Unruhig rutschte sie auf ihrem Stuhl umher, und ich hatte den Eindruck, dass sie ganz froh war, etwas vor ihr Gesicht halten zu können. »Äh ... ja, sie ... erholt sich dank meiner Pflege. Aber erzähl schon, fliegen wir Freitag nach Paris?«

War das zu fassen? Sie log, ohne rot zu werden. Sie hatte ihn nicht mal angesehen, war seinem Blick ausgewichen und hatte sofort vom Thema abgelenkt. Hinter meinen dunklen Sonnengläsern scannte ich die kleine Schwindlerin. Das Früchtchen hatte ein heißes Wochenende mit einem anderen gehabt, während Mr. Wolke-Sieben glaubte, sie hätte hingebungsvoll ihre Großmutter gepflegt. Die Sache fing an, mich zu amüsieren, zumal die Kleine ständig verräterisch an ihrem Halstuch fummelte. Bestimmt verbarg sie dahinter die Spuren ihres Lovers.

Leider blieb er ihr eine Antwort schuldig, da die Kellnerin kam und ihre Bestellung aufnahm.

»Mit einer Lungenentzündung sollte man nicht spaßen. Ich hoffe, du hast dich nicht angesteckt.« Ehrliche Besorgnis drang aus seiner Stimme.

»Wie süß du bist«, säuselte sie. »Du machst dir Sorgen um mich. Mir geht es gut, ich bin nur etwas müde und habe deshalb verschlafen. Und, was meinst du, wir beide in Paris? Hast du nicht auch Lust?«

»Na gut, wenn du willst, mein Privatflugzeug ist jederzeit bereit.«

Sie strahlte übers ganze Gesicht. »Großartig! Können wir noch heute fliegen?«

»Dein Wunsch ist mir Befehl.« Er zog sein Handy aus dem Jackett und telefonierte.

Sie sah sich um, als ihr Blick an mir hängen blieb. Ihr Mundwinkel zuckte – ihr gefiel, was sie sah. Sie war interessiert und schien ihren Typen, der immer noch damit beschäftigt war, einen Trip nach Paris zu organisieren, völlig vergessen zu haben. Ich kannte Frauen wie sie. Für Geld verkauften sie sich an einen reichen Kerl, der ihnen jeden Wunsch erfüllte, solange sie die Beine für ihn breit machten. Sie ekelte mich an. Sie spielte mit dem Feuer und der verliebte Gockel vor ihr tat mir leid – fast.

Ohne mich aus den Augen zu lassen, stand sie auf und beugte sich über den Tisch, um ihm etwas zuzuflüstern. Was für ein Luder! Dann wandte sie sich um und wackelte betont langsam zur Damentoilette, den Blick auf mich gerichtet.

So wie es aussah, wollte sie, dass ich ihr folgte. Normalerweise war ich schnellen Nummern nicht abgeneigt, aber sie stieß mich einfach nur ab. Der Kerl hatte es nicht anders verdient, aber schließlich gehörte ich zu den guten Jungs – meistens zumindest. Ich zog Papier und Stift aus meiner Jacke und begann zu schreiben:

Ihre Kleine ist zwischen den Beinen wund wie ein Pavianarsch. Sind Sie sicher, dass sie das Wochenende bei ihrer Großmutter verbracht hat? Sie sollten aufmerksamer sein.

Noch bevor sie zurückkam, bezahlte ich meinen Kaffee, stand auf und ließ das Papier beim Vorbeigehen auf seinen Tisch fallen, während er immer noch telefonierte. Es war eine Frage der Zeit, bis er kapieren würde, dass ihm jemand einen Gefallen getan hatte. Langsam mischte ich mich unter die Passanten. Keine zwanzig Sekunden später hörte ich ihn brüllen.

~

Äußerlich cool, aber innerlich angespannt saß ich in Director James Murphys Büro und wartete geduldig, bis er meine Akte gelesen hatte und mir seine Aufmerksamkeit schenken würde. Murphy war der Nachfolger meines Vaters, der vor drei Jahren in den Ruhestand gegangen war. Es war ein merkwürdiges Gefühl, Fotos von meinem Dad in seinem Büro zu sehen.

Der Secret Service-Chef des Weißen Hauses ließ sich Zeit, blätterte in den Unterlagen und warf hin und wieder einen grimmigen Blick über seinen Brillenrand zu mir. Bei meinem Werdegang gab es nichts, was man infrage stellen oder zu meinem Nachteil auslegen konnte. Bis auf eine Winzigkeit.

Meine Hoffnungen vertrauten darauf, dass diese nicht ganz unbedeutende Kleinigkeit von ihm übersehen oder keine große Rolle spielen würde. Meine Ausbildung und berufliche Entwicklung waren exzellent, und das beigefügte Empfehlungsschreiben kam von höchster Stelle. Es musste einfach klappen.

Endlich räusperte er sich, legte meine Akte beiseite und faltete die Hände. »Sie sind noch sehr jung. Man braucht eine Menge Erfahrung im Personenschutz. Erst recht, wenn es um die First Family geht.«

Shit! Ich hatte gehofft, er würde es übersehen. Mit meinen sechsundzwanzig Jahren wäre ich der jüngste je eingestellte Secret Service-Agent im Weißen Haus. »Ich verstehe, Sir, aber für die Sicherheit spielt das Alter keine Rolle. Es kommt auf die Qualität der Arbeit an. Ich bin mehr als qualifiziert für diesen Job.«

»Selbstsicher sind Sie ja, das muss ich Ihnen lassen. Genau wie Ihr Dad«, nickte Murphy zufrieden. »Na gut, Mr. Carter, Sie bekommen Ihre Chance. Allein deshalb, weil Ihr Vater ein Held ist, dem Weißen Haus stets gute Dienste geleistet hat und Sie in seine Fußstapfen treten. Wir können immer gute Leute wie Sie gebrauchen. Schauen wir mal, wie Sie sich entwickeln.«

Ich ballte die Hand zur Faust und verkniff mir einen Kommentar. Ich konnte es nicht leiden, wenn man mich mit den glorreichen Taten meines Vaters verglich. Schon immer hatte seine Karriere wie ein Schatten über mir geschwebt. Ich hatte hart gearbeitet, um dort zu stehen, wo ich jetzt war. Ich wollte es aus eigener Kraft ins Weiße Haus schaffen, nicht weil der aktuelle Chef des Secret Service ein Fan meines Dads war.

»Freuen Sie sich etwa nicht? Sie sind im Team, Carter!«

»Doch, Sir. Ich möchte nur nicht, dass ich die Stelle aufgrund meines Familiennamens bekomme.«

Er lehnte sich zurück und schaute mich ernst an. »Luke, ich weiß, es ist nicht leicht für Sie, aus dem Schatten einer solch großen Persönlichkeit wie der Ihres Vaters hervorzutreten. Aber er war nun mal jahrelang der Mann, der für die Sicherheit der Präsidentenfamilie zuständig war, und das sehr erfolgreich. Es gibt aber keinen Grund, Sie nicht einzustellen. Sie sind sauber, ihre Akte ist tadellos, selbst Ihre Leistungen sind außergewöhnlich. Ich würde sagen, Sie sind aalglatt ... vielleicht zu glatt«, lachte er. »Also nehmen Sie den Job an, auch wenn man Sie ständig mit ihm vergleichen wird. Beweisen Sie sich und uns, dass der Name Carter für Sicherheit und absolute Verlässlichkeit steht.«

Er hatte recht. Mein Vater war über Jahrzehnte hinweg eine herausragende Persönlichkeit und ein Spezialist gewesen, wenn es darum ging, Gefahren früh zu erkennen, um die Zielperson zu schützen. In unserem Haus in Bowling Green bewahrte Dad Unmengen an Auszeichnungen und Orden hinter Glas und an den Wänden in seinem Büro auf. Bei jeder einzelnen kannte ich ihre Geschichte in- und auswendig. Besonders die, als er sich bei einem Attentat in die direkte Schusslinie des damaligen Präsidenten geworfen hatte. Er wurde als Nationalheld gefeiert und geehrt.

Ich lenkte ein und vergaß für einen Moment meinen Stolz. »Danke, Sir. Das ist eine große Ehre für mich.«

Damit hatte ich es geschafft! Endlich war ich genau dort, wo ich seit langem hinwollte. Ich war nun ein Special Agent beim Secret Service im Weißen Haus und nur wenige Schritte vom Präsidenten entfernt. Ich war am Ziel meiner Träume. Ein

Siegeslächeln formte sich auf meinen Lippen.

»Wunderbar. Überstunden und hin und wieder Doppelschichten sind üblich. Ich hoffe, Sie sind darauf eingestellt?«

»Ja, ich bin daran gewöhnt.«

»Sehr gut. Dann wissen Sie auch, dass keine innerbetrieblichen Sachverhalte an die Öffentlichkeit gelangen dürfen. Die Sicherheit unserer Schutzbefohlenen könnte damit in Gefahr geraten.«

»Auch das ist mir bekannt, Sir.« Innerlich grinste ich, denn die Welt sollte nichts über die schlampige Personalpolitik des Secret Service erfahren. »Wann erhalte ich das Sondertraining?«

Er runzelte die Stirn. »Tut mir leid, aber das Training schieben wir schon seit einigen Monaten vor uns her, wir holen das nach. Wenn Sie sonst keine Fragen mehr haben?«

»Nein.«

»Gut, dann teile ich Sie in den Dienst von Ms. Davis alias ›Bluefire‹ ein. Passender Codename, wie ich finde«, sagte er und lachte. »Wie Sie wissen, haben der Präsident und seine Frau ebenfalls vom Secret Service Decknamen bekommen, aber diese spielen jetzt keine Rolle. Ms. Davis studiert in Harvard. Einer ihrer Leibwächter fällt kurzfristig aus, und diesen Platz können Sie besetzen. Mr. Mitchell, der das Büro in Harvard leitet, wird Sie mit allen nötigen Informationen betrauen. Ich werde ihn gleich benachrichtigen. Sie können sich auf den Weg nach Cambridge machen.« Er griff zum Telefon. Das Gespräch schien für ihn beendet.

Wie erstarrt blieb ich sitzen und rührte mich nicht. Ungläubig schaute ich Murphy an und hoffte inständig, er würde mich nur verarschen. Die Sekunden verstrichen, und langsam sickerte die Tatsache zu mir durch, dass ich mich weder verhört hatte, noch dass es sich um einen Scherz handelte. Ich wollte protestieren, brüllte ihn innerlich an, um meiner Enttäuschung Luft zu machen, doch mein Mund blieb verschlossen und ich presste die Zähne fest aufeinander.

Fuck! Ausgerechnet Leni Davis. Ausgerechnet sie! Jetzt war ich endlich im Team der Präsidentenfamilie und wurde dieser Göre zugeteilt. Dafür hatte ich nicht so hart gearbeitet. Leni Davis – schlimmer konnte es mich nicht treffen. Nicht diese verwöhnte, zickige, unmögliche Schnepfe! Mein Magen zog sich wie eine Geschwulst zusammen und ich hatte Mühe, meine Verärgerung zu unterdrücken.

»Ist noch etwas, Carter?« Irritiert legte Murphy den Hörer auf.

Mit mir ringend, räusperte ich mich. »Sir, ich dachte, ich würde Mr. Davis direkt ...«

Er lachte. »Ja, das denkt ihr Grünschnäbel alle. Wie gesagt, beweisen Sie sich. Ach, und grüßen Sie Ihren Vater von mir.« Damit entließ er mich endgültig.

Frustriert verließ ich das Weiße Haus. Ich musste hier raus, und zwar sofort. Kaum hatte ich das Areal in der Pennsylvania Avenue verlassen, befreite ich mich von der lästigen Krawatte und wählte auf meinem Handy die Wahlwiederholungstaste. »Ich bin‘s. Es ist schiefgelaufen. Ich werde nicht in der Nähe von Thunderbird sein, sondern Bluefire bewachen.«

~

Nachdem ich die Enttäuschung einigermaßen verdaut hatte, machte ich mich auf den Weg nach Cambridge,

Massachusetts. Eineinhalb Stunden später landete ich, und ein Taxi brachte mich in die Büroräume des vierköpfigen Teams von Leni Davis. Dort empfing mich mein neuer Vorgesetzter, Mr. Mitchell. »Schön, dass Sie es so schnell einrichten konnten. Bitte nehmen Sie Platz.« Mitchell hatte seine Krawatte gelockert, den ersten Knopf seines Hemdes geöffnet und die Ärmel hochgekrempelt. Ein Vorteil für diejenigen, die in einem Büro arbeiteten und mit der praktischen Arbeit nur noch selten zu tun hatten. »Ich nehme an, Director James Murphy hat Sie bereits in die Gepflogenheiten unserer First Daughter eingewiesen?«

»Nein, Sir, hat er nicht.«

Er begann in einer Schublade zu kramen. »Dann sollten Sie so schnell wie möglich den Steckbrief von Ms. Davis auswendig lernen. Wo hab ich denn ...? Ah, hier.« Er reichte mir ein Blatt Papier mit einem aktuellen Foto von ihr und vielen Informationen. Kurz überflog ich die Daten. ›Bluefire‹ war ihr Codename. ›Tussi‹ hätte es besser getroffen. Ich schmunzelte.

»Sie arbeiten zu viert in je zwei Schichten. In manchen Fällen sind Überstunden nötig, aber das dürfte Ihnen klar sein. Ebenso, dass Sie nicht immer Ihren freien Tag in der Woche in Anspruch nehmen können.«

»Das ist mir bewusst.«

»Steven McLane leitet Ihre Gruppe. Er wird Sie in alles einweisen. Hier ist die Adresse, wo Sie untergebracht sind.« Er schrieb etwas auf einen Zettel. »Dann auf eine gute Zusammenarbeit, Mr. Carter.« Er gab mir das Stück Papier und streckte mir seine Hand entgegen.

Ich warf einen Blick darauf und stutzte. »Ich dachte, Ms. Davis wohnt im Studentenwohnheim.«

»Ach so, ja, das hätte ich fast vergessen zu erwähnen. Es gab einen Vorfall, und der Präsident hat beschlossen, dass seine Tochter ab sofort das Penthouse beziehen soll, das er vor einigen Monaten gekauft hat. Sie haben Glück, Carter, Sie dürfen direkt in ein voll ausgestattetes Appartement unterhalb des Penthouses ziehen. Die Harvard-Unterkünfte bleiben Ihnen also erspart.«

Der Grund für diese Entscheidung war nicht schwer zu erraten: das Sex-Tape. Selbst im Flieger von Washington nach Cambridge hatten sich die Passagiere darüber unterhalten.

»Danke, Sir. Ein Bett und eine Dusche hätten mir auch gereicht.«

»Nicht so bescheiden, Carter. Wir sorgen gut für unsere Männer, schließlich haben sie eine wichtige Aufgabe«, lachte er. »Sie können sich auf den Weg machen. Viel Erfolg und willkommen im Team.«

Wir schüttelten uns die Hände.

Ein Taxi brachte mich direkt in die bewachte Appartementanlage. Wie üblich in einer *Gated Community* gab es Sicherheitspersonal und Kameras. Bevor ich in das Gebäude gelangen konnte, wurden meine Personalien überprüft. Für die Eigentümer, die sich für viel Geld eines der Appartements gekauft hatten, gab es die Luxusausstattung. Ein privater Park, ein Restaurant und eine eigene Wäscherei sorgten für Unabhängigkeit und Privatsphäre. Wer hier wohnte, war reich und genoss – unter Ausschluss der Öffentlichkeit – die Abgeschiedenheit und den Schutz.

Nachdem ich die Sicherheitskontrollen passiert hatte, durchquerte ich die Empfangshalle und lief zum Portier, der jeden Besucher anmeldete.

»Willkommen, Mr. Carter. Sie werden bereits erwartet.« Der ältere Mann mit grau melierten Schläfen und einem tadellos sitzenden Anzug begrüßte mich freundlich. »Das Appartement ist für Sie bereit. Ich sage Mr. McLane, dass Sie eingetroffen sind.«

Er griff zum Telefon, und ich machte mich auf den Weg. Die Aufzugstüren öffneten sich und ein Typ mit blondem Haar, in Jeans und T-Shirt, holte mich ab. Er nickte mir zu. »Luke Carter?«

»Ja?«

»Hi, ich bin Steven McLane. Willkommen im Team.«

»Danke.«

»Wie war die Anreise?« Während wir Small Talk betrieben, führte er mich in mein Appartement. Wie von selbst duzten wir uns, was ihn sehr sympathisch machte.

Die Wohnung war groß, geschmackvoll eingerichtet und hatte eine geniale Aussicht auf Cambridge und den Charles River.

»Solange Ms. Davis studiert, wird das deine Unterkunft sein. Cool, oder?«

Ich sah mich um. »Nicht schlecht, Luxus pur.«

Sie stellten mir ein geräumiges Wohnzimmer, ein Schlaf- und ein Badezimmer sowie eine Terrasse zur Verfügung. So fühlte es sich an, wenn man für den Präsident arbeitete.

»Du kannst immer kostenlos im hauseigenen Restaurant essen. Die Reinigung deiner Kleidung wird von der Wäscherei übernommen, und ein eigenes Fitnesscenter gibt es auch. Übrigens, deine Anzüge werden in den nächsten Stunden geliefert. Du findest sie dann im Kleiderschrank.«

»Wie ich sehe, wurde an alles gedacht.«

Ich war überrascht. Mit so viel Ausstattung und Vorzügen

hatte ich nicht gerechnet. Mein voriger Job hatte mir all diese Raffinessen nicht geboten. Lag wahrscheinlich aber am Arbeitgeber.

Steven machte es sich auf dem Sofa bequem. Ich setzte mich ihm gegenüber in den Sessel und bediente mich an einer Wasserflasche, die auf dem Tisch stand. Gleich daneben lag eine schwarze Mappe. Er nahm sie und begann zu blättern. »Wow! Deine Referenzen können sich echt sehen lassen. Du scheinst niemand zu sein, der seinen Job auf die leichte Schulter nimmt.«

»Stimmt, sonst wäre ich hier fehl am Platz, oder?«

»Absolut. Ich habe dich für die erste Nachtschicht eingeteilt. Bis dahin kannst du dich noch ein wenig aufs Ohr legen. Hat Mitchell dir den Steckbrief von Ms. Davis gegeben?«

Ich kramte aus meiner Hosentasche das Papier hervor. »Den hier?«

»Genau. Lerne alles auswendig. Und wenn du schlau bist, bekommt Bluefire den Steckbrief nicht zu Gesicht. Das sind unsere internen Informationen, wenn du weißt, was ich meine. Da stehen ein paar Sachen über sie, die ihr nicht gefallen dürften, aber hilfreich für jeden Agent sind.« Er grinste.

Ich zog die Augenbrauen hoch, faltete den Wisch auseinander und begann zu lesen. Bei den Beschreibungen *›eigenwillig, naiv, launisch, unkooperativ, impulsiv‹* musste ich ein Schmunzeln unterdrücken. »Genauso hatte ich mir sie vorgestellt. Man hört ja wirklich nicht viel Gutes«, murmelte ich mehr in Gedanken und legte den Steckbrief auf den Tisch.

»Tja, sie ist schon sehr speziell, aber ich mag sie, auch wenn sie uns manchmal mit ihren Verrücktheiten ziemlich auf die Nerven geht.«

»Davon habe ich gehört. Ich kann nicht behaupten, dass ich

hocherfreut war, ausgerechnet in ihren Dienst zu treten, aber ich werde mein Bestes geben.«

»Gut. Es gibt nur ein paar wenige Regeln, an die sie sich halten muss: Sie geht nirgends ohne uns hin – dabei sollten wir ihre Privatsphäre respektieren, so gut es geht. Das heißt, wenn du das Gefühl hast, dass keine Gefahr droht, kannst du den Abstand zu ihr um ein bis zwei Meter vergrößern. Das kannst du jeweils selbst einschätzen.«

»Okay.«

»Ach, und was ihre eigenen vier Wände betrifft, darf sie schalten und walten, wie sie möchte. Einzig die Dachterrasse ist ohne uns tabu. Wir haben dort Kameras installiert, die auch den Luftraum überwachen.«

»Ja, das dachte ich mir.«

Aus seiner Mappe entnahm er weitere Unterlagen. »Neben den üblichen täglichen Drohungen werden seit einiger Zeit Briefe an sie geschickt, auf die wir ein besonderes Augenmerk haben. Director Murphy hat Alarmstufe Rot gegeben, und das FBI ermittelt in alle Richtungen.«

»Um welche Art Bedrohung handelt es sich?«

»Seit ein paar Monaten kommen immer wieder Briefe, ohne Fingerabdrücke und Spuren. Das Labor hat leider nichts Brauchbares gefunden. Anfangs waren es lediglich kleine Liebeserklärungen, aber jetzt wurde der Typ mit seinen letzten Nachrichten konkreter. Er scheint wütend auf sie zu sein, wegen ihrem Freund Jim Henderson. In diesem Brief hier schreibt er deutlich, dass er den Kerl nicht ausstehen kann. Er kennt ihre öffentlichen Termine und könnte sich somit auch immer in ihrer Nähe aufhalten. Das sind die Kopien, die uns der Profiler überlassen hat.« Er reichte mir mehrere Schriftstücke.

»Und warum sagt man die Auftritte nicht einfach ab?«

»Das wäre uns allen auch am liebsten, aber Bluefire will sie wahrnehmen und sich nicht einschüchtern lassen.«

Die Kleine hatte Arsch in der Hose, das musste ich ihr lassen. Die wenigsten Prominenten hätten so viel Mumm gehabt, sich bei der Gefahrenlage der Öffentlichkeit zu stellen. Dennoch konnte sie ein winziger Fehler ihr Leben kosten.

»Eigentlich sind das harmlose Liebesbriefe, aber man weiß nicht, was dahinter steckt.«

Ich warf einen Blick darauf. Der Kerl war offensichtlich schwer verliebt in die Präsidententochter. Schmalzige Zeilen, in denen er sie wie eine Königin verehrte. Widerlich, so was.

Im unteren Viertel des Briefes hatte er von Hand eine filigrane Krone skizziert. Der Typ schien talentiert zu sein. Ich las die Zeilen und stutzte. »Er schreibt, dass er ihr immer nahe ist?«

»Genau. Wir gehen davon aus, dass er ihr nachstellt oder in ihrer Nähe gewesen ist. Zumindest muss er sich an den Orten aufhalten, an denen sie auch ist, beziehungsweise war.«

»Scheiße«, entfuhr es mir, weil mir klar wurde, was das bedeuten konnte.

»Du sagst es. Allerdings sind es bisher nur Schwärmereien, und nichts deutet auf eine Drohung oder auf ein geplantes Gewaltverbrechen hin.«

»Noch nicht.« Solche Psychotypen waren immer ein Risiko. Ich sah sie als tickende Zeitbomben. So schnell wie möglich musste der Kerl gefunden werden. »Was ergab das Labor?«

»Nicht viel. Er scheint sein Handwerk zu verstehen. Keine DNA, keine Fingerabdrücke, nur diese Krone als sein Zeichen. Wir tappen im Dunkeln, was es mit der Zeichnung auf sich hat. Einzig der Bleistift konnte analysiert werden, aber den kann man überall in den Staaten kaufen. Es gibt nicht viele Anhaltspunkte, eben nur, dass er sie ›seine Prinzessin‹ nennt und ziemlich gut zeichnen kann.«

»Weiß sie darüber Bescheid?«

»Ja. Wir haben auch ihren Vater informiert, und deshalb gab es einige Diskussionen.«

»Inwiefern?«

»Bluefire hält ihn für einen harmlosen Spinner, während Thunderbird sie am liebsten ins Weiße Haus verfrachten würde.«

»Verstehe.«

»Sie hat eben ihren eigenen Kopf, deshalb hat sie einen Deal mit ihm ausgehandelt. Sie darf im Studentenheim bleiben, fliegt aber jedes Wochenende nach Hause. Allerdings hat sich das nun auch erledigt. Durch das Streaming-Video wohnt sie jetzt hier.«

»Was ist mit den beiden vom Video? Gibt es eine Verbindung zwischen ihnen und den Briefen?«

»Das überprüfen wir gerade noch, aber wenn du meine Meinung hören willst, dann glaube ich das nicht. Die zwei von dem Video sind Harvardstudenten und waren sehr geständig beim Verhör. Es ging um eine harmlose Wette unter den Hochschülern. Sie sitzen noch in Untersuchungshaft und werden rund um die Uhr verhört.«

Nachdenklich rieb ich mir das Kinn. »Und wie ist unsere Vorgehensweise?«

»Ganz einfach: Augen und Ohren offenhalten. Aber kein Grund zur Panik. Solange ihr nichts geschieht und wir die Lage im Griff haben, ist alles in Ordnung. Okay, du wirst dich etwas ausruhen wollen, bevor deine Schicht beginnt.« Er schloss die Mappe und erhob sich. »Dann lebe dich gut ein. Wir sehen uns später.«

McLane schien ein netter Typ zu sein. Die Nachtschicht, die er mir aufgebrummt hatte, gehörte zwar nicht zu meinen Lieblingsbeschäftigungen, aber es war normal, als Neuling erst mal die beschissensten Dienstzeiten zu bekommen. Ich duschte und packte meine Sachen aus. Später im Bett nahm ich den Steckbrief von Leni Davis und begann mir die Details einzuprägen.

3

Leni

»Wow! Das ist ja der Hammer!« Nicky klappte der Mund auf, als wir das Penthouse betraten. Voller Begeisterung sah sie sich in unserem neuen Zuhause um. Mehrere Schlafzimmer, ein riesiges Wohnzimmer, eine komfortable Küche und eine Wahnsinnsaussicht über Cambridge gehörten für die nächsten Monate uns.

Ich stand am Panoramafenster und schaute auf die Stadt. Es dämmerte bereits und die Lichter erhellten die Straßen. Die Abendsonne tauchte die Skyline in ein wunderschönes Rot und Orange. Ich liebte diese Abendstimmung.

Mr. Mitchell hatte den Umzug persönlich bewacht und organisiert. Die Gerüchteküche brodelte, und es war nur eine Frage der Zeit, bis die Presse herausfand, wo wir untergetaucht waren. Ich konnte nur hoffen, dass das in ein paar Tagen Schnee von gestern sein würde.

»Ihre Bodyguards sind ein Stockwerk tiefer untergebracht. Der neue Mann wird die Nacht direkt vor Ihrer Tür verbringen, und ein weiterer unten in der Lobby.« Mr. Mitchell räusperte sich. »Ich möchte Sie freundlichst daran erinnern, dass Sie bitte nicht ohne uns auf die Dachterrasse gehen. Die Gefahr eines Angriffs ist ...«

»... ist einfach zu groß, ich weiß. So wie Sauerstoff, Tageslicht und Sonne giftig für mich sein könnten.«

»Ms. Davis, ich mache nur meinen Job.« Mitleidig schaute er mich an und ich mäßigte meinen Sarkasmus. »Ich weiß, war ja auch nicht gegen Sie persönlich gerichtet.«

»Schon gut. Kann ich sonst noch etwas für Sie tun?«

»Danke, Mr. Mitchell. Das wäre dann alles.«

Mit einem Nicken verließ er das Appartement. Erleichtert atmete ich auf, als Nicky und ich endlich allein waren.

»Eine Dachterrasse?« Nicky setzte sich auf das riesige Sofa.

»Ja.« Ich deutete auf eine unscheinbare Tür im Wohnzimmer. »Da oben. Ich habe sie nur einmal gesehen, als mein Dad und ich das Penthouse besichtigt haben.«

»Und wieso darfst du da nicht rauf? Ich meine: Wie geil, eine Dachterrasse!«

»Weil es ein Risiko birgt, wenn ich allein oben bin. Selbst im Weißen Haus darf ich nicht ohne Begleitung und Vorankündigung aufs Dach, obwohl sie dort besser ausgestattet sind als ein Kriegsschiff.«

»Sie haben wirklich große Angst um dich, was?«

»Was glaubst du, wie viele Männer das Leben meines Vaters schützen? Ich habe vier direkte Bodyguards, er mehr als zwanzig.«

»Wahnsinn!«

»Ja, und das ist nur der enge Kreis.«

»Und es ist wirklich kein Problem, wenn ich mit dir hier wohne?« Sie saß auf dem Sofa, zog die Beine an, schob eine lange blonde Haarsträhne hinters Ohr und schaltete den Flachbildfernseher ein.

»Nein, mach dir keine Gedanken. Fühl dich wie Zuhause.«

Dankbar lächelte sie und klopfte mit der Hand auf den freien Platz neben sich. »Danke, dass du das heute für mich getan hast. Ich wüsste nicht, wie ich meinen Eltern einen Rausschmiss hätte erklären sollen.«

Ich setzte mich zu ihr und streifte mir die Schuhe von den Füßen. »Du weißt, dass ich Ungerechtigkeiten nicht leiden kann. Außerdem konnte ich doch nicht zulassen, dass meine beste Freundin von der Uni fliegt.«

»Mein Dad wäre durchgedreht.«

»Manchmal ist es eben ganz hilfreich, wenn der Vater der Präsident der Vereinigten Staaten ist.«

»Oh ja, das kann ich bestätigen«, grinste sie. »Ich muss Sandy schreiben, dass alles in Ordnung ist. Sie macht sich sicher mega Sorgen.« Sie begann in ihr Handy zu tippen.

»Gute Idee. Ich sollte auch ein paar Leuten sagen, dass es mir gut geht.«

Auf meinem Handydisplay überflog ich die Benachrichtigungen. Neben Sandy und Fred hatten eine Menge Leute das Video gesehen. Hundertzweiunddreißig Nachrichten und tausende Kommentare bei Twitter, Facebook sowie Instagram hätten dafür gesorgt, dass ich noch am nächsten Morgen mit Lesen beschäftigt gewesen wäre. Ich überblätterte nur die wichtigsten Nachrichten und entdeckte eine von Jim. An meinem Daumennagel knabbernd, öffnete ich sie.

Ich hätte dich nicht so hart rangenommen ...
In den Köpfen der Leute sind wir ein Paar. Wenn das kein Zeichen ist ...

Ich antwortete: *Was meinst du?*

Seufzend legte ich mein Handy beiseite und ignorierte das

Ziehen in meinem Magen. Jim war echt hartnäckig, das musste ich ihm lassen. Seit meiner Kindheit war er mein bester Freund, und vor drei Wochen war es dann passiert: Wir hatten uns geküsst.

Mein Bauch kribbelte, als ich an den Augenblick zurückdachte. Es war schön und gleichzeitig merkwürdig gewesen, und ehrlich gesagt, war ich ziemlich durcheinander deshalb. Das Dumme war nur: Ein Paparazzo hatte ein Foto von uns geschossen, und seither waren Jim und ich das Gesprächsthema Nummer Eins. Die Spekulationen reichten von einem One-Night-Stand zur Beziehung bis dahin, dass manche schon die Hochzeitsglocken läuten hörten – allen voran meine Patentante Charly, Jims Mum.

»Was ist los?« Nicky konnte ich nichts vormachen. »Alles in Ordnung?«

Müde fuhr ich mir durchs Gesicht. »Jim hat geschrieben.«

Sofort hatte ich ihre Aufmerksamkeit. »Ach herrje, er hat das Video gesehen. Wie hat er reagiert?«

»Er sieht es als Wink des Schicksals und ...«

»Du kennst meine Meinung zu diesem Thema, Leni.« Sie legte ihr Handy auf den Tisch. »Ihr seid nun mal ein absolutes Traumpaar. Ich meine, Jim Henderson ist *hot,* und keine Frau der Welt würde zögern, mit ihm zusammen zu sein, selbst wenn es nur für eine Nacht wäre. Er ist reich, gebildet und sooo süß. Ihr kennt euch schon lange; ehrlich gesagt verstehe ich nicht, wo dein Problem ist. Hat es dir denn gar nichts bedeutet?«

»Du weißt genau, wie ich zu ihm stehe. Ich will unsere Freundschaft nicht kaputtmachen.«

»Ach Leni, wegen einem Kuss muss das doch nicht passieren. Ich finde, du bist zu verkrampft. Er spürt, dass du ihn meidest und ihm aus dem Weg gehst. Das ist viel schlimmer, als zu versuchen, locker zu bleiben. Jim ist nicht dumm.«

»Na ja, es war ja nicht nur ein Kuss – eher eine wilde Knutscherei«, warf ich ein.

»Trotzdem. Also, wenn ich an deiner Stelle gewesen wäre, wäre es sicher nicht nur beim Knutschen geblieben«, kicherte sie und zwinkerte mir zu.

Grinsend schüttelte ich den Kopf. »Du bist unmöglich.«

Unschuldig zuckte sie die Schultern und stand auf. »Ihr kennt euch seit eurer Kindheit, seid beste Freunde, versteht euch prima. Er sieht unfassbar gut aus und ist einer der begehrtesten Junggesellen der USA. Ich würde sagen, er ist ein Jackpot.«

Ich rollte mit den Augen. »So einfach ist das nicht.«

»Eigentlich schon. Es ist nur in deinem Kopf kompliziert ... Ich habe Hunger. Gibt es hier etwas Essbares?« Für Nicky war die Sache sonnenklar, und manchmal wünschte ich, ich könnte es genauso locker und undramatisch sehen.

»Wir können uns Pizza aus dem Restaurant bestellen, wenn du willst. Sag dem Gorilla draußen Bescheid. Ich will eine mit extra viel Käse.«

Während Nicky unser Abendessen organisierte, war ich noch in Gedanken bei Jim. Seit dieser Nacht hatte sich etwas verändert, und das war genau das, was ich nicht wollte. Alles sollte so sein wie früher. Als hätte Jim den richtigen Riecher gehabt, rief er mich an, als Nicky aus dem Raum ging.

»Hey Pepper, ich bin‘s. Alles klar bei dir?«

»Hi ... äh ja, und bei dir?« Überrumpelt kam ich ins Stottern.

»Ja, schöner Mist, der gerade los ist, was? Ich habe gehört, dass du jetzt ins Penthouse gezogen bist.«

»Ja, du kennst doch meinen Dad. Nach dieser Sache mit dem Video wollte er auf Nummer sicher gehen.«

Er lachte. »Kann ich mir vorstellen. Und wie geht es dir damit?«

»Gut. Ich meine, ich komme klar.«

Verdammt! Deutlich war die Spannung zu spüren, die unsere Beziehung belastete, und das war meine Schuld. Seit Tagen versuchte er mich anzurufen, und jedes Mal hatte ich ihn wegdrückt oder ihm irgendwelche Ausreden aufgetischt, dass ich keine Zeit hätte. Das hatte die Mauer höher und höher werden lassen.

Die Stille zwischen uns war unangenehm. Ich hörte seinen gleichmäßigen Atem durchs Telefon. »Pepper?«

»Ja?«

»Wir sollten endlich reden.«

»Ich weiß.«

»Es tut mir leid ...«

»Jim, ich ...« Ich versuchte mich zu erklären, aber er unterbrach mich.

»Du hast ein Problem damit. Seit Tagen gehst du mir aus dem Weg und ... Ich habe nachgedacht. Was spricht dagegen?«

Ja, was sprach eigentlich dagegen? Darauf hatte ich keine Antwort.

»Wovor hast du Angst?«

»Ich weiß es nicht«, antwortete ich ehrlich. »Ich habe einfach nicht damit gerechnet.«

»Weil du mich nur als Freund wahrgenommen hast?«

So ein Quatsch. Wer Jim Henderson nicht als Mann wahrnahm, hatte keine Augen im Kopf.

Er war bekannt für seine Frauengeschichten, wobei ich

wusste, dass nur die Hälfte der Wahrheit entsprach. Überhaupt kannte niemand ihn so wie ich. Er war intelligent, einfühlsam und eine treue Seele. Das Bild, das die Öffentlichkeit von ihm hatte, stimmte nicht mit dem überein, wie er wirklich war. Früher hatte er nichts anbrennen lassen und täglich eine andere gehabt, aber seit ein paar Monaten hatte er sich verändert. Wir verbrachten viel Zeit miteinander, und ich bemerkte dieses Knistern. Ich war hin und her gerissen zwischen Freundschaft und der Versuchung, eine Beziehung mit ihm zu führen.

»Okay, ich bin kein Kind von Traurigkeit, das weißt du, aber du und ich, das ist etwas völlig anderes. Es ist mir ernst. Du bist mir wichtig – sehr sogar.«

»Du bist mir auch sehr wichtig, und ich will dich nicht verlieren.«

»Das wird niemals geschehen, Süße.«

»Und wenn doch?«

»Wird es nicht«, versicherte er.

So gern würde ich ihm glauben. Ich hatte solche Angst, dass wir mit einem Abenteuer unsere Freundschaft aufs Spiel setzten.

»Hör zu, wir sollten nicht am Telefon darüber reden. Lass uns in Ruhe am Wochenende über alles sprechen. Du kommst doch am Freitag nach Washington, oder?«

»Natürlich.«

»Gut. Bis dahin versuchst du mich zu vermissen, okay?«

Seine nette Art brachte mich zum Lächeln. »Mach ich.«

»Und du drückst mich wirklich nicht mehr weg, wenn ich dich anrufe?«

»Versprochen.«

»Dann bis zum Wochenende. Schlaf gut, Süße, und träum

was Schönes.«

»Du auch.«

Erleichtert, aber immer noch mit Herzklopfen legte ich auf. Vielleicht hatte ich tatsächlich überreagiert bei der ganzen Sache. Die Schmetterlinge flatterten, wenn ich ans Wochenende dachte. Ich freute mich auf ihn, denn es gab nichts Besseres, als sich mit Jim auf das Dach des Weißen Hauses zu schleichen, die Sterne anzuschauen und Bier zu trinken.

Mit einem tiefen Seufzer legte ich mein Handy beiseite und schleppte meinen Koffer ins Schlafzimmer. Ich räumte Jeans, Shorts und Unterwäsche in meinen Schrank, öffnete das Fenster und ließ frische Abendluft ins Zimmer strömen.

Nicky kam plötzlich hereingelaufen und warf sich theatralisch auf mein Bett. »Heilige Scheiße! Ich sterbe! Das ist zu viel für mich, ich kann nicht mehr.«

Wovon redete sie? Mit verträumtem Gesichtsausdruck fächerte sie sich mit der Hand Luft zu.

»Was ist passiert?«

Sie drehte sich zur Seite und stützte sich auf ihrem Ellenbogen ab. »Luke ist passiert.«

Ich kapierte gar nichts. »Luke? Welcher Luke?«

»Na, dein neuer Bodyguard. Er ist ... Mein Gott, was für eine Sahneschnitte! Wie hältst du das auf Dauer nur aus? Ich würde verrückt werden, sie alle in meinen Schrank sperren und nach Bedarf rausholen und vernaschen«, kicherte sie.

»Nicky, Nicky!«, ermahnte ich sie lachend. »Das nimmt noch ein schlimmes Ende mit dir.«

»Du glaubst mir nicht? Dann geh und schau ihn dir an, sabbere aber bitte nicht.«

Mit frischer Unterwäsche und meinen Schlafsachen in der

Hand ging ich zur Tür. »Die Tochter des Präsidenten sabbert nie, und wenn, dann nur hinter verschlossener Tür. Ich bin duschen.«

Kurzerhand ließ ich sie im Zimmer allein zurück.

~

Die heiße Dusche löste meine verspannten Muskeln. Länger als sonst genoss ich das warme Wasser auf meiner Haut. Jetzt noch die Pizza, und ich wäre reif fürs Bett. Ich trocknete mich ab und wickelte das Frotteetuch zu einem Turban. Von draußen hörte ich, wie sich Nicky mit einem der Bodyguards unterhielt. Wahrscheinlich mit dem Neuen.

Ich beeilte mich, zwang mich schnell in meinen Slip und öffnete das Badezimmerfenster, um den Dunst aufzulösen. Kühle Abendluft strömte herein und bescherte mir eine Gänsehaut. Es hatte schon Vorteile, so weit oben zu wohnen. Niemand konnte sehen, wie ich halbnackt vor dem Spiegel stand, um die Knoten aus meinem Haar zu bürsten.

Plötzlich flatterte etwas ins Badezimmer, knallte gegen meinen Kopf und die Wände. Erschrocken schrie ich auf, fuchtelte wild und unkontrolliert mit den Armen, um mich zu schützen. Ein Tier gab fürchterliche Laute von sich, genau wie ich. War das etwa eine Fledermaus? Ich hasste diese Viecher.

»Leni?« Von draußen rief Nicky nach mir.

Nur Sekunden später wurde die Tür eingetreten. Gepolter und dumpfes Geflatter. Alles ging so schnell. Unsanft wurde ich zu Boden geworfen, dann folgte Stille.

Mein Rücken schmerzte und ich hörte ein leises Keuchen. Jemand, dessen Herzschlag bis in meine Brust dröhnte, lag auf mir. Fest presste ich die Augen zu und blieb wie erstarrt liegen.

»Er ist weg, Leni. Es war nur ein verirrter Vogel«, hörte ich Nickys Stimme.

Sie schloss das Fenster. Nur langsam drangen ihre Worte zu mir durch und ich wagte endlich zu blinzeln. Ich hielt den Atem an und blickte in die unglaublichsten blauen Augen, die ich je gesehen hatte – kristallklar, mit kleinen hellen Sprenkeln. Die Iris erinnerte mich an das Meer: wild, stürmisch und unergründlich. Dazu markante Züge, dichte Wimpern und winzige Fältchen. Das dunkelbraune Haar, das an den Seiten kurz und oben etwas länger war, rahmte hohe Wangenknochen und ein kantiges Kinn ein. Die Haut hatte einen dunklen, fast olivfarbenen Teint und der Duft seines Aftershaves kitzelte mich. Ein Ohrring funkelte im rechten Ohr, und am Kragen seines Hemdes lugte ein Teil der schwarzen Tinte eines Tattoos hervor.

Heiliger Bimbam! Auf mir lag die Verkörperung von ›groß, dunkelhaarig und gutaussehend‹. In meinem Umfeld gab es viele heiße Typen, aber dieses Exemplar toppte alle. Ich riss mich zusammen, bevor ich doch noch anfing zu sabbern.

»Hey Carter, was war das? Alles klar bei dir?« Es war Steven.

Er redete so laut, dass ich alles mitanhören konnte und meine Erkundungsreise in das fremde Gesicht beendete. Der Typ auf mir schien irritiert zu sein und stotterte in seinen Ärmel. »Äh ... Bluefire ... liegt unter mir.«

»Was? Was redest du da?«, dröhnte es aus seinem Ohrhörer.

Der neue Agent schluckte und versuchte sich zu sammeln. »Ich meine, ich habe die Lage unter Kontrolle, es hat sich nur ein Vogel ins Badezimmer verirrt. Alles in Ordnung«, sagte er deutlicher, ließ mich aber nicht aus den Augen. »Alles okay?«, richtete er sich mit rauer Stimme an mich.

Der tiefe Klang ging mir durch und durch, und es dauerte eine halbe Ewigkeit, bis ich schließlich mit dem Kopf nicken konnte. In seiner rechten Hand hielt er eine Pistole, mit der anderen stützte er sich ab. Den Schmerz im Rücken hatte ich völlig vergessen und konnte nicht aufhören, den Kerl auf mir anzustarren.

»Also, wenn ihr so liegen bleiben wollt, kann ich die Pizza auch ins Badezimmer bringen. Luke füttert dich bestimmt.« Nicky, die mit verschränkten Armen neben uns stand, riss mich wieder in die Realität zurück. Sie war höchst amüsiert. Dafür konnte ich ihr noch nicht einmal böse sein. Seit wann schmachtete ich meine Bodyguards an? So etwas war mir noch nie passiert. Ich befreite mich aus seinem Blick, schaute an mir herunter. Zu allem Überfluss wurde mir jetzt erst bewusst, dass ich nur einen Slip trug. Augenblicklich versteifte ich mich, und das Blut schoss mir ins Gesicht.

Konnte es noch peinlicher werden?

Ich bot dem Kerl einen herausragenden Ausblick. Meine Brüste wurden durch sein Gewicht hochgeschoben, so dass sie sich besonders üppig unter ihm abzeichneten. Er wusste sofort, was mir die Schamesröte ins Gesicht trieb. Das Strahlen seiner Augen verdunkelte sich und ließ sie geheimnisvoll wirken. In seinen Mundwinkeln zuckte ein schiefes Grinsen, was ehrlich gesagt ziemlich süß aussah. Als ihm dann klar wurde, auf wem er lag, verschwand es. Kleine Schweißperlen bildeten sich auf seiner Stirn. Er schluckte schwer, und genau in dem Moment spürte ich sein Dilemma groß und hart wachsen.

Oh. Mein. Gott. Er wurde hart! Das Verrückte daran war: Es

reizte mich, ihn zu provozieren, indem ich mein Becken gegen seinen Schwanz drückte.

»Äh ... Ms. Davis, ich ... äh ...«, räusperte er sich verlegen und machte Anstalten, von mir runterzugehen.

Panisch presste ich ihn noch fester an mich. »Bleiben Sie bloß auf mir liegen, Mr. ...? Ich bin fast nackt!«

Abrupt hielt er in der Bewegung inne, aber seine Erregung stand ihm ins Gesicht geschrieben. Und das alles vor Nicky! Ich war definitiv nicht mehr zu retten.

Kurz überlegte er, ob er nicht doch aufstehen sollte. Ein klein wenig tat der Kerl mir leid, denn verzweifelt versuchte er, etwas zu sagen. »Ich kam noch nicht dazu, mich vorzustellen. Mein Name ist Carter. Luke Carter, Miss. Ich bin Ihr neuer Bodyguard.«

Ein Händeschütteln wäre in dieser Lage unangebracht gewesen, daher nickte ich ihm nur zu und überlegte, woher ich seinen Nachnamen kannte.

»Leni Davis«, faselte ich und wollte so cool wie möglich klingen.

»Mr. Carter, wie Sie unweigerlich bemerkt haben, trage ich nichts bis auf meinen Slip.«

»Ich weiß«, grinste er frech. »Deshalb sollten wir Sie dringend aus der Situation befreien.« Schnell hatte er die typische Selbstsicherheit zurück, die ich vom Secret Service-Personal kannte. Er wandte sich an Nicky. »Ms. Finniger, wären Sie so freundlich?« Er streckte seine Hand nach einem Duschtuch aus. »Ich werde meine Augen schließen, dann können Sie sich bedecken. In Ordnung?«

Verzweifelt versuchte er das Grinsen zu unterdrücken, was kläglich misslang. Langsam stand er auf, damit ich das Frotteetuch um mich legen konnte. Fast war ich enttäuscht.

Seine Nähe und Wärme war alles andere als unangenehm gewesen.

Sachte half er mir auf und umschlang dabei meinen Oberarm. Peinliche Sekunden verstrichen, die mir wie eine Ewigkeit vorkamen. Händeringend suchte ich nach der Coolness, für die ich bekannt war. Was zum Teufel war mit mir los?

»Ich ... geh dann wieder auf meinen Posten. Sie wissen, wo Sie mich finden.«

»Äh, ja ... Danke für Ihre Hilfe, Mr. Carter.«

Beim Hinausgehen nickte er Nicky zu. Als er fort war, setzte sie sich prustend vor Lachen auf den Wannenrand. »Was war das denn? Seit wann wirst du rot wie ein Feuermelder?«

Hastig zog ich mein T-Shirt an. »Ich fand das nicht witzig. Ich hasse diese Fleder-Dinger.«

»Erstens war da keine Fledermaus, und zweitens weißt du ganz genau, wovon ich rede. Du warst wachsweich in seinen Armen. Wer hätte gedacht, dass die unerschrockene und toughe Tochter des Präsidenten zahm wie ein Lämmchen sein kann?«

War ja klar, dass mich meine Freundin, der ich vor ein paar Stunden noch den Hals gerettet hatte, mich nicht verschonen würde.

»Wie immer übertreibst du maßlos. Und jetzt komm, vergiss es einfach. Ich hab Kohldampf.«

~

War ich das – wachsweich? Wann hatte es ein Kerl das letzte Mal geschafft, mich so durcheinanderzuwirbeln? Dabei hatte er noch nicht einmal etwas Besonderes getan. Okay, er hatte mich vor der Fledermaus beschützt, die angeblich keine gewesen war, aber das war ja sein Job. Vielmehr erschütterte mich, dass ich so auf ihn reagiert hatte. Ich brauchte dringend mal wieder einen Typen – das letzte Mal war schon eine ganze Weile her. Sofort tauchte Jim in meinem Kopf auf, was mich noch mehr schockte.

Nicky war ins Wohnzimmer gegangen, und ich stand immer noch im Bad und versuchte vergeblich, meinen Puls zu beruhigen. Ein Blick in den Spiegel, und mir war zum Heulen zumute. Meine Wangen waren rot wie Tomaten und mein nasses Haar hing strähnig und schlaff herunter. Kein unvorteilhafteres Spiegelbild hätte mir entgegenblicken können. Ausgerechnet so hatte mich Luke Carter gesehen. War er nicht der Sohn des berühmten Eric Carter, der im Weißen Haus als Held gefeiert wurde? Ich wusste gar nicht, dass der ehemalige Chef des Secret Service einen so attraktiven Sohn hatte. Meine Aufmerksamkeit wurde auf ein Stück Papier gerichtet. Wo kam das denn her?

Neugierig hob ich es auf, faltete es auseinander und begann zu lesen. Überrascht riss ich die Augen auf. Das war ja wohl die Höhe! Seit wann sah mich der Secret Service als eine verwöhnte, unkooperative, eigenwillige und verschrobene Zicke mit einem Hang zur Kleptomanie? Hatten die sie noch alle?

Auf dem Papier waren fein säuberlich all meine Schlechtigkeiten aufgezählt. Das sah wie ein Steckbrief aus – fehlten nur noch die großen, fetten Worte ›Most Wanted‹ als Überschrift.

Bekamen etwa alle neuen Agents solche Informationen? Und wieso hatte Luke mein Foto mit einem albernen Schnurrbart und Teufelshörnern besudelt?

Es brodelte in mir, und ich konnte mich nicht länger zurückhalten. Eingeschnappt falzte ich den Wisch zusammen und stapfte in den Flur, um dem Kerl die Meinung zu geigen. So leise wie möglich öffnete ich die Tür einen Spalt. Da saß er – unschuldig als könnte er kein Wässerchen trüben. Gelangweilt spielte er an seinem Handy und bemerkte nicht, wie ich ihn beobachtete. Bevor ich ihn auflaufen lassen würde, gönnte ich mir einen Moment.

Zweifellos war er ein Typ, den man nicht so leicht durchschauen konnte. Er war attraktiv und wusste das genau. Ob er eine Freundin hatte? Ich betrachtete seine Hände und konnte nirgends einen Ring entdecken, dafür aber ein weiteres Tattoo, das ein winziges Stück unter seinem Hemdärmel hervorlugte.

»Sie können mich gern noch länger anstarren – oder Sie bringen es einfach hinter sich und feuern mich. Machen Sie schon, Ms. Davis«, brummte er und erhob sich.

Wie lange wusste er schon, dass ich in der Tür stand? Kurz überlegte ich, sie schnell zuzuschlagen, aber das wäre kindisch. Also öffnete ich sie mutig und trat einen Schritt zu ihm hinaus. Bedrohlich baute er sich vor mir auf, und ich hatte keine andere Wahl, als zu ihm aufzuschauen.

Unsere Blicke trafen sich, und ich wurde in eine Seifenblase gehüllt, die alles um uns herum in den Hintergrund drängte. Ich war wie benebelt und mein Hirn war leergefegt.

Diesmal war sein spöttisches Lächeln eindeutig, was absolut umwerfend aussah. Ich hatte keine Ahnung, wie lange wir so dastanden, aber je länger es dauerte, desto unwohler fühlte ich mich. Aufregung und Nervosität schlängelten sich durch meine Blutbahnen und sorgten dafür, dass mein Herz aus dem Takt geriet. »Feuern?«, brabbelte ich völlig konfus.

Wie kam er denn auf dieses schmale Brett? Ich wollte ihm widersprechen, aber ein fetter Kloß hätte jeden Laut, den ich von mir geben wollte, wie das Quaken eines Frosches klingen lassen. Stattdessen starrte ich ihn weiter wie ein Mondkalb an. Verdammt!

Irgendwie schaffte er es, sich aus unserem Starren zu lösen. Sein Blick wurde undurchdringlich, wanderte von meinem Mund zum Dekolleté, und von meiner Oberweite hinunter zu meiner Hand, in der ich immer noch seinen Zettel hielt.

Mit aller Kraft suchte ich nach meiner Stimme, bekam aber nur ein mickriges Piepsen heraus. Herrgott noch mal! Was stellte der Kerl nur mit mir an? »Äh ... das gehört wohl Ihnen.« Sofort ärgerte ich mich, weil ich nichts Giftigeres über die Lippen brachte. Ohne etwas zu sagen, nahm er mir den Wisch ab und steckte ihn in die Tasche. Sein freches Grinsen stachelte meinen Ärger weiter an, dadurch fand ich endlich zu meiner alten Form zurück. Mutig hob ich das Kinn und ließ meiner Wut freien Lauf. »Dass ihr mich für eine verwöhnte, unkooperative, eigenwillige und verschrobene Zicke haltet, damit komme ich klar. Aber mit einem Hang zur Kleptomanie? Geht‘s eigentlich noch? Und was soll die Kritzelei auf meinem Foto? Bin ich wirklich so ein Monster?«

Er sagte kein Wort, starrte mich nur an. Ich stemmte die Fäuste in die Hüften und wartete auf eine Reaktion von ihm, aber es kam nichts. »Jetzt verteidigen Sie sich schon«, forderte ich von ihm.

Er überlegte kurz. »Nein.«

»Nein? Und wieso nicht?«

»Weil von mir absolute Diskretion verlangt wird und ich loyal bin.«

Der Kerl schien sich ja ganz schön sicher zu sein. Ungläubig zog ich die Augenbrauen hoch.

»Sie haben doch nur Schiss!«, provozierte ich ihn und war gespannt, wie er weiter reagieren würde. Aber er blieb stumm. »Und wenn ich es Ihnen ausdrücklich erlaube?«

Sein Kiefer mahlte; er schien es sich zu überlegen. »Auch dann nicht.«

»Weil Sie sonst Dinge sagen, die Sie bereuen könnten?«

»Die mich meinen Job kosten könnten«, verbesserte er mich.

»Dann ... geben Sie zu, dass Sie Vorurteile gegen mich haben?«

Grinsend zuckte er mit den Schultern. »Kann sein.«

»Aber Sie kennen mich doch gar nicht. Sie sind noch nicht mal vierundzwanzig Stunden in ihrem Job, und wir haben uns bisher nur einmal gesehen. Wie kann das sein?«

Schweigsam betrachtete er mich, was mich so langsam auf die Palme brachte. »Wenn ich gewollt hätte, wären sie Ihren Job schon längst los, Mr. Carter. Aber keine Sorge, Ihr kleines Malheur im Badezimmer bleibt unser Geheimnis.« Nickend deutete ich zu seinem Schritt.

Er hatte Mühe sich zurückzuhalten, oder aber es war ihm peinlich, dass ich diese Sache zur Sprache brachte. »Bilden Sie sich nichts ein, das hatte nichts mit Ihnen zu tun«, presste er hervor. »Es wird nicht wieder vorkommen.«

»Wie soll ich denn das verstehen?«

Er räusperte sich und trat von einem Bein aufs andere. »Mein ... ich habe nicht wegen Ihnen ... so reagiert.«

»Sondern?«

Es folgte ein langer Blick. »Gute Nacht, Ms. Davis.«

Hatte der Kerl noch alle Tassen im Schrank? Er konnte mich doch nicht einfach so abservieren! Ich schüttelte den Kopf und kniff die Augen zusammen. »Wir sind noch lange nicht fertig, Mr. Carter.«

»Doch, sind wir«, meinte er abweisend, drehte mir den Rücken zu und beachtete mich nicht mehr.

Noch nie hatte ein Secret Service-Beamter mich so behandelt, und damit nahm er mir den Wind aus den Segeln. Was für ein arroganter Arsch!

»Na schön, Mr. Carter, aber eines sage ich Ihnen, denken Sie, was Sie wollen. Sie kennen mich nicht und wissen rein gar nichts von mir. Ich mag verschroben und ein wenig verrückt sein, aber eine Kleptomanin bin ich nicht. Wie Sie sehen, habe ich weder einen Schnurrbart noch Teufelshörner. Wobei … Wenn man es genau nimmt, komme ich vielleicht doch aus der Hölle. Jedenfalls ...« Ich stockte. Verzweifelt suchte ich nach Beleidigungen, die ich ihm an den Kopf werfen konnte, aber mein Hirn fühlte sich wie eine weiche Kaugummimasse an. »Ach, leck mich doch!«, sagte ich stattdessen, schlug frustriert die Tür hinter mir zu und verstand mich selbst nicht mehr.

~

»Was ist denn mit dir los?« Nicky saß auf dem Sofa, futterte ihre Pizza und zappte durch die Kanäle, während ich mit geröteten Wangen und leise vor mich hin fluchend ins Wohnzimmer kam. »Dieser neue Bodyguard ist ein Idiot, nichts weiter.«

Sofort war ihre Aufmerksamkeit geweckt. »Luke? Was hat er getan?«

Ich erzählte ihr von dem Wisch und unserem Gespräch.

Sie kicherte. »Sorry, dass ich lachen muss, aber ich glaube, er hat es dir angetan. Wütend bist du nur, weil du in seiner

Gegenwart ein feuchtes Höschen bekommst.«

So langsam bekam ich Pocken, wenn ich an irgendwelche Hosen dachte. Blöderweise hatte ich wirklich ein feuchtes Höschen. »Du kannst dir einbilden, was du willst, ich finde, er ist ein Idiot.«

»Mag sein. Alle Männer sind Idioten, aber er ist ein ganz besonders heißer Idiot.« Sie zuckte aufreizend mit den Augenbrauen. »Trotzdem ist dieser Wisch ein starkes Stück. Ich würde das deinem Vater melden.«

»Wie sähe das denn aus? Ich wäre die größte Präsidentenpetze.« Schulterzuckend klappte ich den Pizzakarton auf und biss genüsslich in das erste Stück hinein. »Egal. Wenn die mich so einschätzen, dann werde ich mich eben genau so verhalten. Denen wird das Lachen schon noch vergehen, glaub mir.«

»Was hast du vor?«

Ich grinste diabolisch und nahm ihr die Fernbedienung aus der Hand. »Wir werden sehen!«

»Okay«, sagte sie leise mit einem merkwürdigen Unterton. Sie beobachtete mich mit Argusaugen, während ich auf den Fernseher starrte. Was Luke Carter betraf, konnte ich mein Geheimnis nicht lange für mich behalten. Nicky roch den Braten meistens sofort.

Alle Kanäle berichteten über das Topthema des Tages. Ich war es gewohnt, mein Gesicht in den Medien zu sehen, aber für heute hatte ich eindeutig genug. Ich schaltete gerade zu einem Zeichentrickfilm, als mein Handy klingelte. »Leni?«

Sofort erhellte sich mein Gesicht und der Ärger verflog, als ich die Stimme von Nuka erkannte. »Hi, mein Herz. Wie geht es dir?«

»Nicht so gut.«

»Warum? Was ist los?«

»Ich kann nicht schlafen.«

»Oh, und warum nicht?«

»Weil wir morgen mit dem Bus einen Ausflug machen und ich aufgeregt bin.«

»Aber deshalb musst du doch nicht nervös sein. Es wird bestimmt super werden.«

»Ja schon, aber Mrs. Smith hat jedem einen Sitzpartner im Bus zugeteilt.«

»Und?«

»Es ist wegen Sarah. Sie wird neben mir sitzen.«

Ich schmunzelte. Durchs Telefon konnte ich seine Unsicherheit spüren. Bei meinem letzten Besuch im Kinderheim hatte er mir von seinem Dilemma mit Sarah erzählt. Nuka war zehn Jahre alt und unfassbar schüchtern.

»Was ist los? Ist was passiert?« Nicky legte ihr Stück Pizza zur Seite und schaute mich interessiert an.

»Es ist Nuka«, flüsterte ich und schaltete den Lautsprecher ein, dann wandte ich mich wieder dem Gespräch mit dem kleinen Kerl zu. »Aber das ist doch wunderbar und eine gute Gelegenheit, dass ihr beide Freunde werden könnt.«

»Aber Leni, was, wenn ich dummes Zeug spreche? Oder kein Ton herausbekomme? Was, wenn sie denkt, dass ich blöd bin?«

»So etwas wird sie ganz sicher nicht denken. Du bist ein toller Junge.«

Er schwieg eine Weile. »Ich habe Angst. Ich bin schwarz.«

»Deine Hautfarbe spielt überhaupt keine Rolle, Nuka. Es kommt auf deinen Charakter an. Das ist das Wichtigste.«

»Meinen Charakter?«

Ich lachte. »Ja genau, das sind die Eigenschaften, die dich

ausmachen. Du bist freundlich, hast ein tolles Lachen, bist hilfsbereit und deine Ideen sind genial. Du hast selten schlechte Laune und auf dich kann man sich immer verlassen.« Ich überlegte. »Vielleicht ist Sarah auch schüchtern und hat genauso viel Angst wie du?«

»Meinst du?«

»Ja, warum nicht? Wenn sie morgen neben dir sitzt, dann frag sie, welche Musik sie gern hört oder ob sie gerne Filme schaut. Es gibt tausend Möglichkeiten, ein Gespräch anzufangen. Sei locker und einfach du selbst. Ich bin mir sicher, dass es klappen wird. Du wirst sehen, es wird alles gut.«

»Okay, und wenn nicht?«

Ich seufzte. »Positiv denken, Nuka. Freu dich auf den Ausflug und darauf, dass Sarah bei dir sitzen wird. Morgen Abend rufst du mich an und erzählst mir alles, abgemacht?«

»Okay, das mache ich. Wann kommst du uns wieder besuchen?«

»Das kann ich dir noch nicht sagen, aber bald – versprochen.«

»Na gut. Gute Nacht, Leni ... bis morgen.«

»Ich wünsche dir ganz viel Spaß. Bis morgen.« Ich legte auf und schüttelte grinsend den Kopf.

»Er ist so Zucker und merkt gar nicht, wie viel Charme er hat«, meinte Nicky.

»Glaub mir, er wird den Dreh schneller raushaben, als uns lieb ist. Später hat er so viele Sarahs am Start, dass wir ihm die Flügel stutzen müssen.«

4

Leni

»Es gibt Probleme, Ms. Davis. Die Presse belagert alle Eingänge zum Gebäude, und einige Journalisten haben sich schon auf dem Gelände breitgemacht. Es wird versucht, den Bereich zu räumen, aber wahrscheinlich schaffen die das nicht rechtzeitig. Wir haben wohl keine andere Wahl, als uns durch die Meute zu zwängen.« Steven warf einen besorgten Blick zu Nicky und mir auf den Rücksitz des SUVs, während Richie den Wagen durch Cambridge lenkte. »Am besten geben Sie keinen Kommentar ab und laufen zügig ins Gebäude. Ich habe Jeff und den Neuen kontaktiert; sie erwarten uns bereits und sichern den Weg.«

Eine Welle der Unruhe überkam mich, als Steven Luke erwähnte. Es würde ein langer Tag werden. Ausgerechnet heute stand die Planung für die *Princess Night* und die Terminabsprache meiner öffentlichen Verpflichtungen an, die meine Beraterin Virginia mitorganisierte. Lernen für die nächste Klausur musste ich auch noch. Nun ja, ich freute mich schon auf das Wochenende, und würde dann nichts weiter tun, als die Füße hochzulegen.

Im Wagen herrschte eine angespannte Atmosphäre, die immer aufkam, sobald Wirbel um meine Person veranstaltet wurde. »Keine Panik, wir kriegen das schon hin«, sagte ich gelassen und unterdrückte damit meine eigene Aufregung, was den ›Neuen‹ betraf.

Richie fuhr gerade in die Straße, die zum Hintereingang des Hörsaals führte, als wir von weitem schon die Meute sahen.

»Ach du Scheiße«, entfuhr es Nicky. »Und das alles nur, weil ich nicht gemerkt habe, wie irgendwelche Idioten meinen Schlüssel geklaut haben.«

»Ach Quatsch! Rede dir das bloß nicht ein«, widersprach ich. »Die wären auch so in unser Zimmer gekommen. Es ist nicht schwer, sich Zugang zu verschaffen.«

Steven redete über Funk mit seinen Männern und gab Anweisungen. Als Richie den Wagen parkte, zogen sie ihre dunklen Sonnenbrillen auf und stiegen aus. Es dauerte einen Moment, bis sie die Wagentür öffneten und wir von Blitzlichtgewitter und durcheinander schreienden Journalisten bedrängt wurden.

Luke Carter stand direkt vor der Horde von Presseleuten und sorgte dafür, dass sie nicht zu nah an den Wagen kam. Ich sah ihn nur von hinten, aber das reichte aus, um mich kurz innehalten zu lassen. Seine breite Statur war einschüchternd – sogar die frechsten Reporter hielten sich an die Anweisungen. Seine Aura war beeindruckend, und ein Gefühl der Sicherheit durchdrang mich.

»Ms. Davis, was sagen Sie zu dem Video?«

»Hat Mr. Henderson sich dazu geäußert?«

»Was hat Ihr Vater gesagt?«

»Was passiert mit den Tätern?«

»Wird das Ihre Beziehung zu Jim Henderson belasten?«

»Ms. Davis?«

»Ms. Davis?«

»Ms. Davis?«

Sie riefen alle durcheinander, und manchmal erinnerten mich ihre Stimmen an einen Bienenstock. Wie Steven empfohlen hatte, schwieg ich, setzte ebenfalls meine Sonnenbrille auf und hakte mich bei Nicky unter.

Wir ignorierten den neugierigen Haufen und blieben dicht hinter Luke und Jeff, die die Fotografen beiseiteschoben, um uns sicher ins Gebäude zu schleusen. Ich war den Rummel gewohnt und hatte strickte Anweisungen, niemals Antworten zu geben. Alles was ich sagte oder tat, wurde veröffentlicht.

Bevor mein Vater Präsident geworden war, hatten Mum und ich ein Update bekommen, wie wir uns in der Öffentlichkeit zu verhalten hatten und was wir sagen durften. Leider gelang es mir nicht immer, mich daran zu halten.

Wir stiegen die Stufen zum Hörsaal hinauf, als ich von einem Journalisten am Arm festgehalten wurde. Sofort griffen Steven und Luke ein und wiesen den Kerl mit seiner Kamera in die Schranken.

»Ms. Davis, machen Sie Ihrer Freundin keine Vorwürfe? Steckt sie vielleicht mit den Tätern unter einer Decke?«

Ich spürte, wie Nicky sich neben mir versteifte. Sie machte sich schon genug Gedanken und hatte nicht so ein dickes Fell wie ich. Mit solchen Dingen konnte sie nur schlecht umgehen. Was für ein Vollidiot!

Ich war die Einzige, die ihr da raushelfen konnte, und ich hasste Gerüchte, die an den Haaren herbeigezogen waren. Kurzerhand drehte ich mich zur Presse um, schob meine Sonnenbrille ins Haar und sprach den Kerl direkt an, der die Sache über Nicky in den Raum geworfen hatte.

»Ms. Finniger wurde auf einer Party der Zimmerschlüssel aus ihrer Handtasche gestohlen. Sie hat nichts mit dem Video zu tun. Sie ist genauso ein Opfer wie ich.« Kaum hatte ich das Wort ergriffen, war es plötzlich still geworden. Mikrofone und Kameras waren auf mich gerichtet. »Es war ein Streich, mehr nicht. Und was die beiden aus dem Video betrifft, ... Ich hoffe nur, sie haben Kondome benutzt.«

Allgemeines Gelächter und weitere Fragen schlugen mir entgegen. Bevor ich dazu kam, Kommentare abzugeben, drängten mich Luke und Steven ins Gebäude. Nicky zog ich hinter mir her.

Wir erreichten die Eingangstür und ließen die Presse hinter uns. Von Steven erntete ich einen tadelnden Blick. Er sagte zwar keinen Ton, aber ich wusste, dass er es nicht gerne sah, wenn ich spontan in seine Planung eingriff. Mit den Journalisten zu sprechen, gehörte leider zu den Dingen, die mir am Ende ein paar Diskussionen einbringen würden.

Mit einem grimmigen Ausdruck wurden wir von Mrs. Barrows in der Eingangshalle erwartet. Alles an ihr strahlte Missbilligung aus. Mit ihrem mausgrauen Rock, ihrer weißen Bluse und ihrem strengen Dutt verkörperte sie die konservative Grundhaltung, die sie mir schon immer entgegengebracht hatte.

»Ich hoffe, wir haben nicht täglich solch einen Massenauflauf auf unserem Gelände, Ms. Davis. Unsere Studenten brauchen Ruhe, um sich auf ihr Studium zu konzentrieren.« Ihr Ton gefiel mir ganz und gar nicht, und ihre Art war spießig.

»Ich wünsche Ihnen auch einen guten Morgen, Mrs. Barrows«, säuselte ich freundlich. »Der Tumult da draußen wird sich in ein paar Tagen wieder beruhigen, sobald das

Video Schnee von gestern ist. Die Presse braucht immer neue Schlagzeilen. Da der Bunker sowieso steinalt und mit staubtrockenen Primeln bestückt ist, wird das Interesse schnell nachlassen, glauben Sie mir. Vielleicht sollten Sie mal über eine Renovierung und einen Friseurtermin nachdenken.«

Damit ließ ich sie stehen und stapfte hocherhobenen Hauptes mit meinen Bodyguards und Nicky am Arm durch den Gang. Ihr entsetztes Schnauben hörte ich noch im Flur.

Natürlich wirkte ich arrogant und versnobt, und bestimmt empfand mich manch einer als hochnäsig und herablassend, aber ich hatte in dem Augenblick nicht anders gekonnt. Und mal ganz ehrlich, was konnte ich dafür? Ich fand den Wirbel sowieso total verrückt, aber ich hatte mich schon lange damit abgefunden, dass ein Teil meines Lebens der Öffentlichkeit gehörte, auch wenn es mir nicht passte. Und manchmal musste ich einfach in die Offensive gehen, um andere zu schützen. Die Journalisten konnten dein Freund, aber auch dein Feind sein. Das hatte ich schnell gelernt, seit mein Dad in der Politik tätig war. Und was Mrs. Barrows betraf, wir würden in einer Millionen Jahren keine Freunde werden, so viel stand fest.

Auf dem Weg zum Hörsaal begrüßten mich meine Kommilitonen. Sie winkten mir zu, und natürlich gab es Getuschel hier und Gekicher da, aber es störte mich nicht. Marc Higgens und seine Kumpels liefen gerade an meinem Seminarraum vorbei, als er mich entdeckte. »Hey Leni, wie war es so, gefickt zu werden?« Er ahmte das laute und übertriebene Gestöhne der Blondine aus dem Video nach und machte dazu eindeutige Bewegungen. Seine Freunde und ein paar andere um uns herum brachen in Gelächter aus. Marc war ein Idiot. Er war zwar ein beliebter Typ, sportlich und gutaussehend, aber er legte alles flach, was bei drei nicht auf den Bäumen war, und prahlte mit seinen Errungenschaften. Mehrmals hatte er mich angegraben, aber ich hatte ihn jedes Mal abblitzen lassen.

Gelassen und mit gleichgültiger Miene schaute ich belustigt zu, wie er sich zum Affen machte. »Hey Marc, hattet ihr letztens in deiner Selbsthilfegruppe nicht das Thema: ›Wie kann ich eine Frau richtig befriedigen‹? Übrigens, in der Gruppe: ›Hilfe, mein Schwanz ist zu klein‹ sind noch Plätze frei. Ich habe dich eingetragen.« Ich setzte mein freundlichstes Lächeln auf.

Seins erstarb, dafür grölten alle anderen los. Auch meine Bodyguards unterdrückten ein Schmunzeln. Marc schnaufte verächtlich. Einer seiner Kumpels klopfte ihm kichernd auf die Schulter und sie zogen weiter.

»Dem hast du es aber gegeben«, meinte Nicky und schaute ihnen hinterher.

Ich zuckte mit den Achseln. »Wer austeilt, muss auch einstecken können.«

Stevens Handy klingelte. »Ja, Sir. ... Nein, der Zeitpunkt ist günstig. Die Vorlesung beginnt in ein paar Minuten. Richie und der Neue können übernehmen. Bin schon auf dem Weg.« Er beendete das Gespräch und wandte sich an seine Kollegen. »Ihr habt es gehört. Ich muss ins Büro zu Mitchell. Wird aber nicht lange dauern.«

Luke und Richie nickten.

»Ihr könnt auf Stufe Gelb übergehen, sofern Ms. Davis damit einverstanden ist«, sagte er zu den Gorillas, meinte aber mich damit. Stufe Gelb bedeutete für mich keine akribische Überwachung, und der Abstand, mit dem sie mir folgen würden, wäre größer. Zufrieden, etwas mehr Freiheiten zu bekommen, grinste ich breit und ging mit Nicky in den Hörsaal.

~

Wie immer war schon einiges los. Sobald ich mich mit Nicky in die hinterste Reihe verkrümelt hatte und der Professor endlich mit seinem Vortrag begann, beruhigte sich das Getuschel und alle konzentrierten sich. Meine Bodyguards hatten sich ebenfalls an der Wand postiert, und hin und wieder hörte ich Richie mit Luke flüstern. Ich konnte einfach nicht anders, als ihm ein paar giftige Blicke zuzuwerfen. Nach dem, was ich gestern aus dem Steckbrief erfahren hatte, war ich fest entschlossen, ihm zu zeigen, wie verärgert ich darüber war.

Nicky stupste mich leicht an, schaute aber nach vorne zum Professor. »Du hast mich schon wieder verteidigt, diesmal sogar vor der Presse. Danke, Süße. Mrs. Barrows hast du sauber abserviert.«

»Ich weiß. Mein Temperament ist mit mir durchgegangen, aber sie hat es verdient.«

»Ja, das hat sie.«

»Mach dir keine Sorgen, Nicky. Ich krieg das schon hin. Das habe ich bisher immer.«

Sie erwiderte mein Lächeln und richtete ihre Aufmerksamkeit wieder nach vorne.

Wie kleine Dolche spürte ich Lukes Blicke in meinem Rücken und bekam kaum etwas vom Thema mit. Ich drehte mich um. Eisig blaue Augen, die aus einem nachdenklichen, ernsten und markanten Männergesicht herausblickten, trafen mich. Mein Blut gefror und meine Armhaare stellten sich auf.

Richie flüsterte ihm etwas zu, und Luke unterbrach unseren Blickkontakt.

Ich richtete meine Aufmerksamkeit wieder auf den Professor, bemerkte dann aber, wie Luke mit seinem Handy am Ohr den Hörsaal verließ. Neugierig blickte ich ihm nach und tippte Nicky an. »Bin gleich wieder da«, flüsterte ich ihr zu, wagte einen kurzen Blick zu Richie, der mit seinem Handy beschäftigt war, und verließ ebenfalls den Raum.

Leise schloss ich die Tür hinter mir, ein seltenes Gefühl von Freiheit überfiel mich. Ich nutzte die Gelegenheit und schlich Luke hinterher. Der Flur war leer. Tief atmete ich ein und streckte die Arme weit von mir, als würde ich fliegen. Ich genoss es, allein zu sein, wollte diesen Moment auskosten. Ich lief weiter und hörte Lukes Stimme hinter einer Tür.

»Ich kann nicht von hier weg, Caroline. … Ja, ich weiß, und das tut mir leid. … Ja, ich vermisse dich auch. Du schaffst das schon. … Okay, sobald ich kann, komme ich nach Hause, dann gehöre ich ganz dir. … Gut, bis bald.« Er legte auf.

Ich huschte schnell zur Damentoilette und versteckte mich hinter der Tür, bis seine Schritte im Flur verhallt waren.

Wer war diese Caroline? Etwa seine Freundin? Wie liebevoll seine Stimme geklungen hatte!

Als ich sicher war, dass Luke fort war, verließ ich die Toiletten und trat in den Gang.

»Wen haben wir denn da? Wenn das nicht die süße Leni Davis ist.« Marc schlenderte gelassen zu mir und lehnte sich mit verschränkten Armen gegen die Wand.

»Was willst du? Was machst du überhaupt hier?«

»Das Gleiche könnte ich dich fragen.« Ich wollte an ihm vorbei, doch er baute sich vor mir auf und versperrte den Weg.

»Du hast ein freches Mundwerk, und die Sache von vorhin war gar nicht nett von dir.« Er musterte mich, und sein Blick blieb an meinem Ausschnitt hängen.

»Tja, wie du mir, so ich dir. Und jetzt lass mich gehen.«

Er grinste verschlagen und hielt mich an den Oberarmen zurück. »Was ist los? Wo sind denn deine Affen? Haben sie etwa die Schnauze voll?«

»Lass mich los, Marc«, drohte ich.

»Bist du immer so kratzbürstig? Sei mal locker, Mäuschen.«

»Ich bin locker. Du willst nicht wissen, wie ich bin, wenn ich sauer werde.« Ich versuchte, mich von ihm loszureißen.

Sein hämisches Grinsen wurde breiter. »Ich steh auf Mädchen, die 'ne große Klappe haben.«

Er drängte mich gegen die Wand und kam mir unangenehm nah. Ein Schauer fuhr mir den Rücken hinunter, und für einen kurzen Augenblick fühlte ich mich ihm schutzlos ausgeliefert. Genau diesen Moment nutzte er und zog mich in eine Ecke.

»Ich hatte ja schon so einige Miezen, aber eine Präsidentenschlampe hatte ich noch nicht.«

Er presste seinen Unterleib gegen mein Becken, und sein hitziger Atem strömte über mein Gesicht. Übelkeit erfasste mich und mein Magen drehte sich um, als er sich an meiner Brust zu schaffen machte. Mit aller Kraft stieß ich ihn von mir – vergebens. Ich versuchte mich zu befreien, aber der Kerl war stärker.

Panik überschwemmte meinen Körper. Adrenalin jagte durch meine Adern und kribbelte in meinen Beinen. So fest ich konnte, rammte ich ihm mein Knie in die Eier, und gleich darauf landete meine Faust in seiner Fratze. Brüllend krümmte er sich und ließ endlich von mir ab. Meine Hand schmerzte höllisch, aber mit Genugtuung hörte ich sein

Gejammer. »Jetzt hast du mich ein kleines bisschen sauer erlebt. Du willst nicht wissen, was ich tue, wenn ich richtig böse werde. An deiner Stelle würde ich mich ganz schnell verpissen, Marc.«

Er rappelte sich auf und kam mir noch einmal näher.

»Schlampe«, presste er zwischen Wut und Schmerz hervor und hielt mit beiden Händen seinen Schritt. »Das wirst du noch bereuen.«

Diese Drohung konnte ich nicht auf mir sitzen lassen und prügelte weiter auf ihn ein, bis mich jemand von hinten packte. »Hey, lass mich«, schrie ich und versuchte mich freizustrampeln.

»Beruhigen Sie sich, Ms. Davis.« Luke stellte mich mit einigem Abstand zu Marc auf den Boden. »Richie, wir haben hier ein kleines 237-Problem«, sagte er ruhig und beherrscht in seinen Ärmel. Er wandte sich an Marc, packte ihn am Kragen und zog ihn ohne großen Kraftaufwand auf die Beine. Seine Nase schwoll an und Blut tropfte heraus. Er wischte es grimmig an seinem Hemdsärmel ab. Luke knurrte finster. »Dreckskerle wie dich verspeise ich für gewöhnlich zum Frühstück.«

Marc wollte sich losreißen, doch er hatte gegen Luke keine Chance. Er hielt ihn fest. Marc fluchte, aber Luke brachte ihn mit einem Hieb seines Ellenbogens zum Schweigen. Nur wenige Augenblicke später war Richie da und übernahm.

»Sexuelle Nötigung und Gewalt gegen Ms. Davis, wenn nicht sogar versuchte Vergewaltigung. Das wird ihn eine Weile hinter Gitter bringen«, sagte Luke zu Richie.

Marc riss erschrocken die Augen auf und schüttelte vehement den Kopf. »Nein, so war das nicht. Das könnt ihr nicht machen.«

»Das sagen sie alle«, erwiderte Richie, zwinkerte mir zu und führte ihn ab.

Der Secret Service war bekannt dafür, Leuten wie Marc einen riesen Schiss einzujagen. Zumindest konnte ich mir sicher sein, dass er mich nicht einmal mehr anschauen würde.

»Warum, verdammt noch mal, haben Sie den Hörsaal ohne einen Agent verlassen? Sie wissen doch, wie gefährlich das ist ... Sind Sie okay?« Lukes finstere Miene war einem besorgten Ausdruck gewichen. Der Kerl war wie ein Chamäleon.

Ich deutete auf meine Finger. Meine Knöchel brannten, als hätte man Salzsäure darüber geschüttet, aber immerhin konnte ich sie bewegen. »Es geht schon.«

Er nahm meine Hand in seine und tastete die Knöchel ab. »Der Kerl wird so schnell kein Mädchen mehr anfassen. Sie haben ihm ordentlich eine verpasst ... Es scheint nichts gebrochen zu sein, trotzdem sollten Sie die Hand kühlen. Ich bringe Sie zu einem Arzt.« Luke informierte sein Team und brachte mich ins medizinische Versorgungszentrum.

~

Es war seltsam. So viel Sanftheit und Mitgefühl hatte ich von Luke gar nicht erwartet. Weil er genau wusste, dass ich kein großes Theater um die Sache machen wollte, erzählte er dem Arzt, dass ich auf der Damentoilette ausgerutscht und mit meiner Hand gegen das Waschbecken geknallt wäre. Meine Verletzung wurde untersucht, gekühlt, mit einer schmerzlindernden Salbe eingecremt und verbunden. Zusammen mit Luke saß ich nun in dem kleinen Behandlungszimmer und wartete darauf, dass man mich entließ. Der Arzt hatte darauf bestanden, dass ich mich auf die

Liege legte und eine Weile ausruhte, was ich total übertrieben fand.

Ich setzte mich auf und schaute Luke an. »Können wir jetzt gehen?«

»Erst erzählen Sie mir, was genau passiert ist.«

Ich warf den Kopf in den Nacken und stöhnte. Eigentlich hatte ich keine Lust, darüber zu reden, aber so wie ich Luke einschätzte, würde er mir keine Ruhe lassen. Also erzählte ich ihm die ganze Geschichte.

»Sie ... haben ihm tatsächlich in die Eier getreten?« Bewunderung lag in seinem Blick und ein spitzbübisches Grinsen zeigte sich auf seinem Gesicht.

Ohne jede Reue reckte ich mein Kinn. »Ich kann Typen nicht ausstehen, die glauben, alle Frauen wären Freiwild. Meine Sicherungen sind eben durchgebrannt. Verdient hat er es jedenfalls.«

»Da stimme ich Ihnen zu.«

»Was passiert jetzt mit ihm?«

Luke zuckte gelassen mit den Schultern. »Richie bringt ihn zum FBI, dort wird er verhört. Ihm wird gehörig der Marsch geblasen, aber es kommt darauf an, was Sie möchten. Ein Wort und wir sperren ihn ein, Ms. Davis.«

Ich überlegte und schüttelte den Kopf. »Nein, das wird nicht nötig sein. Ich denke, er hat gemerkt, dass er zu weit gegangen ist, und wird in Zukunft einen großen Bogen um mich machen.« Luke hätte gern eine andere Antwort gehört. Seine Kieferknochen traten hervor, während er mich fixierte.

Der Arzt betrat den Raum und unterbrach den Einwand, den Luke auf den Lippen hatte. Nach einem kurzen Gespräch durften wir endlich gehen. »Wie wäre es mit Essen? Sie haben bestimmt hunger«, fragte Luke, als wir das Gebäude verließen. Er stand dicht neben mir, und für einen Augenblick glaubte ich, er wollte mit mir essen gehen. Zum Glück kapierte ich dumme Gans noch rechtzeitig, dass er die Mensa meinte.

»Gute Idee. Ich muss aus dem Hörsaal noch meine Tasche holen«, sagte ich so gelassen wie möglich und wir machten uns auf den Weg.

Nicky kam uns entgegen. »Wo warst du so lange?« Sie riss die Augen auf und sog scharf die Luft ein, als sie meinen Verband entdeckte. »Was ist passiert?«

»Ist 'ne längere Geschichte. Hast du meine Tasche?«

Verwirrt über meinen Verband übergab sie sie mir und wartete auf eine Erklärung.

»Sie ist in der Toilette ausgerutscht und mit der Hand gegen das Waschbecken geknallt«, log Luke, ohne rot zu werden.

»Ja ... genau, ist aber halb so schlimm«, wiegelte ich Nicky ab, bevor sie etwas dazu sagen konnte. Sie schaute skeptisch, aber fragte nicht weiter nach, worüber ich sehr froh war.

Gleich am Eingang zur Mensa wurden wir vom Duft nach Gebratenem und einer Warteschlange empfangen. Zwischen den vielen Studenten entdeckte ich Sandys blonden Kurzhaarschopf. Sie saß mit Fred an unserem Platz. Die beiden hatten mal wieder die Köpfe zusammengesteckt. Sie waren seit fast einem Jahr ein glückliches Paar und total vernarrt ineinander. Sie trieben viel Sport, und überhaupt gab es sie nur im Doppelpack.

Sandy Bold kam aus einer Millionärsfamilie. Ihre Eltern reisten permanent um die Welt und glaubten, dass es ausreichte, ihre einzige Tochter in eine Villa zu stecken und mit einem gefüllten Bankkonto allein zu lassen, statt sich um sie zu kümmern. Zu Weihnachten und an ihrem Geburtstag bekam sie von ihnen eine Grußkarte von den verrücktesten Orten der Welt. Sandy litt darunter, und erst Fred hatte ihr ihre Fröhlichkeit wieder zurückgeben können. Seit sie mit ihm zusammen war, war sie ein völlig anderer Mensch.

Nicky und ich entschieden uns für ein Steak und Salat und liefen mit den Tabletts zu unserem Traumpaar. Die Turteltauben waren in ihr Gespräch vertieft und hatten ihre Nasen in irgendwelche Unterlagen gesteckt, so dass sie nicht bemerkten, wie wir an den Tisch geschlendert kamen.

»Hey ihr zwei«, begrüßte ich sie und nahm neben Sandy Platz.

Sie umarmte mich. »Ihr kommt spät. Wo wart ihr so lange?«, wollte sie wissen. »Wir haben uns Sorgen gemacht.«

»Frag nicht«, winkte ich ab. »Heute ist irgendwie der Wurm drin.« Nicky und ich stellten unsere Tabletts ab. »Hi Fred, alles klar?«

»Hi, bei uns schon. Erzähl, was war bei euch los?«

Sandy blickte auf meinen Arm. »Was hast du denn gemacht?«

»Nichts Tragisches«, beruhigte ich sie.

Vielleicht sollte ich mir für den Rest des Tages ein Schild mit einer Erklärung um den Hals hängen. Kurz erzählte ich von meinem ›Unfall‹ und schwenkte dann schnell zum eigentlichen Hauptthema: das Video.

»Cooler Shit! Und nun wohnst du bei Leni?«, wollte Sandy von Nicky wissen.

»Ja, zum Glück. Wäre es nach der Barrows gegangen, würde ich jetzt auf der Straße sitzen, doch Leni hat sich für mich eingesetzt.«

»Und das Video? Ist es jetzt aus dem Netz verschwunden?«, fragte Fred kauend und schaute immer wieder zu Luke.

»Wie du ja weißt, ist es fast unmöglich, alles komplett verschwinden zu lassen.«

»Und der Kerl dort drüben? Hat das Weiße Haus deine Bewachung etwa aufgestockt?« Er nickte Richtung Luke, der seinen Blick durch die Mensa schweifen ließ und seine Panoramaumschau an unserem Tisch beendete – wie immer mit ausdrucksloser und unergründlicher Miene.

Nicky beugte sich ein Stück vor, damit er uns nicht hören konnte. »Das ist der Neue. Luke Carter. Sieht er nicht zum Anbeißen aus?«

Alle sahen zu ihm hinüber, nur ich nicht. Ich wusste auch so, wie unverschämt gut er aussah.

»Na ja, ich steh nicht auf Männer, sorry«, witzelte Fred.

Dafür kam Sandy ins Schwärmen. »Wow, ist der scharf.« Sie musterte ihn von oben bis unten, was Fred natürlich mitbekam.

»Hey, hier spielt die Musik.« Er nahm Sandys Kinn und drehte ihren Kopf zu sich.

Seine gespielte kleine Eifersuchtsshow war echt niedlich. Er presste seine Lippen auf ihre, und schon hatte Sandy meinen Bodyguard vergessen.

»Leni hatte gestern Abend eine umwerfende Begegnung mit ihm«, platzte es aus Nicky heraus.

Musste sie immer alles verraten? Unauffällig trat ich sie mit dem Fuß. Als Antwort zuckte sie bedeutungsvoll mit den Augenbrauen.

»Haben wir was verpasst?« Sandy war mehr als neugierig und schaute abwechselnd von Nicky zu mir.

»Quatsch, nichts Weltbewegendes«, winkte ich schnell ab.

Ich hätte Nicky fester treten sollen. Die ließ es sich nicht nehmen und ergötzte sich an der ganzen Geschichte, wobei sie maßlos übertrieb. »Ich sags euch, zahm wie ein Lämmchen war sie. Ich will gar nicht wissen, was passiert wäre, wenn ich nicht daneben gestanden hätte.«

»So setzt man Gerüchte in die Welt. Vielen Dank auch«, unterbrach ich sie.

Ich sollte mir meine beste Freundin wirklich besser aussuchen. Manchmal konnte sie schon eine Tratschtante sein.

»Ach, jetzt wird mir einiges klar. Ich habe mich schon gefragt, warum er dir ständig auf den Hintern schaut. Er hat ein Auge auf dich geworfen, Leni«, meinte Sandy wissend.

»So ein Quatsch! Er kann mich noch nicht mal ausstehen.«

Shit! Jetzt hatte ich mich auch noch verplappert. Sofort runzelten meine Freundinnen die Stirn.

»Woher willst du das wissen?«, hakte Sandy nach.

»Das sah gestern aber ganz anders aus«, ergänzte Nicky. »Glaub mir, ich weiß, wann ein Typ interessiert ist und wann nicht.«

In die Enge getrieben, senkte ich den Blick und suchte nach einem Themenwechsel. »Hast du am Wochenende wieder ein Spiel, Fred?«

Fred war ein ruhiger Typ und im Grunde das Gegenteil von Sandy. Während sie ohne Punkt und Komma quasseln konnte, war er der stille Zuhörer. Er war im Eishockey-Team, und manchmal hatte ich den Eindruck, er betrieb den Sport nur, weil man es von ihm erwartete. Sein Vater war selbst ein bekannter Profispieler gewesen und wünschte sich, dass sein Sohn in seine Fußstapfen trat.

»Nein, es ist zum Glück Pause.«

»Wieso ›zum Glück‹? Ich dachte, du liebst diesen Sport.« Nicky kaute bedächtig ihr Steak und blickte Fred neugierig an. »Das tue ich, aber ich bin ganz froh, auch mal eine Pause von meinem alten Herrn zu haben.«

»Jetzt komm, ich finde ihn lustig«, stupste ihn Sandy an.

Mr. Brewster kam oft zu den Spielen und mischte sich fast immer in die Spieltaktik ein, was meistens in Diskussionen endete. Einmal waren Nicky und ich dabei gewesen und hatten mitbekommen, wie er wutentbrannt seine Mütze auf den Boden geworfen hatte und darauf herumgetrampelt war wie Rumpelstilzchen. Dem armen Fred war das unglaublich peinlich gewesen.

Manchmal glaubte ich, er würde am liebsten den ganzen Sport hinschmeißen und sich nur noch mit seinen geliebten Schaltkreisen und Konstruktionsplänen beschäftigen. Dabei war er ein guter Spieler, und beliebt noch dazu.

»Ihr habt keine Ahnung, Mädels.«

»Wie sieht's aus? Kommt ihr mit ins *Felini*?«, fragte Sandy und beendete das Thema, da Fred nicht darüber reden wollte.

Mein Handy vibrierte, und auf dem Display erschien das Gesicht von Virginia Moore, meiner Beraterin.

»Entschuldigt mich.« Ich stand auf und schlenderte aus der Mensa, dicht gefolgt von Luke.

»Hallo Virginia. Was gibt's?« Als sie zu sprechen begann, hörte ich die Betroffenheit in ihrer Stimme. Mein Mund wurde staubtrocken. Einen Moment glaubte ich, mir würde das Herz stehen bleiben. »Wann ist das passiert?«

~

Mein Herz zog sich krampfhaft zusammen und die Angst schnürte mir die Kehle zu. »Oh mein Gott, nein! Das ist ja schrecklich ... Informieren Sie mich bitte, sobald es

Neuigkeiten gibt.«

Geschockt ließ ich meine Hand sinken und brauchte einen Moment, um mich zu fassen. Nein! Das durfte einfach nicht wahr sein. Geschirr klapperte, Stühle wurden gerückt und wirres Geplapper war zu hören, während sich in Washington ein Unglücksfall ereignet hatte. Schon längst hatte ich entschieden, die Uni für heute Nachmittag sausenzulassen. Ich konnte ohnehin nicht klar denken.

»Ms. Davis? Kann ich Ihnen helfen?«, fragte Luke und sah mich fragend an.

»Die Kinder. Es gab einen Unfall … viele sind verletzt, einige sogar schwer.« Mir wurde speiübel und mein Körper bebte. »Ich muss nach Hause und will mit meiner Mutter telefonieren. Geben Sie Nicky Bescheid, dass mir schlecht geworden ist.«

Ich ließ die Gorillas stehen und machte mich auf den Weg zur Limousine. Keine zehn Sekunden später hörte ich eilige Schritte hinter mir. »Ich werde Sie fahren.« Luke hatte mich eingeholt und lief voraus.

Es beruhigte mich, dass er mich nach Hause fuhr. Ich fühlte mich gut aufgehoben. Am Fahrzeug angekommen, hielt er mir die Tür auf. Im Wageninneren versuchte ich, über mein Handy an neue Informationen zu gelangen. In den Nachrichten-Apps fand ich nur die Sensationsschlagzeilen der Presse und wenige vernünftige Angaben. »Solche Aasgeier«, motzte ich vor mich hin. »Sogar vor dem Schicksal der Kinder machen sie nicht Halt.«

Luke hatte seine Sonnenbrille aufgesetzt, aber ich wusste, dass er kurz in den Rückspiegel geschaut hatte. Enttäuscht starrte ich aus dem Fenster. Hoffentlich waren sie nicht so schlimm verletzt, wie die Nachrichtenagenturen geschrieben hatten. Ich machte mir Sorgen um Nuka, Sarah und all die anderen, die ich in mein Herz geschlossen hatte.

Mehrmals setzte Luke zum Sprechen an. Irgendwas wollte er mir sagen, doch er schwieg und schlängelte sich durch den Verkehr. Er schaltete das Radio ein. Netter Ablenkungsversuch, aber statt Musik dröhnte Werbung aus den Lautsprechern, die mir ziemlich auf die Nerven ging.

»Können Sie das Gequatsche ausschalten? Ich werde sonst wahnsinnig.«

Er machte das Radio wieder aus. »Kann ich etwas für Sie tun?«

»Bringen Sie mich nur schnell nach Hause.«

Er gab Gas und schwieg, bis wir in der Tiefgarage ankamen. Noch bevor Luke ausgestiegen war, rannte ich schon zum Aufzug. Oben angekommen, warf ich meine Jacke und Tasche nachlässig zu Boden und schaltete im Wohnzimmer den Fernseher ein. Ich zappte durch die Kanäle, bis ich bei einem Nachrichtensender hängen blieb, der über den Unfall berichtete.

Die Unfallstelle war weiträumig gesperrt worden, Schaulustige standen hinter einer Absperrung, die Kamera filmte einen völlig demolierten Bus. Eingeschlagene Scheiben, überall Blaulicht, Sanitäter, Chaos. Das Bild schwenkte auf die ankommenden Leichenwagen.

Ich bekam fast keine Luft mehr. Nein! Um Gottes willen! Tränen liefen mir übers Gesicht, die ich achtlos mit meinem Handrücken fortwischte.

»... Eine Tragödie hat sich heute Vormittag auf dem Highway zwischen Arlington und Dunn Loring ereignet. Aus noch ungeklärten Gründen ist ein Schulbus mit zirka dreißig

Kindern aus einem Washingtoner Kinderheim verunglückt. Von mehreren Toten und Verletzten ist die Rede. Warum der Bus von der Fahrbahn abgekommen ist, wird zur Stunde noch untersucht. Gerüchten zufolge soll der Fahrer Alkohol im Blut gehabt haben. Wie wir aus sicherer Quelle erfahren haben, soll die First Lady informiert und auf dem Weg zum Krankenhaus sein. Sophia Davis und ihre Tochter Leni sind seit Jahren Paten des Heims und organisieren Wohltätigkeitsveranstaltungen. CNN, Simon Falk live vor Ort.«

Die Worte des Reporters sickerten in mein Bewusstsein: *Von mehreren Toten und Verletzten ist die Rede* ... In mir zog sich alles zusammen. Wie konnte das nur passieren? Mum – sie wusste bestimmt mehr.

Mit zittrigen Händen kramte ich mein Handy aus der Tasche und drückte die Kurzwahltaste. Gleich nach dem ersten Klingeln nahm sie ab.

»Mum! Virginia hat mich über den Unfall informiert.«

»Ich weiß, Schatz, es ist schrecklich.«

»Was ist denn passiert?«

»Der Busfahrer und einige Kinder werden gerade notoperiert. Die Ärzte sagen, der Fahrer hatte einen Herzanfall und deswegen die Kontrolle über den Bus verloren. Er ist von der Fahrbahn abgekommen, eine Böschung hinuntergerauscht und gegen den Betonpfeiler einer Brücke geknallt.«

»Oh Gott! Die Presse hat gesagt, der Fahrer wäre alkoholisiert gewesen.«

»Das stimmt nicht, du kennst doch die Medien.«

»Und was ist mit Nuka?«

Sekundenlang blieb sie mir eine Antwort schuldig. Je länger die Stille andauerte, desto deutlicher spürte ich, wie bei mir die Magensäure hochkochte.

»Er wurde sehr schwer verletzt, Leni, und ...« Sie schluckte. »Du musst jetzt stark sein, Schatz.«

»Mum, was bedeutet das?«, flüsterte ich.

»Er hat schwere Hirnblutungen und ... seine Chancen zu überleben stehen schlecht. Die nächsten achtundvierzig Stunden sind entscheidend.«

Es war, als ob Mum mir den Boden unter den Füßen weggezogen hätte. Meine Beine gaben nach und ich wankte. »Nein! Nein! Er ... darf nicht sterben«, schluchzte ich.

»Die Ärzte tun alles, aber ... wir müssen Geduld haben und beten. Hörst du, Leni?« Ihre sanfte Stimme war wie eine warme Umarmung, aber diesmal schaffte sie es nicht mich zu beruhigen.

Nuka lag im Sterben – das war mehr, als ich ertragen konnte.

Mum und ich hatten die Schirmherrschaft für das Kinderheim übernommen und betreuten es gemeinsam. Viele Stunden hatte ich mit den Kindern verbracht, mit ihnen gemalt, gelesen und gespielt. Ich hatte sie kennengelernt, und dabei war mir Nuka aufgefallen. Er hielt sich im Hintergrund, war allen Menschen in seiner Umgebung gegenüber misstrauisch und litt unter Angstattacken. Es hatte Monate gedauert, bis er Vertrauen zu mir gefasst hatte und nach und nach offener geworden war. Er war in der Nähe von New York aufgewachsen und hatte von klein auf miterlebt, was Gewalt bedeutete. Sein Vater, schwer alkoholabhängig, hatte seine Mutter regelmäßig verprügelt. Nuka war acht Jahre alt gewesen, als er miterleben musste, wie sich sein Vater an seiner Mutter verging und sie anschließend totschlug. Schwer traumatisiert und völlig verängstigt kam er dann in die Obhut von Mrs. Smith, die sich liebevoll um ihn kümmerte. Ich war schon ein wenig stolz darauf, dass ich dazu beitragen konnte, dass Nuka offener wurde und sich eingliederte. Er war zu einer tollen Persönlichkeit herangewachsen. Ausgerechnet dieser verdammte Unfall könnte ihm jetzt das Leben kosten. Das wäre nicht fair!

»Wie viele sind verletzt, Mum?«, fragte ich tonlos.

»Dreizehn und ... drei Tote, darunter auch Mrs. Smith.«

»Tote?« Ich unterdrückte ein Schluchzen, aber meiner Mutter konnte ich nichts vormachen. Sie spürte genau, wie sehr mich der Unfall mitnahm, und jetzt erzählte sie was von Toten?

»Ja, es ist schrecklich.«

Ich hatte ihre Worte noch nicht einmal richtig begriffen, da strömten bereits die Tränen. »Wer noch?«, flüsterte ich.

»Das weiß ich nicht genau.«

»Ach, Mum ... das ist so ungerecht. Sie sind doch noch so klein, haben viel durchgemacht. Sie haben etwas Besseres verdient.«

»Ich weiß, mein Schatz.« Sie ließ mich weinen, blieb am Telefon und sagte immer wieder, dass wir die Hoffnung nicht aufgeben durften.

Aber woran sollte ich mich klammern? Kinder waren gestorben, Menschen, die mir nahestanden, und das Leben von Nuka und einigen anderen hing an einem seidenen Faden.

Nur langsam beruhigte ich mich wieder. Mum versprach, mich auf dem Laufenden zu halten, und als sie aufgelegt hatte, überkam mich dieses Gefühl der Machtlosigkeit. Es gab nichts, was ich hätte tun können, nichts, was ich mit Geld bezahlen konnte, um den Kindern wieder ein Lächeln ins

Gesicht zu zaubern. Kein Geld der Welt gab uns die Menschen zurück, die uns genommen wurden.

Regungslos saß ich auf dem Boden und starrte vor mich hin. Meine Gedanken kreisten um Nuka, Sarah und all die anderen. Ich liebte es, Zeit mit ihnen zu verbringen, und hatte mich immer auf unsere Treffen gefreut. Leider beschränkten sich diese durch die Uni und anderen unwichtigen Kram auf höchstens dreimal im Monat.

Die *Princess Night* war das Highlight des Jahres und für alle ein großes Spektakel, das in sechs Wochen stattfinden sollte. Mum und ich organisierten für ein Wochenende die Umgestaltung des Weißen Hauses in einen riesigen Vergnügungspark. Die Kinder sollten Spaß haben und vielleicht für einen Augenblick ihre Vergangenheit aus ihrem Gedächtnis verbannen können. Einzig Mr. Core, der Verwalter, sträubte sich und war mit meinen Vorschlägen nicht einverstanden. Zugegeben, ich übertrieb es hin und wieder, aber wenn ich schon eine Party im Weißen Haus veranstalten durfte, dann wollte ich, dass die Kinder diese nie vergessen würden. Nun lag ein düsterer Schatten darüber.

Angst kroch in meine Knochen, als ich an Nuka dachte. Er durfte nicht sterben. Wieder liefen mir Tränen über die Wangen, und mein Herz zog sich bei dem Gedanken krampfhaft zusammen. Ich stand auf und ging nachdenklich im Wohnzimmer umher. Den Fernseher hatte ich lautlos geschaltet. Die fröhlich lachenden Gesichter der Werbesendung waren mir zuwider. Ich schaltete ihn aus. Mum hatte gesagt, dass Nuka schlechte Chancen hatte und ich ihn vielleicht nicht mehr lebend sehen würde. Ich musste zu ihm und war dadurch mal wieder dabei, mir Schwierigkeiten einzuhandeln, aber die Unruhe und die Angst, Nuka könnte sterben, ließen mir keine Ruhe. Ich fühlte mich hundsmiserabel. Kurzerhand rief ich Mr. Mitchell in seinem Büro an.

»Ms. Davis, was kann ich für Sie tun?«, fragte er gut gelaunt, als er abnahm.

»Ich muss ganz dringend nach Washington.«

»Wie, jetzt?«

»Jetzt sofort.«

Papiergeraschel war im Hintergrund zu hören. »Aber ... das geht nicht. Der Privatjet wird gerade gewartet und ...«

»Dann eben mit einer anderen Maschine.«

»Es tut mir leid, aber bis ich eine andere geordert oder gechartert habe, dauert das seine Zeit. Morgen sind die Wartungsarbeiten am Jet abgeschlossen, dann wäre es kein Problem. Ist alles in Ordnung, Ms. Davis? Gibt es Probleme?«

»Ich ... Schon gut, ich warte«, sagte ich knapp und legte auf.

Shit! Mit dem Auto wäre ich mehr als sieben Stunden unterwegs – das war ausgeschlossen. Und bis der Secret Service meinen spontanen Trip genehmigen würde, hätte ich längst graue Haare. Also blieb mir nichts anderes übrig, als auf eigene Faust, inkognito und ohne großes Aufsehen, zu Nuka zu kommen. Es war meine einzige Chance, ihn noch einmal zu sehen, bevor er ... Der Kloß in meinem Hals schwoll an, wenn ich daran dachte. Schnell schob ich diesen Gedanken beiseite und überlegte. Es gab eine Schwierigkeit namens Luke Carter. Wie eine Mauer stand er vor meiner Tür und ließ niemanden rein oder raus. Ich musste ihn ablenken, irgendwie beschäftigen. Ich schnappte mir meine Tasche, rannte in mein Zimmer und stopfte eine Cap und meine Sonnenbrille hinein. Eilig zog ich Jeans, T-Shirt und Chucks an. Im Badezimmer band ich mein Haar zu einem

Pferdeschwanz. Dann ging ich zur Eingangstür. Mein Herz klopfte wild bei dem Gedanken an das, was ich gleich tun würde. Ich hatte nur diese eine Chance.

»Luke, können Sie mir helfen? Ich glaube, etwas stimmt mit der Wasserleitung nicht.« Wie ich erwartet hatte, saß er vor meiner Tür.

»Natürlich. Gibt es ein Problem?« Bereitwillig stand er auf und folgte mir.

Ich mied es ihn anzusehen. Er würde sehen, wie rot meine Augen vom Weinen waren, und vielleicht Fragen stellen. »Ich wollte mir ein Bad einlassen, aber es kommt kein Wasser.«

Sogleich griff er an die Armaturen und drehte sie auf. Das Wasser plätscherte fröhlich aus dem Hahn. »Geht doch.«

Schnell nutzte ich die Gelegenheit und sperrte ihn mit zittrigen Fingern im Badezimmer ein.

»Hey! Was soll das?« Luke polterte gegen die Tür.

»Tut mir leid, ist nicht persönlich gemeint«, rief ich ihm zu, legte meine Tasche um, zog die Cap und die Sonnenbrille auf und öffnete die Eingangstür in der Hoffnung, dass Luke denken würde, ich wäre nach unten gerannt. Stattdessen schlich ich so leise wie möglich hinauf zur Dachterrasse.

5

Luke

Diese verfluchte kleine Hexe! Sie hatte mich im Badezimmer eingesperrt. Eilig stellte das Wasser ab und funkte sofort Richie an, der unten in der Lobby seine Schicht schob. Ungeduldig wartete ich auf eine Antwort – keine Reaktion. Das Funkgerät blieb still. Verdammt!

Ich sah mich um. Auf der Ablage vor dem Spiegel entdeckte ich Haarnadeln, die feinsäuberlich in einer rosa Schachtel aufbewahrt wurden. Kurz überlegte ich, damit das Schloss aufzubrechen, doch das würde zu lange dauern und entschied mich die Tür mit Gewalt zu öffnen. Mit Anlauf warf ich mich mit voller Wucht dagegen. Das Holz krachte, splitterte und die Tür sprang auf. Meine Wut auf dieses unmögliche Weib wurde von Sekunde zu Sekunde größer. Dabei hatte ich noch Mitleid mit ihr gehabt, nachdem sie von dem Unfall der Kinder erfahren hatte. Das hatte sie wirklich hart getroffen. Verflixte Göre!

Eilig stürmte ich hinaus und rief über Funk erneut nach Richie. »Verdammt, ist denn keiner von euch erreichbar?«

»Was ist denn los? Kann man nicht einmal in Ruhe kacken

gehen?«, antwortete Richie endlich.

»Du Idiot! Sie hat mich im Badezimmer eingesperrt und ist abgehauen«, brüllte ich in das Mikrofon.

»Scheiße!«

»Gebt Alarm! Sie hat vielleicht bereits das Gebäude verlassen.« Ich rannte ins Wohnzimmer zurück, suchte alles nach ihr ab, wollte mich gerade auf den Weg in die Lobby machen, als ich eine Tür entdeckte, die angelehnt war. Das musste der Aufgang zur Terrasse sein.

Ich folgte der Steintreppe nach oben. Die Sonne blendete mich, als ich auf dem großen Sonnendeck ankam. Die Dachterrasse war speziell für das Penthouse gebaut worden. Ein weißes Sonnensegel war aufgespannt und Liegen waren mit Plastikplanen abgedeckt. Ein Grill stand in der Ecke und türkisblaues Poolwasser glitzerte einladend. Keine Spur von der kleinen Ausreißerin.

»Wo hast du dich versteckt?«, flüsterte ich vor mich hin und suchte jeden Winkel nach ihr ab, bis mein Blick an einer heruntergelassenen Feuerleiter stockte. Ich war mir nicht sicher, aber ein Gefühl sagte mir, dass ich richtig lag. Ich schaute am Gebäude hinunter. Auf jeder Etage war die Leiter ausgefahren. So schnell ich konnte, kletterte ich hinab.

»Luke? Wir haben das Restaurant und alle anderen Möglichkeiten abgesucht – nichts! Ich muss das FBI und Mitchell informieren. Komm in die Lobby«, klärte mich Steven auf.

»Ich habe eine Spur, die ich noch überprüfen will«, antwortete ich ihm, da ich ahnte, was sie vorhatte. Warum nahm sie nicht den offiziellen Weg?

Eilig rannte ich über das Grundstück und suchte eine gute Stelle, an der Leni zur Hauptstraße gelangt sein konnte.

Direkt vor dem Mauerwerk entdeckte ich eine Parkbank. Von dort aus wäre es ein Kinderspiel für sie gewesen, auf die Steinwand zu klettern. Ich zog mein Jackett aus, stieg auf die Bank und hievte mich auf die Steinmauer. Mit einem Sprung stand ich auch schon auf der Straße und schaute mich in alle Richtungen nach dem Früchtchen um. Sie brauchte ein Taxi, und falls sie nicht schon eines gefunden hatte, konnte sie noch nicht weit gekommen sein. Es war Nachmittag und der Verkehr relativ dicht. Das könnte meine Chance sein. Hastig stürmte ich los, warf einen Blick in jedes Taxi, an dem ich vorbeilief, und ignorierte die genervten Rufe der Fahrgäste und Fahrer.

Da! Nicht weit vor mir konnte ich eine Person in Jeans, lockerem T-Shirt, Cap und Sonnenbrille ausmachen. Sie wollte per Anhalter weiter. Ich versteckte mich zwischen den Passanten auf dem Gehweg und versuchte ihr näher zu kommen. Mühsam kämpfte ich mich im Gedränge langsam voran. Nur noch wenige Meter und ich hatte sie. Doch leider wurde sie durch die Leute auf dem Fußweg, die sich über meine Drängelei beschwerten, auf mich aufmerksam und entdeckte mich. Zu allem Überfluss hielt auch noch ein silberner Audi neben ihr und sie stieg ein.

»Stehen bleiben! Fuck!«

Ich hatte das Rennen verloren. Resigniert stützte ich mich auf den Knien ab und schaute dem Audi hinterher, wie er sich in den mittlerweile fließenden Verkehr einfädelte. Verärgert fuhr ich mir durchs Haar. Ich hätte der Kleinen am liebsten den Hals umgedreht. Aber Aufgeben war keine Option, ich musste sie aufhalten.

Eilig sah ich mich um und entdeckte nur wenige Schritte von mir entfernt einen Motorradfahrer. Das war mein Ticket.

»Secret Service.« Kurz hielt ich ihm meinen Ausweis unter die Nase. »Ihr Fahrzeug ist vorübergehend beschlagnahmt.« Der Typ glotzte verdutzt, als ich ihn beiseite rempelte, auf sein Bike stieg und das Ding zündete. »Sorry, ist ein Notfall. Sie bekommen sie wieder.«

»Hey! Das können Sie doch nicht machen!«

Ich gab Gas. Wie ich erwartet hatte, war der Audi in der Zwischenzeit verschwunden, aber ich konnte mir schon denken, was das kleine Luder vorhatte, und beeilte mich, zum Flughafen zu kommen. Ich parkte die Maschine im Halteverbot vor dem Eingang und rannte in die Abflughalle. Auf der Anzeigentafel suchte ich den Flieger nach Washington.

Shit! Fünfundzwanzig Minuten. Ich musste mich beeilen.

In der Schlange vor dem Check-in-Schalter konnte ich sie nicht entdecken, aber sie musste hier irgendwo sein. Meine Instinkte hatten mich noch nie im Stich gelassen. Nachdenklich lief ich umher, und plötzlich entdeckte ich sie in einer Warteschlange vor einer Damentoilette.

Ich blieb stehen, unsere Blicke kreuzten sich. Wie ein gefangenes Tier schaute sie sich nach einem Fluchtweg um und preschte los.

»Ms. Davis! Bleiben Sie stehen!« Das hätte ich mir auch sparen können. Warum sollte sie ausgerechnet jetzt auf mich hören? Die Frauen vor der Toilette reckten neugierig die Hälse, als ich an ihnen vorbeirannte. Es war ein Leichtes, Leni einzuholen, ich packte ihren Arm.

»Lassen Sie mich los, verdammt noch mal. Ich muss diesen Flug nehmen.« Sie versuchte sich loszureißen. Es war schon schwer genug, sie nicht anzuschnauzen, da brauchte ich die Aufmerksamkeit der Leute nicht auch noch. Ich zog sie in eine Nische. »Aua, Sie tun mir weh.« Sie wand sich, aber ich lockerte meinen Griff erst, als ich sie in die Ecke gedrängt hatte und sie mir nicht mehr entwischen konnte. »Sie Arsch! Ich verpasse meinen Flug.«

»Sie bringen sich unnötig in Gefahr, das kann ich nicht zulassen.«

Sie rollte mit den Augen und kreuzte trotzig die Arme.

»Ich werde jetzt das Team anrufen und Entwarnung geben. Dann bringe ich Sie zurück ins Penthouse.«

Resigniert ließ sie die Schultern hängen. »Hören Sie, ich habe ja versucht, den offiziellen Weg zu nehmen. Nur der verdammte Jet wird gewartet und ... Bitte, ich muss zu den Kindern. Nuka, er könnte sterben.«

Schimmerten da etwa Tränen in ihren Augen? *Vergiss es, Mädchen, damit beißt du bei mir auf Granit.*

Tatsächlich liefen Tränen liefen ihr jetzt über die Wangen. Konnte sie das auf Kommando oder steckte echte Verzweiflung dahinter? Dann sah ich, wie ihre Hand zitterte und sie zornig ihre Tränen wegwischte. Es war ihr unangenehm. Sie wollte nicht, dass ich sie so sah. Genervt seufzte ich und warf den Kopf in den Nacken. Mitleid flammte in mir auf, aber ich erstickte es sofort im Keim. »Tut mir leid, aber diese Show zieht bei mir nicht.«

Wütend funkelte sie mich an, aber auch das brachte ihr nichts. Ich zückte mein Handy und rief Steven an.

»McLane.«

»Ich hab sie. Wir sind am Flughafen.«

»Gott sei Dank. Es ist schon jemand unterwegs. Mitchell hatte den gleichen Riecher wie du.« Deutlich war die Erleichterung in seiner Stimme zu hören. »Okay, ein Wagen müsste jeden Moment bei euch sein.«

Bevor ich Steven antworten konnte, riss mir Leni das Handy aus der Hand. »Steven? Geben Sie mir Mitchell. Ich weiß, dass er bei Ihnen ist.« Sie wartete und sah mich dabei an. »Ihr habt bestimmt wieder die totale Panik bekommen und einen Krisenstab eingerichtet.« Sie stellte den Lautsprecher an, damit ich mithören konnte. »Aber ich muss dringend nach Washington.«

»Ms. Davis, was ist Ihr Problem?«, drang plötzlich Mitchells Stimme zu uns. »Sie wissen doch, dass Alarmstufe Rot für Sie besteht und Sie sich ohne uns in große Gefahr begeben.«

»Kriegen Sie sich wieder ein, mir ist ja nichts passiert. Ich habe einen Vorschlag, Sie schicken mir einen zweiten Gorilla, damit ich mit der nächstmöglichen Maschine nach Hause fliegen kann, und wir erwähnen in keinem Bericht, dass der Secret Service sich von mir mal wieder hinters Licht führen lassen hat.«

Er überlegte kurz. »Ich halte das für keine gute Idee. Ms. Davis, niemand verweigert Ihnen etwas. Sie können überall hin, wo Sie wollen, unter der Voraussetzung, dass wir es rechtzeitig planen können und mindestens zwei Beamte bei Ihnen sind. Ich kann nicht für Ihre Sicherheit sorgen, wenn Sie abhauen.«

»Ich muss aber *jetzt* nach Washington. Ich kann nicht warten, bis ein offizieller Flug gebucht ist. Sie wissen selbst, wie groß dieser Aufwand immer ist, ganz zu schweigen von den Sicherheitsvorkehrungen jedes Mal.«

Er seufzte. »Kindchen, Sie bringen mich in Teufels Küche. Geben Sie mir bitte Agent Carter.«

Mit einem breiten Grinsen übergab sie mir mein Handy. Ich schaltete den Lautsprecher aus. »Sir?«

»Ich hoffe, dass niemand auf Sie und Ms. Davis aufmerksam

wurde. Wenn die Presse davon erfährt, wirft das kein gutes Licht auf den Secret Service und wir stehen wieder wochenlang in der Kritik. Sie will ins Krankenhaus nach Washington. Der Junge, zu dem Ms. Davis engen Kontakt hält, liegt im Sterben. Deshalb warten Sie, bis der zweite Mann bei Ihnen ist, und dann sorgen Sie dafür, dass sie sicher und ohne großes Aufsehen nach Washington kommt. Ich werde die Formalitäten klären und das Weiße Haus informieren.«

»Ja, Sir.«

»Ach, und Luke?«

»Ja?«

»Gut gemacht.«

»Danke, Sir.«

Mit einem triumphierenden Blick schaute sie mich an, und doch lag so viel Traurigkeit darin, dass ich vergaß, dass ich ihr am liebsten den Hintern versohlt hätte. Sie wollte zu dem Jungen, der im Sterben lag, und würde alles tun, um noch rechtzeitig zu ihm zu kommen. Ich steckte wirklich in einer beschissenen Lage. »Diesmal haben Sie gewonnen, Ms. Davis.«

»Ich gewinne immer, Mr. Carter«, gab sie schnippisch von sich und reckte mir stolz ihr Kinn entgegen.

»Wir werden sehen.«

Aus den Lautsprechern der Flughafenhalle wurde mein Name ausgerufen. »Wir werden erwartet. Kommen Sie und ziehen Sie Ihre Cap tiefer ins Gesicht, wenn Sie inkognito bleiben wollen.«

Artig tat sie es und folgte mir zum Informationsschalter. Keine fünfzehn Minuten später saßen wir zusammen mit Steven in einer Maschine nach Washington in der ersten

Klasse. Wir schwiegen die meiste Zeit, und ich war froh, dass sie uns jetzt nicht mehr entwischen konnte. Es fiel mir schwer, meine Gedanken in sachliche Bahnen zu lenken. Ihre Aktion zeigte, wie viel Herz in ihr steckte.

Durch ihre zerrissenen Jeans schimmerte zarte Haut und ließ mich an unsere erste Begegnung zurückdenken. Oh Mann! Diese Frau reizte mich und weckte Empfindungen in mir, die ich erfolgreich hatte absterben lassen. Mein Job stand auf dem Spiel – ich musste höllisch aufpassen.

»Sie sind sauer auf mich«, stellte sie fest, als wir den Start bereits hinter uns hatten.

Ständig linste sie zu mir herüber. Ich strafte sie mit Ignoranz und gab ihr auch keine Antwort. Stattdessen versuchte ich mich auf einen Artikel in der Zeitung zu konzentrieren – ohne großen Erfolg.

»Es ging nicht gegen Sie persönlich, Luke, das müssen Sie verstehen. Manchmal reagiere ich einfach irrational ... besonders in Fällen wie diesem. Ach, kommen Sie schon, ich bin nicht so übel, wie Sie denken.«

Ja, ich musste zugeben, dass ich ihre Handlung verstehen konnte. Es war auch nicht ihre Schuld, dass ich sauer war. Es war mehr mein Stolz, der verletzt war, und das ausgerechnet von ihr.

»Kann ich es wiedergutmachen?« Sie ächzte, weil ich immer noch nicht reagierte, und reckte ihren Kopf nach einer Stewardess. Eine Blondine in einem dunkelblauen Rock und einer Bluse, mit einem Hut, auf dem das Zeichen der Fluggesellschaft abgebildet war, trat zu uns. »Was kann ich für Sie tun, Ms. Davis?« Sie lächelte freundlich.

»Könnten Sie uns bitte etwas zu trinken bringen?«

»Das ist nicht nötig, Ms. Davis«, mischte sich Steven ein

und winkte ab.

»Oh doch, und zwar dringend. Wenn ihr nichts bestellt, tue ich es für euch. Also? Was möchtet ihr?«

Steven schüttelte den Kopf und Leni übernahm die Bestellung. »Dreimal Orangensaft, bitte. Oder wollt ihr Alkohol?«

»Wir sind im Dienst, Ms. Davis.«

»Dann eben drei Gläser Orangensaft.«

Die Saftschubse nickte und verschwand.

»Es tut mir wirklich leid, aber ich will nicht, dass ihr böse auf mich seid.«

Immerhin entschuldigte sie sich, und wir verstanden nun, warum sie es getan hatte. Aber ich war fest entschlossen, sie intensiver im Auge zu behalten. Sie war anders als jede Schutzperson, die ich bisher bewacht hatte, und solche Personen brauchten verschärfte Kontrollen.

Die Stewardess kam zurück und verteilte den Saft. Leni stieß mit Steven an. Er schien ihr schon längst verziehen zu haben, und ihre Gläser klirrten kurz aneinander. Sie wartete, bis ich es ihm gleichtun würde, aber ich zögerte, schaute mich mit ihren wunderschönen Augen an und wusste, wie sie mein Eis zum Schmelzen bringen konnte. Schließlich gab ich nach, stieß mein Orangensaftglas gegen ihres und nahm einen tiefen Schluck.

~

Nach der Landung wurde Leni von einem Empfangskomitee, bestehend aus mehreren Bodyguards, direkt zu einer wartenden Limousine neben dem Rollfeld gebracht. Steven stieg als Beifahrer ein und gab mir einen Wink, mich in den hinteren Teil des Wagens zu setzen.

Ich öffnete für Leni die Tür.

»Mum! Was machst du denn hier?«

Die First Lady lächelte müde und nickte mir grüßend zu, als wir einstiegen.

Sie galt als Stilikone und war bei den Amerikanern sehr beliebt. Bei ihr verband sich natürliche Schönheit mit Eleganz.

Überrascht stellte ich fest, dass sie noch attraktiver war als auf den unzähligen Magazinen und Fernsehbildern, die ich von ihr bisher gesehen hatte. In natura war sie eine anmutige Erscheinung. Leni hatte viel Ähnlichkeit mit ihr – sie besaßen die gleichen grau-grünen Augen und vollen Lippen. Die First Lady trug ein dunkelblaues Kostüm, was gut zu ihrem hellen Teint passte. Ich stieg als Letzter ein und schloss die Tür. Mein Blick fiel in den Fußraum des Wagens. Dort lagen unordentlich die hochhackigen Pumps von Mrs. Davis, die sich auch nicht darum kümmerte, dass sich eine Haarsträhne aus ihrer Hochsteckfrisur gelöst hatte. Sie wirkte müde.

»Was glaubst du wohl?«, wandte sie sich an ihre Tochter und küsste sie auf die Wange. »Wir wurden über deine Ausreißaktion in Cambridge informiert, und ich dachte, ich hole dich direkt vom Flughafen ab, wenn ich nach Hause fahre.« Mrs. Davis entdeckte die Handverletzung ihrer Tochter. »Was ist passiert?«

Leni nahm ihr gegenüber Platz. »Nichts Tragisches, ich habe mir nur die Hand geprellt«, winkte sie ab, was mir einen vorwurfsvollen Blick von Mrs. Davis einbrachte.

»Wie hast du das wieder geschafft?«

Leni fühlte sich unbehaglich und log ihre Mum wohl nicht gern an, aber sie wollte keinen Wirbel veranstalten und benutzte die Notlüge, die ich schon dem Arzt aufgetischt hatte. Die Worte kamen ihr erstaunlich leicht über die Lippen.

Kurz huschte ein skeptischer Ausdruck über Mrs. Davis´ Gesicht. »Dich kann man wirklich nicht aus den Augen lassen.«

»Was ist mit Nuka? Hat sich an seinem Zustand etwas verändert?«

Sie schüttelte kaum merklich den Kopf. »Leider nein.«

»Können die Ärzte denn gar nichts machen?« Tränen schimmerten in Lenis Augen, und selbst mir wurde es eng in der Brust.

»Ich glaube nicht, Schatz. Er wurde stundenlang operiert. Beim Aufprall wurde er aus dem Bus geschleudert. Er hat starke Hirnblutungen. Sie haben in einer Notoperation versucht, etwas Druck vom Gehirn zu nehmen, und ihn in ein künstliches Koma versetzt.« Sie senkte ihren Blick. »Es ... sieht nicht gut aus.«

Resigniert ließ sich Leni ins weiche Leder zurückfallen. »Er darf nicht sterben, Mum.«

Mrs. Davis streckte ihre Hand nach ihrer Tochter aus. Leni ergriff sie und setzte sich zu ihr. Die First Lady schloss sie in die Arme und versuchte sie zu trösten, flüsterte ihr etwas Unverständliches ins Ohr. Um den beiden den innigen Moment zu geben, schaute ich aus dem Fenster.

Allmählich begriff ich, wie sehr Leni ihr Herz an die Kinder verloren hatte und wie wichtig sie ihr waren. So langsam konnte ich nachvollziehen, warum sie ihrem ersten Impuls gefolgt und Hals über Kopf nach Washington geflogen war.

Tief atmete Leni aus. »Ich muss zu ihm, Mum, bevor er ... Ich will ihn sehen.«

Sie nickte und strich liebevoll eine Haarsträhne aus Lenis

Gesicht. »Gut, ich werde alles in die Wege leiten.« Sie wandte sich an mich. »Mr. Carter, würden Sie so freundlich sein und dem Team Bescheid sagen?«

»Natürlich, Mrs. Davis.« Über Funk gab ich Steven unser neues Ziel bekannt, und nur wenige Sekunden später wendete der Wagen.

»Okay, auch wenn das eine schlimme Situation ist, muss ich trotzdem noch ein ernstes Wörtchen mit dir reden«, begann Mrs. Davis.

»Du willst mir die Leviten lesen, stimmt's?«

Mrs. Davis neigte den Kopf. »Ich muss dir nicht sagen, dass deine Aktion heute Mist war, das weißt du selbst.« Ein paar Falten zeigten sich auf ihrer Stirn. »Ich mache mir Sorgen um dich. Wenn dieser ominöse Briefschreiber dir auflauert ... «

»Ach, Mum, du weißt doch, dass wir jeden Tag von irgendwelchen Spinnern Drohungen erhalten.«

»Trotzdem. Ich darf nicht darüber nachdenken, was passieren würde, wenn ...«

»Du machst dir zu viele Sorgen. Die Agents passen gut auf mich auf. Was ist mit den anderen Kindern und dem Busfahrer?«

Mrs. Davis faltete ihre Hände im Schoss. »Der Busfahrer liegt auf der Intensivstation. Bei ihm sind die Ärzte ganz zuversichtlich, dass er genesen wird. Zwei Kinder schweben noch in Lebensgefahr und«, sie schluckte und redete leiser weiter: »Mrs. Smith, der kleine Louis und Margaretha kamen leider ums Leben. Ich kann das immer noch nicht fassen.« Ihre Stimme war brüchig.

Mit Tränen in den Augen schüttelte Leni den Kopf. »Was ist mit Sarah, Ivan, Nelly und Mary?«

»Sarah wurde zwar verletzt, aber es geht ihr den Umständen

entsprechend gut. Sie hat viel Glück gehabt. Als ich heute Mittag im Krankenhaus war, konnte ich nur Nuka und eine der Erzieherinnen besuchen.«

»Das ist so schrecklich«, murmelte Leni leise.

»Den ganzen Tag berichten die Nachrichtensender von nichts anderem. Es ist wirklich eine Tragödie.«

Den restlichen Weg schwiegen die beiden Frauen, und auch ich hing meinen Gedanken nach. Ich wusste, wie schwer es war, einen geliebten Menschen zu verlieren. Gerade wenn es um Kinder ging, war das furchtbar.

Der Wagen fuhr an einen Hintereingang. Mehrere Agents sicherten den Bereich, als Mrs. Davis und Leni die Limousine verließen. Sie wurden von einem älteren Mann, der Leni als Prof. Dr. Richard Buxman vorgestellt wurde, und einigen anderen Ärzten empfangen. Er führte sie hinein und berichtete von seinen kleinen Patienten. Der sterile Geruch nach Desinfektionsmittel und das gummiartige Quietschen unserer Schuhe riefen sofort Erinnerungen in mir wach. Ich hasste es, riss mich aber zusammen.

Der Professor begann über Nuka zu berichten. »Wir tun alles, was wir können, aber in seinem Fall sind die Verletzungen schwer. Neben der Hirnblutung wurden einige innere Organe verletzt. Wir können von Glück reden, dass er die Operation überhaupt überlebt hat. Ich wünschte, ich könnte Ihnen etwas anderes mitteilen, Ms. Davis.«

»Bitte, kann ich zu ihm?«

»In Ordnung, für Sie mache ich eine Ausnahme.«

Wir betraten den Aufzug und fuhren auf die Intensivstation. Leichte Übelkeit stieg in mir auf.

»Mrs. Davis, Sie und Ihre Mitarbeiter können im Überwachungsraum warten. Es gibt ein Fenster, durch das Sie den Jungen sehen können. Die Schleuse befindet sich direkt nebenan.«

Der Chefarzt öffnete eine Tür und ließ uns eintreten. In dem schlichten Raum befanden sich ein Tisch mit drei Stühlen, leere Regale und ein Waschbecken mit einem großen Desinfektionsmittelspender. Eine komplette Wandfront bestand aus Glas.

Der Kloß in meinem Hals schwoll an, als ich die Schläuche, die in den kleinen Körper führten, und die vielen blinkenden Geräte sah. Leni lief sofort zur Scheibe.

Mrs. Davis folgte ihr. »Alles okay?«

Leni schien zu ergriffen von dem Anblick und nickte nur.

»Ms. Davis? Sie müssen Schutzkleidung tragen, wenn Sie zu ihm möchten«, sagte der Professor und gab ihr eine in Folie eingeschweißte Tüte mit Kleidung. »Sie können die Sachen hier anziehen.« Er öffnete die Verbindungstür zur Schleuse, und Leni trat ohne zu zögern hinein. Ich war angespannt, fühlte mich seltsam. Das leise Piepsen der Maschinen und den Geruch hatte ich schon damals gehasst. Aber jetzt … Die Monitore zu sehen und die dunkle Atmosphäre wieder zu spüren, sog mich in die Vergangenheit.

»Mum ... Mum ... Du darfst uns nicht verlassen, bitte.«

Mum reagierte nicht auf das verzweifelte Flehen und Weinen meiner Schwester Caroline. Währenddessen stand mein Vater mit versteinertem Gesicht neben dem Bett und versuchte, genau wie ich, zu realisieren, was geschehen war.

Jedes Weinen und Klagen war vergebens. Sie würde nicht wieder aufwachen. Sie hatte ihre Augen für immer geschlossen. Der tote, blasse und ausgemergelte Körper war nicht unsere Mum. Sie wirkte fremd. Unsere Mum würde zu

Hause auf uns mit dem Essen warten und mir, wie so oft, das Haar verwuscheln, sobald ich sie mit einem Kuss begrüßt hatte. So wie sie es früher immer getan hatte, bevor der Krebs angefangen hatte, sie von innen aufzufressen.

Leni betrat das Zimmer des Jungen und holte mich aus meinen Erinnerungen zurück. Sie trug einen grünen Kittel, Haube, Mundschutz, Fußüberzieher und Handschuhe. Ich hatte es vermieden, durch das Fenster zu schauen, aber jetzt musste ich sie einfach ansehen. Ihr Blick war auf den leblosen Körper gerichtet, dessen Brustkorb sich künstlich hob und senkte. Ihre Hände zitterten, und nur langsam trat sie näher an sein Bett. Sie war unglaublich tapfer. Woher nahm sie die Kraft, jetzt nicht zu weinen?

Der Professor, ebenfalls in Schutzkleidung, bot ihr einen Stuhl an und redete mit ihr, bevor er sich den Maschinen zuwandte. Leni setzte sich und eine dicke Träne kullerte auf den Kittel, die nass und dunkelgrün auf dem Stoff zurückblieb. Ihre Mascara war verschmiert, aber das schien sie nicht im Geringsten zu stören. Vorsichtig nahm sie Nukas Hand und begann zu reden. Durch die Scheibe konnte ich keines ihrer Worte verstehen, aber ich erkannte das Flehen und Bitten in ihren Augen.

Auch Mrs. Davis weinte. Steven bot ihr ein Taschentuch an. »Danke. Haben Sie Kinder, Mr. McLane?«

»Nein, Ma'am.«

»Und Sie, Mr. Carter?«

»Nein, auch nicht.«

»Es ist schwer für eine Mutter, das eigene Kind so leiden zu sehen.« Sie tupfte ihre Tränen trocken, ohne den Blick von ihrer Tochter abzuwenden. »Sie liebt diese Kinder sehr. Sollte

Nuka sterben, wird sie das vielleicht für immer verändern.«

Ich trat neben die First Lady und betrachtete das Mädchen, das mich mit ihrer Willenskraft und Energie beeindruckt hatte. »Es wird Ihre Tochter für immer beeinflussen, Mrs. Davis, aber auch stärker machen.«

Mrs. Davis und Steven sahen kurz zu mir und schauten dann wieder zu Leni, die von Nuka Abschied nahm. Sie hatte sich leicht über ihn gebeugt, berührte vorsichtig mit ihrer Stirn die seine und hatte ihre Augen fest geschlossen. Es war fast wie damals, als Caroline sich von Mum verabschiedet hatte, mit dem Wissen, dass es das letzte Mal sein könnte.

~

Schweigend war Leni in die Limousine gestiegen. Ihre Mutter hielt sie dabei fest im Arm und redete leise auf sie ein. »Morgen können wir gemeinsam wieder herkommen.«

Sie nickte. »Ja, ich will die anderen auch sehen.«

Keiner sprach während der Fahrt. Alle waren zu niedergeschlagen, um etwas zu sagen. Der Anblick hatte auch mich ergriffen.

»Ich will heute Abend nicht allein sein, Mum«, durchbrach Leni plötzlich die Stille.

»Wir haben heute diesen Empfang. Wie wäre es, wenn du uns begleitest? Das lenkt dich vielleicht ab und bringt dich auf andere Gedanken. Es wäre auch ein guter Anlass, weil man Fragen stellen wird, warum du unter der Woche Harvard verlassen hast.«

Leni verzog das Gesicht. »Oh, muss das sein? Wie soll ich ein Feiertagsgesicht aufsetzen, wenn ...«

»Jetzt mach nicht so ein Gesicht. Du kannst es dir ja noch

überlegen. Es wäre eine gute Erklärung, außerdem wird Jim auch da sein. Das ist nicht der richtige Augenblick, aber wir müssen noch in Ruhe über Mrs. Barrows sprechen. Dein Vater will auch dabei sein.«

Leni rollte mit den Augen. Schmollend und mit hängenden Schultern widersprach sie ihrer Mutter diesmal nicht.

Es dämmerte bereits, als wir das Weiße Haus erreichten. Wir passierten die Kontrollen am Hintereingang und fuhren in die Tiefgarage. Für Steven und mich endete der Dienst für heute. Leni war im Weißen Haus in Sicherheit, und wir hatten Kohldampf.

In der Navy Mess, der Kantine des Weißen Hauses, bekamen wir noch was zwischen die Kiemen, bevor Steven mich zu unserer Unterkunft brachte. Wir unterhielten uns über Football, Weiber und witzelten über schlechten Sex. Seit langer Zeit hatte ich mich endlich mal gut unterhalten. Steven und ich verstanden uns.

»An den Wochenenden werden wir im Weißen Haus in einem Trakt untergebracht, der unterhalb des Oval Office liegt.« Er führte mich die Stufen hinunter. »Die Zimmer sind nichts Besonderes, aber sie verfügen über eine Dusche und einen Kühlschrank. Frühstück gibt es für uns um sechs vor Dienstbeginn in der Navy Mess, und wenn du joggen willst, kannst du den hinteren Park dafür benutzen, aber vergiss deinen Sicherheitsausweis nicht.«

»Ist klar.«

Nach einigen Sicherheitskontrollen gelangten wir in einen Flur neben der Kommandozentrale des Secret Services. Mit einem Schlüssel öffnete Steven gleich die zweite Tür rechts.

»Das ist dein Reich. Ich bin nebenan. Wenn etwas sein sollte, einfach klopfen.«

»Alles klar.«

»Dann bis später.« Er ließ mich allein.

Das Zimmer war wirklich nichts Besonderes, aber ausreichend. Wenigstens war mein Bett groß genug. In meiner Ausbildung hatte es die harten Bretter gegeben, an die jeder Agent sich gewöhnen musste. Ich warf einen Blick ins Bad: Dusche, WC und ein Waschbecken – das reichte. Auf einer Ablage befanden sich eine Zahnbürste, Rasierzeug, Shampoo und ein Kamm. Frische Handtücher lagen auch schon bereit, und selbst in dem einfachen Kleiderschrank fand ich passende Anzüge. Wie immer wurde an alles gedacht.

Nach einer ausgiebigen Dusche lag ich auf dem Bett und streckte meine Glieder von mir. Noch immer spukten mir die Bilder aus dem Krankenhaus durch den Kopf, aber schließlich fiel ich in einen leichten Schlaf. Ich träumte von Leni. Sie rannte kichernd davon, und jedes Mal, wenn ich glaubte, sie fassen zu können, griff ich ins Leere. Das Mädchen war wie Nebel – undurchschaubar.

Mein Handy auf dem kleinen Nachttisch beendete das Versteckspiel in meinem Kopf. Ich schreckte auf und brauchte ein paar Sekunden, bis sich der Schleier vor meinen Augen gelegt hatte. Erst als ich auf das Display schaute, war ich hellwach. Ich setzte mich auf.

»Ich habe gehört, du bist im Weißen Haus?« Seine Stimme löste Unruhe in mir aus. Sofort war die Anspannung wieder da, die ich in den letzten Tagen erfolgreich verdrängt hatte.

Fuck! Woher wusste er, dass ich in Washington war? »Wieso rufst du mich hier an? Wir haben ausgemacht, dass du mich auf keinen Fall kontaktierst«, knurrte ich leise.

»Beruhige dich, unsere Leitung ist sauber.« Er lachte. »Du kennst doch meine Fähigkeiten.« Deutlich sah ich sein triumphierendes Grinsen vor mir.

Wut keimte in mir auf. »Es gab in Cambridge eine Planänderung, deshalb bin ich hier.«

»Auch das weiß ich.«

Ich durfte nie den Fehler machen und ihn unterschätzen. »Also Luke, bis wann kann ich mit deinen Informationen und der Generalkarte rechnen?«

»Ich brauche mehr Zeit.«

»Wie viel Zeit?«

Ich schloss die Augen. »Keine Ahnung, ich kann das nicht abschätzen.«

»Na gut, du bist noch nicht so lange im Weißen Haus und brauchst Zeit, um dich an die Abläufe zu gewöhnen. Ich hoffe, ich kann mich auf dich verlassen. Enttäusche mich nicht.« Er legte auf.

Der Druck, den er auf mich ausübte, schnürte mir fast die Kehle zu. Wieso hatte ich mich nur auf diese verräterische Sache eingelassen?

6

Leni

Das Handy zwischen Ohr und Schulter eingeklemmt, lag ich auf meinem Bett, wickelte den Verband von meiner Hand und hörte Nickys Predigt zu. Ich bewegte die Finger; außer einer kleinen Rötung sah man nicht mehr viel von der Verletzung.

Während ich Nicky vom schrecklichen Schicksal der Kinder erzählte, wurde sie still. Plötzlich war meine Aktion, Harvard auf eigene Faust zu verlassen, eine Kleinigkeit, über die man hinwegsehen konnte.

»Warum hast du nichts gesagt? Ich hätte dich begleitet.«

»Du hattest doch diese wichtige Klausur heute Nachmittag. Ich wollte dich da nicht rausreißen, außerdem habe ich mich ganz spontan dazu entschieden. Es tut mir leid, aber in dem Augenblick, als ich von dem Unfall erfuhr, sind bei mir die Sicherungen durchgebrannt. Ich werde nicht lange in Washington bleiben, versprochen. Ich will morgen noch mal ins Krankenhaus, und dann komme ich zurück.«

»Na gut! Gab es Ärger mit deinen Eltern? Ich wette, dein Vater hat getobt.«

»Den habe ich bisher noch nicht gesehen. Heute Abend

geben sie für einen Scheich irgendeinen Empfang, und Mum meinte, es wäre gut, wenn ich mich dort blicken ließe.«

»Oh, schon wieder ein Empfang?«

»Ja, das ist im Weißen Haus oft der Fall – leider. Egal, einziger Trost ist: Jim und seine Familie werden auch da sein. Aber ich weiß noch nicht, ob ich hingehe.«

Sie schnaubte. »Na toll! Du haust ab, nimmst die besten Männer mit, und ich versauere hier.« Sie versuchte, witzig zu sein, um mich aufzumuntern, aber mir war einfach nicht nach Scherzen zumute. »Tut mir leid. Ich wünschte, ich wäre aus einem anderen Grund hier.«

»Och, Süße, so habe ich das doch nicht gemeint.«

Ich seufzte. »Ich weiß. Alles gut.«

»Was kann ich tun, damit du dich besser fühlst?«

»Ich glaube, da gibt es nichts, was du tun kannst.«

»Das ist wirklich hart.«

»Ja. Ich rufe dich wieder an, okay?«

»In Ordnung. Bis morgen.«

»Bis morgen.« Ich legte auf und starrte zur Decke.

Ich konnte nicht aufhören, an Nuka zu denken. Sein zierlicher Körper, wie er so leblos dagelegen hatte, ohne Reaktion, war wirklich erschreckend. Ich stand auf und ging unruhig in meinem Zimmer umher. Egal wie ich es drehte und wendete, nichts hätte den Unfall verhindern können. Erst gestern hatte ich noch mit ihm telefoniert und ihn aufgemuntert, und jetzt? Jetzt sollte das Ende seines Lebens eingeläutet werden, das konnte ich mit meinem Herzen und meinem Verstand nicht vereinbaren. Diese Warterei machte mich noch verrückt. Vielleicht würde Jim mich ablenken können. Ich gab Virginia Bescheid, dass ich mich dazu entschieden hatte, am Empfang teilzunehmen. Eine halbe

Stunde später klopfte es an meiner Tür.

»Ja?«

Virginia kam mit einem ganzen Stab an Leuten herein. Mehrere Kleiderhüllen und Schuhbeutel wurden gebracht und ein großer Trolley mit Schminke neben meinen Frisiertisch geschoben.

»Hallo Leni, ich habe Besuch dabei.« Virginia war eine Afroamerikanerin mit kurzem topgestyltem Haar und wunderschöner samtiger Haut. Wenn Mum und ich sie nicht hätten, wären wir hoffnungslos verloren. Sie war unsere Erinnerungsstütze und Beraterin in allen Angelegenheiten. Schon oft hatte sie hinter mir aufräumen müssen, wenn ich mal wieder über die Stränge geschlagen hatte. Das Tollste an ihr war, sie konnte Geheimnisse für sich behalten, und so hatten meine Eltern manche Dinge nie erfahren, die ich in der Vergangenheit angestellt hatte. Vielleicht lag es daran, dass sie selbst eine Tochter in meinem Alter und für meine Launen Verständnis hatte.

Sie lächelte mich freundlich an und gab den Assistenten Anweisungen, wo sie die Sachen abstellen sollten.

»Alles in Ordnung?«, wandte sie sich an mich.

»Geht so.«

»Man weiß gar nicht, was man sagen soll. Es ist furchtbar.«

»Ja, das ist es.«

»Gleich morgen früh wird eine Limousine deine Mutter und dich zu den Kindern in die Klinik fahren. Ich konnte dafür sorgen, dass du ein paar Minuten mit ihnen allein hast, aber die Presse will ihre Story und wird anschließend Fotos schießen.«

»Okay.«

»Mr. Mangoo und Hugo werden sich nun um dein Outfit für

heute Abend kümmern. Jim Henderson wird dich in«, sie schaute auf ihre Armbanduhr, »in knapp zwei Stunden unten am Treppenaufgang in der Center Hall abholen.«

Mein Magen kribbelte, als ich hörte, dass Jim mich begleiten würde.

»Es wird alles gut werden, Leni.« Sie zwinkerte grinsend und begann in ihrer Mappe zu kramen, die sie immer bei sich trug. »Hier ist die Liste mit den wichtigsten Gästen und kleinen Insiderinformationen. Du weißt, du brauchst sie nicht auswendig zu lernen, aber es wäre gut, wenn du die Namen schon einmal gehört hast.«

Sie übergab mir ein Blatt, auf dem unzählige Personennamen standen. Ich plusterte die Backen auf. Das Weiße Haus würde voll sein wie ein Rummel.

»Solange ich nicht mit jedem Gast Konversation betreiben muss, soll es mir recht sein.«

Virginia lachte. »Nein, keine Sorge. Sobald der offizielle Teil beendet ist, kannst du dich wie immer zurückziehen, aber ich denke, so kommst du für ein paar Stunden auf andere Gedanken. So, dann wünsche ich dir viel Spaß beim Stylen. Wir sehen uns später.«

»Danke, Virginia.« Sie verließ den Raum und überließ Mr. Mangoo und Hugo das Feld. Als die beiden Designer näher traten, erhellte sich meine Stimmung. »Hi! Ich dachte schon, ihr schickt mich wie eine Vogelscheuche auf diesen ollen Empfang.«

»Selbst als solche wärst du wunderschön«, sagte Mr. Mangoo galant, verbeugte sich tief und küsste meinen Handrücken.

Als ich ihn damals kennenlernte, war mir sein Kuss unangenehm gewesen, aber mittlerweile hatte ich mich daran gewöhnt. Sein schwarzer Anzug saß wie immer tadellos, seine auf Hochglanz polierte Glatze glänzte im Licht, genau wie seine Lackschuhe. Neben ihm stand Hugo – der verrückteste Modedesigner, den ich je kennengelernt hatte.

Mr. Mangoo und Hugo waren begnadete Künstler. Ganz besonders hatten es mir ihre Abendkleid-Kreationen angetan. Ihre Arbeiten wurden auf der ganzen Welt gekauft. Ich liebte ihre Mode und hatte sie schon oft zu speziellen Anlässen tragen dürfen.

»Dass du immer so übertreiben musst, Mr. Mangoo«, nörgelte Hugo und verdrehte die Augen.

Er schmatzte mir rechts und links ein Küsschen auf die Wangen und zwinkerte mir zu. In der Öffentlichkeit waren sie verbitterte Konkurrenten, trieben so manche Schlammschlacht über die Medien aus. Ihr angeblicher Krieg war eine verrückte Marketingstrategie, die tatsächlich zu funktionieren schien. Ihre Liebesbeziehung war ein gut gehütetes Geheimnis. Es war ihre Show, und nur ein auserwählter Kreis kannte die Wahrheit. Ich war stolz dazuzugehören. Ich mochte sie sehr gern, weil sie authentisch waren, sich für nichts und niemanden verbiegen ließen. Sie waren sich in all den Jahren ihres Erfolgs treu geblieben.

Hugo war jünger, ein Paradiesvogel, der mit bunten und schrillen Farben und seiner femininen Ader auffiel. Sein pechschwarzes Haar stand zu allen Seiten ab, und er war bekannt für seinen verschrobenen Kleidungsstil. Während Mr. Mangoo eher vornehm war, tadelloses Verhalten aufwies, auf seinen dunklen Anzug bestand und seine Glatze als Markenzeichen hatte, wirkte Hugo echt durchgeknallt und abgefahren.

Mr. Mangoo klatschte zweimal in die Hände. »Auf geht‘s,

Leute, an die Arbeit. Unsere Prinzessin braucht eine Aufmunterung, also gebt euch Mühe, ja?« Die Assistenten begannen die Abendkleider aus den Kleidersäcken zu packen und hängten sie an eine mobile Kleiderstange, die mitten im Zimmer stand. Zwei Stunden vergingen, bis sie mit ihrem Kunstwerk fertig waren. Zufrieden standen sie vor mir und betrachteten mich von allen Seiten.

»Also, wenn ich nicht stockschwul wäre, Honey, dann würde ich dich auf der Stelle vernaschen«, rief Hugo begeistert und legte mit einer theatralischen Geste seine Hand aufs Herz.

Mr. Mangoo führte mich zum Spiegel und wartete gespannt auf meine Reaktion. Die junge Frau, die mir entgegenblickte, war wunderschön, elegant und mir doch so fremd. Jedes Mal, wenn sie ihr Werk beendet hatten, konnte ich nicht glauben, was sie aus mir gezaubert hatten.

»Gottchen!« Hugo machte eine typische Handbewegung. »Apricot ist genau deine Farbe, Honey.«

Ich trug ein schulterfreies langes Abendkleid, das meine Figur betonte. Der leichte Stoff schmiegte sich an mich wie eine zweite Haut. Mein eher langweiliges braunes Haar fiel mir in weichen Wellen über die Schultern, und die vordere Haarpartie war locker mit einer hübschen Klammer nach hinten gesteckt. Meine pinkfarbene Haarsträhne war gekonnt in Szene gesetzt. Hugo hatte darauf bestanden, bei mir selbst Hand anzulegen und auf ein starkes Make-up verzichtet. Stattdessen hatte er mir ein frisches und ebenmäßiges Aussehen ins Gesicht gezaubert. Meine Fingernägel waren mit kleinen Glitzersteinchen aufgepeppt.

»Und, was sagst du?« Ungeduldig warteten die Designer auf mein Urteil.

»Ich bin jedes Mal sprachlos, was ihr aus mir rausholt.« Sie warfen sich einen zufriedenen Blick zu. Ich bezweifelte nur, dass ich den ganzen Abend mit den hochhackigen Tretern laufen konnte. Argwöhnisch betrachtete ich die High Heels. Sie waren wirklich eine Nummer zu hoch für mich. »Könnt ihr euch mal Abendschuhe ausdenken, die flach sind? Mit denen breche ich mir alle Knochen.«

Sie lachten beide. »Du solltest endlich lernen, in solchen Schuhen zu gehen. Hugo und ich haben dir schon oft angeboten, dich zu trainieren.«

»Durch diese Höhe wirken deine Beine länger und dein Gang ist eleganter. In so einem Kleid würdest du ohne High Heels wie ein kleines Mädchen aussehen«, erklärte Mr. Mangoo.

Hugo begann auf Zehenspitzen im Zimmer umherzulaufen. Selbst bei ihm sah es kinderleicht aus.

»Los, lauf mit mir«, forderte er mich auf und wackelte betont mit dem Hintern. Stöhnend versuchte ich, es ihm nachzumachen und genauso graziös auszusehen wie er. Ich Trampel trat natürlich prompt auf den Saum meines Kleides und stolperte. Gerade noch so konnte ich mich an Mr. Mangoo festhalten. Sehnsüchtig schielte ich zu meinen lila Chucks, die vor dem Bett standen.

Hugo schlug die Hände über dem Kopf zusammen. »Heiliger Hodenkobold, du läufst wie eine Schildkröte auf Ecstasy. Das kann doch nicht so schwer sein.«

Ich lachte. Hugo schnippte mit den Fingern und augenblicklich reichte ein Mitarbeiter ihm ein Paar hohe Treter, mit denen man einen Mord begehen könnte. Er schlüpfte hinein und seufzte theatralisch. »Wie oft muss ich dir das noch sagen, Honey? Du kannst in einem Abendkleid keine flachen Schuhe tragen. Das ist ein No-Go – erst recht bei deiner Schönheit. Ich werde mit deinem Management reden und einen Termin ausmachen.«

Management? Ich war doch nur zufällig die Tochter des Präsidenten. Außerdem hatte ich nicht vor, bei jedem Empfang ewig dabei zu sein, also konnte ich mir dieses Training ersparen. Zu meinem Glück klopfte es an der Tür und Virginia kam herein. Sie trug ein schlichtes Abendkleid aus roter Seide und war etwas stärker geschminkt als sonst. »Leni, es ist so weit. Jim wartet auf dich.«

»Ich werd's überleben, und falls nicht, will ich auf keinen Fall in diesen Tretern beerdigt werden, okay?« Huch! So sarkastisch hatte ich nicht klingen wollen, aber irgendwie waren mir die Worte zu schnell über die Lippen gekommen, und sofort musste ich an Nuka denken.

»Leni!« Hugo riss die Augen auf und schüttelte den Kopf. »Sag so etwas nicht.« Bevor ich den armen Kerl noch mehr schocken konnte, verabschiedete ich mich von meinen Designern mit dem Versprechen zu üben und sie bald zu besuchen … und heute Abend nicht hinzufallen. »Bis bald, Honey, und tu nichts, was wir nicht auch tun würden«, warnte Hugo lachend.

Ich sollte nichts tun, was sie nicht auch tun würden? Also, die beiden waren verrückter, als ich je sein würde.

Mit pochendem und traurigem Herzen lief ich zur Treppe. Musik und Stimmen drangen von unten zu mir herauf. Es war nicht der Empfang für den Scheich, der mich nervös machte, sondern die Begegnung mit Jim. Trotz all meinem Kummer rückten unsere Probleme nun wieder in den Vordergrund. Es war unser erstes Wiedersehen seit dieser besagten Nacht.

Ich straffte die Schultern und ging die Stufen hinunter – langsam, Schritt für Schritt.

~

Als ich Jim unten stehen sah, war mit einem Mal alle Nervosität verflogen. Er sah in seinem schwarzen Smoking großartig aus. Sein hellbraunes Haar glänzte und war ordentlich gestylt. Er strahlte mich an, während ich versuchte, so königlich wie möglich und mit einem feierlichen Grinsen die Treppe hinunterzuschreiten – zumindest sah es für jeden Beobachter so aus. In Wahrheit hatte ich die Hosen voll. Verdammte Treter!

Jim streckte mir seine Hand entgegen. In dem Augenblick, als ich sie ergriff, verspürte ich das Vertrauen und die Freundschaft, die uns schon seit vielen Jahren verbanden. Niemand kannte mich besser, und er würde nie etwas tun, was mich verletzen oder mir schaden würde.

»Du siehst wunderschön aus, Pepper.« Er küsste mich auf die Wange.

»Danke, du auch.«

»Bist du bereit für die Schlangengrube?«

»Klar, und du?«

Ein süffisantes Lächeln umspielte seine Lippen. »Mit dir an meiner Seite ... immer.«

Wie viele Mädchen träumten davon, genau diese Worte aus seinem Mund zu hören? Hunderte? Eher Tausende! Und was tat es mit mir? Ich war verwirrt und wusste nicht genau, wie ich damit umgehen sollte.

»Jetzt hör schon auf, Jim«, kicherte ich unsicher. »Seit wann bist du unter die Romantiker gegangen?«

»Keine Ahnung, aber ... es gefällt mir zurzeit. Und ich habe es tatsächlich so gemeint.«

»Darüber reden wir noch«, wiegelte ich ab und richtete meinen Blick auf das Geschehen vor uns.

»Alles okay mit dir? Du siehst wunderschön aus, aber dennoch traurig.«

»Ich war heute im Krankenhaus.«

»Ja, deine Mutter hat es mir erzählt. Willst du darüber reden?«

»Nein, ich will nicht mal daran denken.«

»Gut, aber falls doch, du weißt, ich bin da.«

»Danke.«

Da war er wieder: mein allerbester Freund. Er verstand mich, auch ohne dass ich groß mit ihm über meine Probleme reden musste. Er wusste, wie schwer die ganze Sache für mich war.

Wir kamen am East Room an. Überall wimmelte es von Leibwächtern und Sicherheitsleuten. Musik spielte leise im Hintergrund, der Saal war mit aufwendigen Blumenarrangements geschmückt und die beiden Kronleuchter auf Hochglanz poliert. Kellner mit silbernen Tabletts liefen durch die Menge, verteilten Champagner und kleine Häppchen. Der Festsaal war voll mit Menschen, die sich alle herausgeputzt hatten. Bekannte und unbekannte Gesichter begrüßten uns mit einem Nicken. Bei einigen blieben wir stehen und hielten Small Talk, bis ich meinen Vater am anderen Ende des Saals erblickte. Er stand, zusammen mit Onkel George und Außenminister Barns, dicht umstellt von seinem Sicherheitspersonal, bei mehreren Saudis und unterhielt sich angeregt.

»Da seid ihr ja.« Ich drehte mich um und entdeckte Mum

und Tante Charly, die auf uns zukamen. »Wie schön du aussiehst, Leni.« Meine Tante umarmte mich herzlich.

»Danke, du siehst auch sehr gut aus.«

Sie kniff in Jims Wange, was er gar nicht mochte. »Lass das, Mum!«

Ich kicherte leise und war froh, dass Mum nicht diese Großmutterallüren an mir ausprobierte. Tante Charly schaute uns beide strahlend an, und irgendwie wurde ich das Gefühl nicht los, dass sie etwas verbarg. Ich kannte diesen Ausdruck in ihrem Gesicht. Den hatte sie immer, wenn sie ein Geheimnis kannte und kurz davor stand zu platzen.

»Ach, Kinder, ich bin glücklich, dass nun endlich alles geklärt ist. Ehrlich gesagt, haben wir uns schon gefragt, wie lange ihr dieses Versteckspiel noch aufrechterhalten wollt. Nicht wahr, Sophia?«

Sie rempelte meine Mum an, aber Jim kam ihr zuvor. »Äh ... ja, wolltest du nicht, dass ich Dads Geschäftspartner Gary bei einem Problem helfe, Mum?« Ehe sie etwas sagen konnte, schob er sie durch die Menge. Er drehte sich noch einmal kurz zu mir, bevor er mit seiner Mutter im Gewimmel verschwand. »Bin gleich wieder da«, flüsterte er mir zu.

Stirnrunzelnd sah ich ihnen nach. »Was war das denn?«

Mum nahm von einem Tablett ein Glas Champagner herunter und nippte daran. »Keine Ahnung.«

»Ach, hier verstecken sich die schönsten Frauen der Politik.« Jims älterer Bruder Danny legte Mum und mir seine Arme über die Schultern. »Hi, Leni, schön dich zu sehen.«

Sein warmer, mit Alkohol getränkter Atem schlug mir entgegen.

»Danny!«, ermahnte meine Mutter ihn. »Musst du dich immer von hinten anschleichen?«

Er kicherte. »Entschuldige, Sophia, ich konnte nicht widerstehen.«

»Bist du etwa betrunken?« Unsicher warf ich einen Blick zu Mum. Seit wann trank er?

»Nicht schon wieder, Danny. Du hast versprochen, darauf zu achten.« Mum löste sich von seinem Arm und blickte sich besorgt nach Tante Charly um.

»Ach was. Das war doch nicht viel, Tante Sophia. Nur zwei, drei Drinks.« Dann wandte er seinen Kopf zu mir. »Leni, du brichst mir das Herz, weißt du das?«

Ich hielt den Atem an. Seine Fahne war unerträglich. »Ich? Warum?«

Zwei Bodyguards erschienen plötzlich hinter uns. »Mr. Henderson, wir bringen Sie nach Hause.«

Wir drehten uns zu ihnen um. Einer der Männer packte Danny leicht am Arm.

»Was, jetzt schon? Ich will aber nicht nach Hause.« Protestierend rempelte Danny sich los. »Die Party hat doch erst angefangen, und meine Freundin Leni habe ich schon eine Weile nicht mehr gesehen. Also, verpisst euch und lasst mich in Ruhe.«

»Sei vernünftig, Danny. Bitte«, sagte Mum mit einem warnenden Unterton.

»Ich gehe nirgends hin, okay?« Seine Stimmung schien zu kippen, und einige Leute wurden schon auf uns aufmerksam, was Mum sehr unangenehm war.

»Komm, Danny, wir gehen raus an die frische Luft, bis es dir wieder besser geht«, schlug ich als Alternative vor. Ich wollte nicht, dass die Leute mitbekamen, in welcher Verfassung er war. Schlechte Presse konnte Danny nun wirklich nicht gebrauchen.

Sein Gesicht erhellte sich. »Du verstehst mich, Leni. Ja, gehen wir in den Garten.«

Ich gab Mum ein Zeichen, dass ich schon klar kommen würde. Er legte einen Arm um mich und lief mit mir, begleitet von zwei Sicherheitsbeamten, hinaus. Bevor wir die wenigen Stufen hinunter in den Garten traten, zog ich kurzerhand meine Schuhe aus und warf sie einem der Leibwächter zu.

»Gute Idee.« Er zog ebenfalls seine Schuhe aus und warf sie dem anderen Agent zu. Wir gingen über die Wiese – ich barfuß und er in Socken. Im Hintergrund hörte ich, wie die Gorillas den anderen Wachen mitteilten, dass wir uns im Garten aufhielten.

»Was ist denn los, Danny?«, begann ich vorsichtig.

Seit einiger Zeit hörte ich von Mum immer wieder mal, dass er Probleme hatte. Er war sechs Jahre älter als Jim und als stellvertretender Geschäftsführer viel unterwegs. Das hatte ihn auch seine Beziehung gekostet. Hatte er den Schmerz darüber, dass Melanie ihn vor ein paar Monaten verlassen hatte, noch nicht überwunden?

»Mir geht‘s hervorragend«, brabbelte er, stolperte über seine eigenen Füße und fiel ins weiche Gras. Er lachte dabei schallend und blieb flach auf dem Rücken liegen. Die Bodyguards wollten ihm aufhelfen, doch ich winkte ab. Ich setzte mich neben ihn.

»Willst du darüber reden?«, fragte ich, nachdem er eine Weile still in die Ferne gesehen hatte.

»Es gibt nichts zu reden. Es ist alles gesagt.« Deutlich sah ich ihm die Verbitterung an. Irgendetwas quälte ihn.

»Erzähl es mir.«

Das Mondlicht schien auf uns beide herab und ließ ihn matt und bleich wirken. Er zupfte einen Grashalm aus und zwirbelte ihn zwischen seinen Fingern. »Ich kann mit dir nicht darüber reden, Leni. Du ... bist wie eine Schwester für mich und ...«

»Geschwister sollten zusammenhalten, Danny. Egal was es ist, du kannst es mir erzählen.«

»Es sind geschäftliche Sachen, die du ohnehin nicht verstehen würdest. Außerdem kennst du die Probleme, die ich mit Dad habe.«

Immer noch die alte Geschichte. Ich seufzte leise.

Onkel George war schon immer streng mit seinen Söhnen gewesen, vor allem mit Danny. Gleich nach dem Studium hatte dieser die stellvertretende Leitung der Firma übernommen, aber durch einige Fehlentscheidungen und Misswirtschaft das Unternehmen an den Rand der Existenz gebracht. Ich konnte mich gut daran erinnern, was für einen Streit es damals gegeben hatte. Sogar mein Dad hatte sich eingemischt und Danny in Schutz genommen. Gemeinsam schafften sie es, das Schlimmste abzuwenden und die Firma zu retten. Kurze Zeit später zerbrach auch noch Dannys Beziehung zu Melanie, und seither sah ich in ihm nur noch einen traurigen und missmutigen Typen, der neuerdings zum Alkohol griff. Ich liebte Danny, auch wenn ich nie so ein inniges Verhältnis zu ihm hatte wie zu Jim. »Ich weiß, du hast es nicht leicht, stehst unter großem Druck, aber er liebt dich, auch wenn er dir das nicht immer zeigen kann.«

»Was weißt du schon, Pepper?«, brummte er mürrisch vor sich hin.

Neugierig wie ich nun mal war, wollte ich nicht aufgeben. »Geht es um Melanie?«

Er setzte sich auf und blickte in die Ferne. Hoffentlich hatte ich jetzt keine schmerzlichen Erinnerungen in ihm losgetreten. Nach einer Weile streckte er seinen Finger aus. »Siehst du die Mauer des Grundstücks? Da, wo sonst die Schaulustigen und Demonstranten stehen?«

Sehen konnte ich sie von hier nicht. Bäume und Sträucher waren im Weg, und außerdem war das Areal zu groß.

»Das ist die andere Seite – die andere Seite des Lebens, Leni. Mel hat sich genau dafür entschieden. Für einen anderen.« Er presste die Zähne aufeinander und hielt voller Traurigkeit seinen Blick in die Ferne gerichtet. Ich erkannte, wie tief sein Schmerz noch saß, und verstand, was er als seine eigenen Mauern ansah. Er tat mir leid.

»Gibt es keine Chance mehr für euch?«

»Nein«, sagte er bestimmt. »Es ist vorbei, und ich muss sie vergessen.«

Mitfühlend nahm ich seine Hand. »Danny, wenn du reden willst, ich bin immer für dich da.«

Er sah mich an, als würde er auf seine kleine Schwester hinabschauen. Wärme lag in seinen Augen, die aber mit einem Mal verschwand. Seine Züge verhärteten sich und seine Miene wurde hart. Mit einem Ruck entzog er mir seine Hand.

»Lass gut sein, Pepper. Das wird schon, mach dir keine Sorgen. Du weißt, ich bin ein komplizierter Kerl.«

So gern hätte ich ihm geholfen, auch wenn es nur durch ein simples Gespräch gewesen wäre.

Er stand auf, schwankte und wischte sich über den Mund. »Danke, für deinen Versuch mich zu retten, aber wenn du alles wüsstest, dann ...« Er brach ab. Irgendetwas quälte ihn und deutlich spürte ich, wie zerrissen er war.

»Niemand ist frei von Fehlern, Danny. Jeden Tag hat man die Chance, ein besserer Mensch zu werden.«

Bedächtig schüttelte er den Kopf und schaute mich lange an. »Nicht ich.« Dann wandte er sich ab, torkelte über die Wiese, stolperte und fiel. Sofort waren die Beamten zur Stelle und wollten ihm aufhelfen. »Finger weg! Ich brauche euch nicht, ich brauche niemanden«, zischte er sie verbittert an und schleppte sich zurück zum Weißen Haus.

»Na los, helft ihm. Er kann sich ja kaum auf den Beinen halten«, wies ich die beiden Bodyguards an. Zuerst waren sie hin- und her gerissen, wussten nicht, ob sie meinem Befehl Folge leisten sollten. Ich rollte mit den Augen und seufzte genervt. »Mein Gott, ich haue schon nicht ab. Ich bleibe hier und warte auf euch – Ehrenwort.«

Zögernd begleiteten sie ihn.

~

Es war eine laue Frühsommernacht und die Sterne leuchteten hell und klar. Minuten vergingen, in denen ich mir Gedanken um Danny machte. Was war nur mit ihm geschehen? Der Alkohol veränderte ihn, das machte mir Angst. Er war so frustriert, vielleicht schon ein wenig depressiv, und Jim … Wusste er, wie schlecht es seinem Bruder in Wirklichkeit ging?

Der Park lag still vor mir und meine Gedanken schweiften ab. Zu den Kindern, zum Skandal um das Video, zur Sorge meiner Eltern und zu all dem anderen Kram, der mein Leben beeinflusste. Mein Blick wanderte durch den riesigen Garten. Nicht eine Grille war zu hören, und wenn ich nicht genau gewusst hätte, dass unzählige Sicherheitsleute sich im Verborgenen auf dem Gelände aufhielten, hätte ich die Einsamkeit in diesem Augenblick für echt empfunden.

Nicht weit von mir auf der Wiese stand eine Eiche. Ihr Laub war so dicht, die Äste so verzweigt und der Stamm so dick, dass der Baum einen dunklen Schatten warf. Zielstrebig steuerte ich auf ihn zu, mich an und verschmolz mit der Dunkelheit. Es war schön, völlig unsichtbar zu sein, auch wenn es nur für ein paar Minuten war. Der Wind raschelte, und vom Weißen Haus hörte man das unendliche Geplapper der Gäste und den Klang der Musik.

»Was machen Sie hier draußen? Wo sind Ihre Wachhunde?«

Erschrocken blickte ich in die Nacht. Allein seine Stimme verursachte ein Kribbeln in meinem Bauch. Luke trat, erhitzt vom Joggen, auf mich zu. Sein T-Shirt war nass geschwitzt und seine Tattoos an den Armen schimmerten im Mondlicht. Unmittelbar vor mir blieb er stehen, und Wärme drang durch meine Brust.

»Sagen Sie bloß, Sie hatten Sehnsucht nach mir«, konterte ich sarkastisch.

»Das ist keine Antwort auf meine Frage, Ms. Davis.«

»Müssen Sie immer alles genau wissen?« Ich schnaubte und rollte mit den Augen. »Mr. Henderson ging es nicht gut und die Gorillas bringen ihn gerade ins Haus. Sie müssten jeden Moment zurückkommen, reicht das?«

»Okay, aber allein im Park spazieren zu gehen, bei solch einer großen Veranstaltung, ist nicht unbedingt die beste Idee.«

Genervt von seiner Besserwisser-Manie verschränkte ich die Arme. »Dank Ihnen bin ich nicht allein.«

Ungerührt ließ er mich nicht aus den Augen. »Kommen Sie, ich bringe Sie hinein.«

»Nein, es ist eine so wunderschöne Nacht. Ich möchte mich gerne noch mit Ihnen unterhalten.«

Ups! Hatte ich das gerade wirklich gesagt? Insgeheim war ich froh, genau jetzt nicht allein zu sein, das gestand ich mir ein.

Er sah hinüber zum Weißen Haus, fuhr sich durchs Haar und rang mit sich. Ich konnte einfach nicht aufhören ihn anzusehen. Seine blauen Augen leuchteten im Mondlicht und wirkten magisch auf mich. Ein Lächeln zuckte über seine Lippen, er schien einverstanden.

»Na gut, ein paar Minuten gebe ich Ihnen.« Er räusperte sich. »Unser Start war nicht der allerbeste, und das tut mir leid«, begann er.

»Das kann man wohl sagen. Im Gegensatz zu Ihnen bin ich weder voreingenommen noch parteiisch oder nachtragend. Also alles gut, Luke.«

Er kniff die Augen zu zwei Schlitzen zusammen und musterte mich. Dabei verlor er seine hölzerne Haltung, trat von einem Bein aufs andere und vergrub die Hände nervös in seiner Jogginghose. Er wirkte plötzlich nicht mehr wie ein Agent, sondern wie ein ganz normaler Typ.

Verlegen schaute er auf seine Turnschuhe und lachte verschmitzt. »Ich bin auch nicht nachtragend.«

»Aber voreingenommen.«

»Manchmal«, gab er grinsend zu und sah zu mir auf.

»Dann wollen Sie das Kriegsbeil endlich begraben?«

»Vielleicht. Mich interessiert, ob der Steckbrief die Wahrheit enthält. Und falls Sie das beruhigt; beim Secret Service sind solche Personenbeschreibungen über die Schutzperson üblich.«

»So, so.« Er wollte wissen, ob ich wirklich verschroben, verrückt und so unmöglich war. »Und wenn ich all das, was auf dem Wisch steht, tatsächlich bin?«

Er starrte auf meine Lippen. »Das glaube ich nicht«, sagte er rau. Die spitze Bemerkung, die ich eben noch auf der Zunge gehabt hatte, erstarb, als er mich mit seinen blauen Augen in seinen Bann zog und ein wahres Chaos in mir verursachte.

»Und wenn doch?«

»Dann ... weiß ich nicht, ob ich dem gewachsen bin.«

Augenblicke vergingen, in denen wir uns ansahen. Plötzlich waren wir nicht der Secret Service-Agent und die Präsidententochter, sondern einfach nur zwei Menschen, die sich unterhielten. Er in einem verschwitzen T-Shirt und ich in einem Abendkleid.

»Es tut mir leid, was mit den Kindern passiert ist. Ich kann verstehen, dass das nicht leicht für Sie ist.«

»Wirklich?« Es tat so gut, diese Worte zu hören.

Er senkte den Blick und schabte mit den Turnschuhen im Gras.

»Ich weiß, wie es sich anfühlt, danebenzustehen und nichts tun zu können.« Er schaute auf und Trauer lag in seinen Augen. »Meine Mutter starb an Krebs.«

»Oh nein!« Mit einem Schlag wurde mir klar, dass er mich tatsächlich verstand und viel durchgemacht haben musste. »Das tut mir sehr leid, Luke. Wann ist das geschehen?«

»Vor zwei Jahren. Man kann es nicht vergessen, aber man lernt, damit zu leben.«

»Nuka ist noch ein Kind. Eigentlich sollte er alt und grau werden. Ich ... kann einfach nicht begreifen, wieso das alles geschieht und warum es ausgerechnet Kinder getroffen hat.«

»Für so etwas gibt es keine vernünftige Erklärung, aber Sie dürfen sich trotzdem nicht in Gefahr bringen, Leni.«

»Manchmal kann ich eben nicht anders. Wissen Sie, ich würde gern selbst Auto fahren oder mal abends in einem

Restaurant ganz spontan essen gehen, durch Geschäfte schlendern, eine Stadttour machen, ohne dass mehrere Agents in meiner Nähe sind. Von den ganzen Vorbereitungen mal abgesehen. Danach sehne ich mich schon sehr lange. Ich weiß, dass ich permanent durch irgendwelche Spinner in Gefahr bin, aber ganz ehrlich, ich errege doch mehr Aufmerksamkeit, wenn so ein Spektakel um mich veranstaltet wird, als wenn ich unerkannt durch die Straßen spaziere.«

Er überlegte und nickte schließlich. »Vielleicht würde es Ihnen leichter fallen, wenn wir einen Deal hätten.«

Neugierig riss ich die Augen auf. »Einen Deal?«

»Ja, so etwas wie eine Vereinbarung.«

»Ich bin ganz Ohr, Mr. Carter.«

»Ganz einfach, Sie sprechen sich mit mir ab, sagen mir, was Sie vorhaben, und ich versuche es zu verwirklichen.«

Misstrauisch runzelte ich die Stirn. »Wie wollen Sie Murphy oder Mitchell davon überzeugen? Nie im Leben würden die das erlauben.«

»Vertrauen Sie mir, manchmal kann Vitamin B einiges bewirken«, sagte er zwinkernd.

Sein Blick wurde so intensiv, dass ich mich darin verlor.

»Was sagen Sie? Haben wir einen Deal?«

Es war leicht, auf sein Angebot einzugehen, auch wenn ich noch keinen blassen Schimmer hatte, wie er sich das vorstellte.

Die Luft knisterte plötzlich, und instinktiv wich ich vor ihm zurück. Seine charismatische Aura hüllte mich ein und sorgte dafür, dass mein Hirn sich verabschiedete. Er folgte mir, bis ich den Baumstamm im Rücken wahrnahm. Ich schaffte es nicht, mich seinem düsteren Blick zu entziehen – zu stark war seine Anziehungskraft. Er stand dicht bei mir, leckte sich über die Lippen und löste damit ein ungeheures Verlangen in mir aus, das durch meinen Körper schoss. Ich wollte ihn.

Ich hatte keinen blassen Schimmer, woher diese Sehnsucht so plötzlich kam. Wir zogen uns gegenseitig an wie Motten das Licht. Hinzu kam sein berauschender Duft nach herbem und frischem Rasierwasser, gemischt mit seinem Schweiß vom Joggen und etwas, das neue Empfindungen in mir lostrat. Ich musste wissen, wie er sich anfühlte. Mutig schloss ich die Augen und bot ihm meine Lippen an.

Was tat ich da? Ich sollte das hier stoppen, bevor es kein Zurück mehr gab, aber ich unternahm nichts. Eine logische Erklärung war ohnehin ausgeschlossen und Vernunft hatte schon lange wenig Platz in meinem Leben ... Heiliger Bimbam!

Millimeter trennten uns, als er abrupt innehielt. Sein warmer Atem strich über mein Gesicht und ich spürte, wie er zögerte. Ich nahm allen Mut zusammen. »Küss mich, Luke«, hauchte ich aus Angst, er könnte es sich anders überlegen. Er stöhnte leise an meinen Mund, und dann tat er es. Ein Feuerwerk ungeahnten Ausmaßes pulsierte durch meinen Körper, als seine Lippen auf meine trafen. Ich bebte, die Luft schien wie elektrisiert und die Zeit fror ein. Seine Berührung war erst sanft, als würde er sich zurückhalten, aber als er keinen Widerstand verspürte, presste er mich fest an sich und drang fordernd mit seiner Zunge in meinen Mund. Ich konnte nicht anders, griff in sein Haar und zog ihn näher zu mir. Mein Herz raste und kleine Funken der Erregung fuhren direkt in meinen Schritt.

Mein Gott! Ich war wachsweich, genau wie Nicky es gesagt hatte, und wieder bekam ich ein feuchtes Höschen. Millionen Teilchen luden sich zwischen uns auf und machten uns süchtig, abhängig wie Junkies – nur besser. Wir gaben uns dem Rausch hin, bis Luke abrupt von mir abließ. Ich brauchte ein paar Sekunden, bis ich bei Sinnen war.

Jemand räusperte sich, starrte mich mit verwirrten und verletzten Augen an. Jim.

7

Luke

Fuck! Dieses Luder war die reinste Versuchung. Durch die Blätter des Baumes strahlte schwaches Mondlicht auf ihr zartes Gesicht. Sie hatte die Augen geschlossen und wartete mit halb geöffnetem Mund und voller Hoffnungen darauf, dass ich sie küsste. Sie sah wunderschön aus, als würde sie schlafen. Sogar ihre farbige Haarsträhne verlor das kräftige Pink und schimmerte rosa. Ein Schauer fuhr mir direkt in den Schritt, als sie meinen Namen flüsterte. Mit aller Kraft kämpfte ich dagegen an, rang mit mir, meine Regeln und Prinzipien nicht über Bord zu werfen. Dabei schlug mir das Herz bis zum Hals. Ich war machtlos gegen ihren Zauber und mein Wille war schwach. Ich erlag der Verlockung und musste einfach von der verbotenen Frucht kosten.

Ihr süßes Aroma und die Weichheit ihrer Lippen trafen mich bis ins Mark. Niemals zuvor hatte ein Kuss solche Empfindungen bei mir losgetreten. Neugierig zog ich sie näher an mich heran, wollte mehr von ihr. Sofort standen mein Körper und mein Herz in Flammen. Seit langer Zeit fühlte ich mich wieder lebendig, wach, schwerelos, leicht.

Nichts anderes nahm ich mehr wahr, nur sie, ihre Sinnlichkeit und die wachsende Lust auf mehr. Meine Zunge drang in ihren Mund und Begierde peitschte durch meine Adern. Ich konnte mich kaum zurückhalten und hätte mich am liebsten tief in ihr vergraben. Verfluchte Scheiße!

Aus weiter Entfernung hörte ich jemanden über die Wiese laufen, doch als Leni leise seufzte, schaltete sich jegliches Denken aus. Erst als die Schritte unmittelbar vor uns verstummten und ich ein Räuspern vernahm, katapultierte es mich in die Realität zurück. Verwirrt und mit dem süßen Aroma ihrer Lippen auf meinen, brauchte ich einen Augenblick, bis ich wieder Herr meiner Sinne war.

Fassungslos stierte uns Jim Henderson an. Leni sah wie ein verschrecktes Kind aus, und selbst ich begriff nicht, was gerade zwischen uns geschehen war. Mit weit aufgerissenen Augen und roten Wangen blickte sie ihm entgegen. »Jim, was ... was machst du denn hier?«

»Ich wollte nach dir sehen, nachdem mein Bruder ...« Er brach ab, klang wütend – verletzt, warf mir einen vernichtenden Blick zu. »Da lässt man dich einen winzigen Augenblick allein ... Wer ist das?« Er nickte in meine Richtung und musterte mich abfällig von oben bis unten.

Ich war noch immer geflasht von den Empfindungen, landete aber hart auf dem Boden der Tatsachen, als mir klar wurde, was das für mich bedeuten könnte. Der Kerl hatte Macht und konnte dafür sorgen, dass man mich feuerte. Oder er polierte mir hier und jetzt die Fresse, was mir natürlich lieber gewesen wäre. Beides wäre möglich. Die Frage war nur; wie würde ich reagieren? Er wusste, dass er keine Chance gegen mich hatte, und doch war seine Wut so groß, dass er sich mit mir anlegen würde. Peinliche Sekunden verstrichen, in denen wir uns grimmig und abschätzend taxierten. »Wer ist das?«, zischte Henderson nochmals.

»Das ist ... Luke.« Verunsichert sah sie zu mir und biss sich auf die Lippen. Sie war verwirrt und wusste nicht, wie sie sich aus der Sache retten sollte.

»Ich gehöre zum Team des Secret Service, das Ms. Davis bewacht«, beantwortete ich ruhig seine Frage.

Henderson runzelte die Stirn. »Du lässt dich von einem Bodyguard abschlecken?«

Sie seufzte. »Jim ... das ...«

»Ich glaub das einfach nicht.« Er fuhr sich durchs Haar und wandte sich an mich. »Was glaubst du eigentlich, wer du bist? Lass deine Drecksfinger von ihr, verstanden?« Drohend baute er sich vor mir auf und schaute mich hasserfüllt an. Normalerweise hätte ich mich schon längst zurückgezogen, doch etwas regte sich in mir. Ich biss die Zähne zusammen. Meine Beine fühlten sich wie Blei an und zwangen mich zum Bleiben. Er beanspruchte Leni für sich – sie gehörte ihm und ich sollte gefälligst nicht dazwischenfunken. Der Punkt war, dass ich nicht bereit war sie aufzugeben. Mein Beschützerinstinkt sprudelte über, so dass ich ihm kampfbereit entgegenblickte. Allein der Gedanke, dass sie ihm gehören könnte, ließ mich meine Fäuste ballen.

»Hast du verstanden, Lackaffe? LASS. DEINE. GRIFFEL. VON. IHR!« Er knurrte zähnefletschend und sein alkoholgeschwängerter Atem schlug mir ins Gesicht. Ausdruckslos und genauso kalt hielt ich seinem Blick stand, aber innerlich kämpfte ich dagegen an, ihm meine Faust in seine aalglatte Visage zu brettern.

»Jim, das reicht. Hör auf!«, rief Leni, aber sie drang nicht zu uns durch.

Das war eine Sache zwischen ihm und mir. Eine Männersache, die man mit Drohungen und Fäusten regelte. Es kostete mich all meine Selbstbeherrschung, nicht wie ein Löwe über ihn herzufallen, ihn zu zerfleischen und zu verteidigen, was mir gehörte. *Mir gehörte?...*

»Luke, bitte!« Erst ihr flehender Unterton brachte die Vernunft in mir zurück. Ich schaffte es, aus dem unsichtbaren Ring zu steigen. »Gute Nacht, Ms. Davis.« Kurz schaute ich in ihr hübsches Gesicht und glaubte, eine Spur von Bedauern darin zu lesen. Ich drehte mich um und ging, ohne Henderson weiter Beachtung zu schenken.

»Kannst du mir erklären, was das soll?«, zischte er sie an, als ich mich zurückzog. Ihre Antwort hörte ich schon nicht mehr.

Verdammt! Mit ihrem verführerischen Schmollmund und ihren winzigen Sommersprossen hatte sie mich fast dazu gebracht zu vergessen, wer sie war und wo ich mich befand. Zweifellos war ich viel zu weit gegangen; das hätte nicht passieren dürfen. Noch immer schmeckte ich sie, spürte den Druck ihrer Lippen, die sanft und zart auf meinen gelegen hatten.

Allein die Erinnerung daran erregte mich. Jeder Schritt, der mich von ihr entfernte, fiel mir schwer. Hin- und her gerissen, ob ich dem Kerl meine Faust in die Fresse schlagen sollte, blieb ich mitten auf der Wiese stehen. Ich schaute zurück und entdeckte ihre beiden Bodyguards, die zurückgekommen waren. Es war zu spät.

Im Zimmer ging ich sofort unter die Dusche. Meine Erektion schmerzte. Die Bilder in meinem Kopf waren so präsent, dass ich es kaum aushielt. Eiskaltes Wasser prasselte an mir herunter, fühlte sich an wie tausend Nadelstiche. Der Schmerz half mir, klarer zu denken. Wieso hatte ich mich nicht im Griff gehabt? Wieso hatte diese Frau solch eine Anziehung auf mich?

Es klopfte an der Tür, als ich gerade meine Jogginghose anzog. Das konnte nichts Gutes bedeuten. Ich war am Arsch! Das war‘s dann!

»Kann ich reinkommen?« Steven schenkte mir einen fragenden Blick. Ohne ein Wort ließ ich ihn eintreten. »Du weißt, warum ich hier bin?« Schweigend folgte ich ihm ins Wohnzimmer und erwartete angesichts der Situation den tödlichen Dolchstoß.

»Dann stimmt es? Du und sie?«

Ich nickte kaum merklich. Steven war nicht dumm. Es abzustreiten hatte sowieso keinen Sinn! Ich hatte Mist gebaut. Im Stillen verfluchte ich Leni Davis. Hatte sie mich absichtlich in diese Falle gelockt? »Wie hast du davon erfahren?«

»Ich kam gerade von einer Besprechung mit Mitchell, als ich die beiden im Rosengarten diskutieren hörte. Als dein Name fiel, wurde ich aufmerksam, und … nun ja ... Ich habe es mehr unfreiwillig mitbekommen.«

»Du hast gelauscht?«

Er zuckte die Schultern. »Na ja, sie schrie ihm aufgebracht hinterher, als er sauer den Garten verlassen hat. Ich ging zu ihr und wollte wissen, ob es ein Problem gibt. Sie war ziemlich wütend und hat mir schließlich unter Tränen von der Sache erzählt. Alter, das kannst du nicht machen. Du bist gerade ein paar Tage im Dienst. Wenn das rauskommt, bist du am Arsch.«

Ich verschränkte die Arme hinter meinen Kopf und starrte zur Decke. Ich war durcheinander, und das wegen einer Braut.

Dabei wusste ich genau, wohin es mich führen und wie es sich anfühlen würde, noch einmal durch die Hölle zu gehen.

»Scheiße, Luke. Du machst einen guten Job, und ich kann dich wirklich gebrauchen im Team.«

»Es tut mir leid. Ich weiß auch nicht, was mit mir los war. Ich ....« Er hatte ja recht, aber wie hätte ich mich beherrschen sollen? Sie war einfach ... »Was hat sie gesagt?«

»Du bist ein Idiot, Mann, und ein Glückspilz. Sie hat Henderson das Versprechen abgerungen, nichts gegen dich zu unternehmen. Sie bat mich, dir zu sagen, dass alles in Ordnung ist.«

Ungläubig runzelte ich die Stirn. »Ich bin noch dabei?«

»Vorerst, ja.«

Ich konnte es nicht glauben und stieß erleichtert den Atem aus. »Aber ... wieso deckst du mich?«

Steven ging im Zimmer umher. »Es gibt viele Gründe. Ich mag sie und sie vertraut mir, außerdem brauche ich einen guten Mann und will dich nicht aus dem Team verlieren. Ich habe ihr versprochen, es für mich zu behalten.«

Er mochte sie? Was hatte das zu bedeuten? Etwa mehr als das Übliche? Verdammt! Wieso krampfte mein Magen? Damit stand ich in Stevens Schuld. Und auch in Hendersons, wobei ich mich fragte, wie lange er den Mund halten würde. Das war ein Risiko.

»Danke, Mann! Ich weiß auch nicht, was in mich gefahren ist.« Ich fuhr mir durchs Haar. »Ich schulde dir was.«

Er nickte und bot mir seine Hand an. Wir klatschten ein und teilten fortan ein Geheimnis, das locker alle meine Pläne in den Wind schießen könnte.

~

In dieser Nacht lag ich noch lange wach und grübelte darüber nach, wie ich mich zu diesem Wahnsinn hatte hinreißen lassen können. Seit ich ihr zugeteilt worden war, versuchte ich mir ein Bild von der Frau zu machen, deren Steckbrief nicht unbedingt für eine guterzogene, sittsame und brave Präsidententochter sprach. Sie war völlig anders, als ich erwartet hatte – sinnlich, natürlich und undurchschaubar. Das Schlimme daran war: Ich begehrte sie mehr, als gut für mich war. Aber vielleicht würde ich mich in ein paar Tagen an diesen Zustand gewöhnen, und was die sexuelle Lust betraf: Die konnte ich auch anderweitig entladen.

Steven schien in Ordnung zu sein. Er ging für mich ein Risiko ein, obwohl es keinen Grund dafür gab. Steckte mehr dahinter? Was empfand er wirklich für Leni?

Ein wenig übernächtigt, dank der emotionalen Irrfahrt von heute Nacht, stand ich am Morgen vor dem Spiegel und band meine Krawatte. Lange hatte es gedauert, bis ich den Knoten so hinbekommen hatte wie einst meine Mum.

Ich erinnerte mich an den ersten Tag an der Police Academy. Damals brachte mich die Krawatte an den Rand des Wahnsinns. Völlig verzweifelt stand ich im Bad und fluchte. Das Ding sah aus wie ein aufgeplatzter Kackhaufen und zerrte an meinen Nerven. Mum kam herein, wie immer lächelte sie liebevoll und nahm sich der Krankheit um meinen Hals an. »Lass mich mal machen«, sagte sie. Geschickt löste sie das entstandene Gewirr und band einen perfekten Knoten. »Du brauchst nicht nervös zu sein, Luke. Dein Vater und ich sind jetzt schon sehr stolz auf dich.«

Mum … Ihr warmherziges Gesicht tauchte vor meinen Augen auf. Ich vermisste sie. Seit sie fort war, hatte sich alles verändert. Ich hasste den Schmerz, der jedes Mal in mir aufbrach. Seit ihrem Tod hatte sich viel geändert, und ich wünschte mir die Zeit zurück, die der Krebs uns genommen hatte. Die dunkle Erinnerung vergrub ich tief in mir, blickte meinem Spiegelbild entgegen, straffte die Schultern und machte mich bereit, einem neuen Tag entgegenzutreten.

Unser vierköpfiges Team und weitere Agents saßen an einem runden Tisch bei der morgendlichen Einsatzbesprechung und hörten Murphy zu. »Der Präsident hat das Team in Harvard um sechs weitere Agents aufgestockt. Das heißt, es werden ab sofort zehn Mann für die Sicherheit von Ms. Davis sorgen.« Er machte eine Pause. »Allerdings besteht Ms. Davis darauf, dass McLane, Goldman, Blumberg und Carter ihre direkten Bodyguards bleiben und die anderen im Hintergrund agieren. Das bedeutet, ihr sichert nur ihre Umgebung. Für heute stehen der Besuch im Krankenhaus und der Rückflug nach Cambridge an.« Er teilte Blätter aus, auf denen die zeitlichen Abläufe gegliedert waren. Auf einem zweiten Papier war der Straßenplan mit der genauen Route abgebildet. »Die First Lady wird ihre Tochter ins Klinikum begleiten und danach zu weiteren Terminen aufbrechen. Das heißt also, auch das Team von Mrs. Davis und ein CAT-Team werden dabei sein. Das Gebäude und die Gegend wurden von unseren Leuten überprüft und vorbereitet. Noch irgendwelche Fragen?« Murphy schaute in die Runde. Für alle schien der Einsatz klar zu sein. »Gut, dann trefft die Vorbereitungen. In einer Stunde geht es los. Steven, ab jetzt haben Sie die Leitung. Es ist wieder Ihr Team.«

Steven übernahm das Kommando. Er erhob sich und begann uns in Gruppen einzuteilen. Dabei steckte er mich ins Future-Team, das nicht im Wagen der Schützlinge mitfuhr, sondern ein paar Minuten eher die Route checkte. Er hielt mich bewusst auf Abstand zur Präsidententochter, und dafür war ich ihm dankbar. So konnte ich mich voll und ganz auf meinen Job konzentrieren.

»Die Lage ist brisant. Unser Freund hat in seinem Liebesbrief von heute Morgen Andeutungen gemacht, dass er Ms. Davis bald treffen wird. Er könnte also Wind von der Sache bekommen haben. Unser Hauptaugenmerk liegt auf Ms. Davis. Der Profiler vom FBI konnte den Täterkreis nur bedingt eingrenzen. Wir werden wie folgt vorgehen: Sobald die Limousine beim Krankenhaus eintrifft, bilden wir um Ms. Davis eine Vierergruppe, die von Jeff und Richie angeführt und von Luke und mir von hinten unterstützt wird, bis sie drin ist. Die anderen folgen in einem angemessenen Abstand. Jede Auffälligkeit wird per Funk weitergegeben und die Risikoperson sofort interniert.«

»Wer überwacht die Straßenkameras und leitet uns?«, wollte ich wissen.

»Ach ja, Peter Rossky und sein Team werden uns per Funk begleiten.«

»Dann ist so weit alles geklärt. An die Arbeit, Männer.« Steven beendete damit unsere Besprechung, und allgemeines Stühlerücken war im Raum zu hören.

»Na, Luke, alles klar?« Richie klopfte mir auf die Schulter. »In ein paar Stunden ist der Spuk vorbei.«

»Ich freue mich auf den Feierabend«, wandte Jeff ein. Er war nach Steven am längsten im Team und wirkte nervös. Das Weiße Haus zu verlassen, verursachte bei allen Agents ein flaues Gefühl im Magen, obwohl es an der Tagesordnung stand – alte Secret Service-Krankheit. »Ich kannte deinen Vater. Er hat mich damals eingestellt. Wie geht es ihm?«

»Es geht ihm gut, danke.« Ich hatte mich schon gefragt, wann mich jemand auf ihn ansprechen würde.

Jeff nickte grinsend. »Wie man hört, bist du dabei, in seine Fußstapfen zu treten. Glaubst du, du wirst seinen Heldenstatus übertreffen können?«

Und genau das hasste ich daran. Wieso glaubten eigentlich alle, ich wollte den Erfolg meines Vaters übertrumpfen? Mir war klar, dass alle Augen auf mich gerichtet waren – daran war ich gewöhnt –, aber ich konnte es nicht leiden, wenn man meinen Vater und mich als Konkurrenten ansah. Zum Glück wurden wir durch die Abfahrt unterbrochen und eine Antwort blieb mir erspart.

Wir begannen mit der Überprüfung unserer Ausrüstung. Ich zog meine SIG Sauer, die ich versteckt unter dem Sakko trug, aus dem Halfter und kontrollierte sie, ebenso die drahtlose Verbindung zu Rossky. Ich steckte den kleinen schwarzen Knopf ins Ohr und schaltete den Empfänger ein. Es rauschte und piepte unerträglich laut. Wir rissen uns alle das Ding wieder raus.

»Rossky, du Vollidiot!«, brüllte Jeff ins Mikrofon. »Jedes Mal der gleiche Müll. Hast du keinen anderen Witz auf Lager?«

Rosskys Lachen dröhnte im Kopfhörer. »Jetzt seid ihr wenigstens alle wach. So, ihr Loser, ihr kennt ja das Prozedere. Seid ihr so freundlich und stellt euch persönlich vor?«

Nacheinander gaben alle ihren Namen und ihre Dienstnummer an. Als ich an der Reihe war, kam Rossky ins Stocken. »Verdammt! Wo ist Ferris?«

»Der ist gegangen«, antwortete Steven knapp.

»Okay. Aber hey! Der Name Carter kommt mir bekannt vor. Bist du nicht der Junge von unserem alten Chief?«

»Jap, der bin ich.«

»Oh, da haben wir ja eine Berühmtheit unter uns. Willkommen, Luke. Hab schon viel von dir gehört.«

»Danke.«

»Also Jungs, Evergreen und Bluefire haben heute Besuchstag bei den Kindern. Dann lasst uns dafür sorgen, dass beide unbeschadet wieder nach Hause kommen. Los geht‘s.« Es knackte kurz, und dann war Ruhe in unseren Köpfen.

Der Kerl schien Sinn für Humor zu haben, was uns die Anspannung nahm. Rossky und sein Team waren in einem externen Gebäude des Secret Service untergebracht. Sie hatten den Überblick über die Straßenlage von Washington.

Einsatzbereit stieg ich in den Wagen des Future-Teams und fuhr voraus. Es gab keine Auffälligkeiten an diesem Morgen. Der Verkehr auf der Route war flüssig – keine liegengebliebenen Autos am Straßenrand, keine vorgetäuschten Hindernisse.

An der Klinik angekommen, sah ich von weitem schon die Presseleute, die natürlich auch ein paar Schaulustige angezogen hatten. Wir stiegen aus und sorgten dafür, dass die Leute einen Sicherheitsabstand einhielten, um die Präsidentenfamilie ins Gebäude zu lassen.

Als nur wenige Minuten später die Limousine eintraf und die Bodyguards die Tür öffneten, reichte ein Blick auf Leni, um mein Blut in Wallung zu bringen. Eine Mischung aus freudiger Erregung und Unmut kribbelte durch meine Eingeweide. Mir stockte der Atem, als ich sie erblickte. Sie sah fantastisch aus in ihrem Rock und der figurbetonten

Bluse. Einzelne Haarsträhnen hatten sich aus ihrem Pferdeschwanz gelöst. Die pinkfarbene Strähne leuchtete kräftig in der Sonne. Für einen kurzen Augenblick sah sie mich an. Ihr verstohlener, unschuldiger Blick ging mir durch Mark und Bein und rief sofort wieder die Bilder und Empfindungen von gestern Abend in mir wach. Ich hatte Mühe, den Kloß in meinem Hals herunterzuschlucken.

Das Blitzlichtgewitter startete wie auf Kommando, was mich aus meinen Träumereien riss. Ich hatte mir fest vorgenommen, meinen Job nicht noch einmal aufs Spiel zu setzen, und brüllte mich innerlich an, mich zusammenzureißen. Reibungslos gelangten Mrs. Davis und Leni ins Gebäude. Dort wurden sie von einem ganzen Schwarm an Ärzten empfangen.

~

»Evergreen und Bluefire sind drin«, gab Steven über Funk an Rossky weiter, was dieser für alle bestätigte. Stolz präsentierte der Leiter der Klinik die Lobby, in der es von unseren Leuten nur so wimmelte. In der Eingangshalle, hinter Absperrband, standen neugierige Patienten, die mit ihren Handys den prominenten Besuch fotografierten oder filmten. Steven und ich liefen hinter Leni, Mrs. Davis und Prof. Dr. Buxman her. Uns folgten ein weißes Ärzte-Geschwader und Bodyguards.

Der Professor klärte Leni und die First Lady über den aktuellen Zustand von Nuka und den anderen Schwerverletzten auf. Nichts hatte sich verändert, und man deutete das als gutes Zeichen. Zumindest bei Nuka. Während der Professor die First Lady auf die Renovierungsarbeiten im

Haus aufmerksam machte, schaute Leni verstohlen in meine Richtung. So gut es ging, ignorierte ich sie. Warum konnte sie es nicht einfach gut sein lassen?

»Gentlemen, wir haben Erfrischungen für Sie vorbereitet«, sagte der Chefarzt, als wir die Kinderstation erreichten. Er deutete auf einen Wartebereich, der unmittelbar neben dem Gang zu den Patientenzimmern lag. Ein Tisch mit einem riesigen Donutturm und mehreren Kaffeebechern wartete auf uns.

»Zwei unserer Agents werden uns begleiten«, berichtigte die First Lady den Professor.

»Natürlich. Wie Sie wünschen.«

Gern hätte ich mir den Bauch mit Donuts und Kaffee vollgeschlagen, aber Job war eben Job.

»Gut, dann wollen wir die Kinder nicht länger warten lassen«, meinte Mrs. Davis zu ihrer Tochter und gab ihrer Assistentin mit einem Nicken zu verstehen, dass sie nun bereit waren, zu den Kindern zu gehen. Am ersten Zimmer öffnete Mrs. Moore die Tür.

Ein blondes Mädchen sah uns von dem Krankenbett schüchtern entgegen. Ihr rechter Arm war eingegipst und ein großes Pflaster prangte auf ihrer Stirn. Erst als Leni das Zimmer betrat, deutete sich ein Lächeln auf dem Gesicht an.

»Hallo Sarah«, rief Leni und umarmte sie herzlich. »Ich bin ja so froh, dass du schon wieder einigermaßen fit bist.« Nacheinander kamen alle ins Krankenzimmer, und Leni setzte sich ganz ungezwungen aufs Bett. »Ich habe mir solche Sorgen gemacht. Wie geht es dir?«

Mrs. Davis nahm auf einem Stuhl Platz.

»Der Arm tut schon gar nicht mehr so weh«, sagte die Kleine und schaute verstohlen zu den Ärzten, die sich alle um das Bett versammelt hatten.

»Die Fraktur ihres Unterarms ist zum Glück nicht kompliziert. In ein paar Wochen ist der Bruch verheilt«, antwortete der Chefarzt.

»Gott sei Dank«, meinte Mrs. Davis.

Die Stimmung im Zimmer war merkwürdig. Das Mädchen saß im Mittelpunkt des Geschehens und alle starrten sie an. Sie nestelte schüchtern an dem Zipfel ihrer Bettdecke und schaute immer wieder zu Leni. Auch diese spürte das Unbehagen des Kindes. Leni beugte sich vor und flüsterte etwas in ihr Ohr. Das Kind nickte, und Leni wandte sich an den Chefarzt. »Wäre es möglich, dass ich mit Sarah allein spreche?«

»Äh ... natürlich.« Der Professor wirkte überrumpelt und blickte fragend zur First Lady. Als sie aufstand und sich von Sarah verabschieden wollte, gab er mit einer Handbewegung dem Ärztegeschwader ein Zeichen sich zurückzuziehen.

Leni hielt den Arm ihrer Mum. »Dich habe ich natürlich nicht gemeint.«

Sie lachte. »Das weiß ich, aber ich denke, je weniger Leute hier sind, desto ungezwungener könnt ihr miteinander sprechen. Bis später, Sarah. Schön, dass es dir besser geht. Ich geh dann mal zu den anderen Kindern.« Sie schaute zu Steven. »Sie und Luke bleiben bitte.« Mrs. Davis zwinkerte ihrer Tochter zu und streichelte Sarah über den Kopf.

»Besser?«, fragte Leni, als der Letzte die Tür hinter sich zugezogen hatte.

»Viel besser«. Lächelte das Mädchen breit.

»Wir haben nicht viel Zeit, die Journalisten möchten nachher noch Fotos von uns machen.«

Sarah machte ein verwundertes Gesicht. »Kommen wir dann in die Zeitung?«

»Das kann schon sein«, antwortete Leni und eine längere Pause entstand.

»Leni?«

»Hm?«

»Was ist mit Nuka?«

Sofort gefror Lenis Lächeln. »Er ist auch hier im Krankenhaus, aber er hat leider nicht so viel Glück gehabt und muss auf einer anderen Station genauer überwacht werden.«

»Geht es ihm nicht gut?«

Leni schüttelte langsam den Kopf, und Sarah schaute traurig. Sie zog sie in ihre Arme. Der Anblick der beiden wärmte mich innerlich, und völlig unerwartet zog sich mein Herz zusammen. Ich war selten sentimental, aber dieses Bild ergriff mich. Fuck!

»Willst du darüber reden?«, forderte Leni sie auf. Die Kleine zuckte zuerst mit den Schultern und senkte ihren Blick, aber plötzlich begann sie doch zu sprechen. Sie erzählte, wie Nuka ihr seinen Fensterplatz im Bus angeboten hatte und dass er sehr nett zu ihr gewesen war. Tränen kullerten, die Leni gleich fortwischte. Geduldig erklärte sie ihr alles, ohne dem Kind die volle Wahrheit zu sagen. Das beeindruckte mich. Sie wählte ihre Worte mit Bedacht und schaffte es, das Mädchen nicht zu beunruhigen. Ich musste zugeben, die Tochter des Präsidenten war aufrichtig, warmherzig und hatte Feingefühl. Es klopfte an der Tür, und Mrs. Moore streckte ihren Kopf herein. »Leni, die Journalisten warten bereits.«

»Ja, noch zwei Minuten.«

Nickend schloss Mrs. Moore die Tür.

»Wie lange musst du denn dieses Ding an deinem Arm tragen?«

»Der Doktor hat gesagt ein paar Wochen.« Sie hämmerte auf ihren Gips. »Guck, steinhart. Und er stinkt.«

Leni roch daran und verzog das Gesicht. »Der Mief ist ja fürchterlich und er hat eine ziemlich langweilige Farbe. Warte, ich habe eine Idee.« Leni kramte aus ihrer Handtasche ein Parfumfläschchen. »Hier, riech mal. Magst du den Duft?«

Sarah schniefte laut. »Oh, das riecht schön! Nach Vanille und Blumen«, rief sie begeistert aus.

»Genau. Möchtest du, dass dein Arm so duftet?«

Das Mädchen nickte eifrig, und Leni sprühte ein paar Spritzer auf den Gipsarm. »Die Flasche lasse ich dir da, falls der Stinkegeruch wiederkommt.« Sie stellte das Fläschchen auf den Nachttisch. »Und jetzt brauchen wir noch einen Stift. Kann mir jemand aushelfen?«

Steven und ich durchsuchten unsere Innentaschen und boten ihr gleichzeitig mehrere Stifte an. Sie nahm den von Steven und machte sich daran, etwas auf den Gips zu schreiben. Als sie fertig war, las die Kleine laut vor: *»Meine Freundin Sarah, werd schnell wieder gesund. Deine Leni«* Ein Herzchen zierte ihren Namen.

Ich rollte innerlich mit den Augen. Sie war eine Süßholzrasplerin, und zwar von der allerschlimmsten Sorte. Aber das Mädchen strahlte.

»Deine Freunde können mit bunten Stiften draufschreiben, dann sieht der Arm nicht mehr so weiß aus und du hast eine schöne Erinnerung.«

»Das ist 'ne coole Idee. Danke.«

Leni erhob sich vom Bett. »Hast du noch irgendeinen Wunsch?« Ein wenig eingeschüchtert schaute sie zu Steven und mir und winkte Leni näher an sich heran. Sie flüsterte ihr etwas ins Ohr, woraufhin Leni kicherte.

~

Leni drehte sich zu uns um. »Würdet ihr so nett sein und euch auch auf dem Gips verewigen? Sarah wünscht sich, dass ihr dabei eure coolen Sonnenbrillen tragt – ganz im Stil von Man in Black, ihr wisst schon«, zwinkerte sie.

Auch das noch! Im Geiste sah ich mich schon Herzchen malen. Ich biss die Zähne zusammen.

Steven reagierte sofort. »Selbstverständlich.« Er zog seine Brille auf unterzeichnete und übergab mir den Stift. Alle Augen waren auf mich gerichtet, doch nur Lenis´ nahm ich wahr. Eilig brachte ich es hinter mich, ignorierte den starken Duft des Parfums und kritzelte etwas auf den Gips.

»Was soll das denn heißen?« Sarah versuchte meine Schrift zu entziffern, und betonte extra langsam jeden einzelnen Buchstaben. »Luuucieee ... Lucie? Du heißt wie ein Mädchen, Lucie?« Ein wenig entsetzt starrte mich die Göre an, und Leni und Steven brachen in Gelächter aus.

»LUKE! L.U.K.E soll das heißen! Das kann man doch erkennen«, widersprach ich.

»Ich nicht.« Bestimmt hielt sie mir ihren Arm hin, damit ich es noch einmal deutlicher aufschrieb. Also schrieb ich meinen Namen ein zweites Mal; diesmal in krakeligen großen Buchstaben.

»Luke Carter. Das ist so cool, danke.« Sie strahlte mich an und ich zwang mich zu einem Lächeln. Tsss ... Kinder!

»Hey, was hast du denn hinter deinem Ohr?« Leni runzelte die Stirn, griff hinter sie, und wie aus dem Nichts lag ein kleiner Edelstein in ihrer Hand. Sarah sog völlig überrascht die Luft ein, und auch ich warf einen verunsicherten Blick zu Steven. Wie hatte sie das gemacht? Eben war ihre Hand noch leer gewesen.

»Wow! Der ist ja wunderschön. Du machst immer so tolle Zaubertricks, Leni.«

»Das ist ein Troststein. Er heißt Heliodor und wird dich immer trösten, wenn du traurig bist. Denk an etwas Schönes und drücke ihn fest, dann hilft er dir.«

Ich glaubte nicht an Hokuspokus, und schon gar nicht an Kräfte, die Steine angeblich ausstrahlten, aber es gefiel mir, wie sie damit versuchte, dem Mädchen aus dem Trauma zu helfen.

»Der sieht schön aus.« Sarah drehte den Stein zwischen den Fingern hin und her und betrachtete ihn. »Wie findest du ihn, Lucie ... Luke?«

Ich war mir nicht sicher, ob sie sich nicht absichtlich versprochen hatte, aber ich tat ihr den Gefallen und schaute mir den Stein genauer an. Er hatte eine milchig-gelbe Farbe. »Hm ... Er sieht aus wie ein ... angepinkelter Eiswürfel.«

Sarah und Steven lachten los, nur Leni zog ihre Augenbrauen hoch und funkelte mich empört an. »Wie ein angepinkelter Eiswürfel?«

Das Mädchen kicherte. Es freute mich, dass ich es war, der das Kind zum Lachen gebracht hatte. Sie hielt sich den Bauch, und Steven gackerte versteckt in seine Hand.

»Der Stein sieht wirklich so aus«, wiederholte ich unschuldig.

Leni nahm ihn mir ab. »Das ist ein Edelstein, aber davon verstehen Sie wohl nichts.« Sie drückte ihn Sarah in die Hand, die sich zwischenzeitlich beruhigt hatte.

»Oh, das hätte ich fast vergessen. Ich habe auch etwas für dich.« Sarah rutschte auf ihrem Bett zum Nachttisch und zog die Schublade auf.

»Für mich? Und was?«, fragte Leni verwundert.

»Also, nicht so direkt von mir, sondern von Dr. King«, erklärte das Mädchen. »Er sagte, ich soll es dir geben, wenn du kommst. Er meinte, ich darf es nicht vergessen.« Sarah nahm einen Umschlag heraus und übergab ihn Leni. Leni drehte ihn um, und mir blieb die Luft weg. Das Bild der filigranen Krone war zu sehen. Mit großen Buchstaben stand ›Für meine Prinzessin‹ auf dem Papier.

»Scheiße! Nicht öffnen«, zischte ich und entriss ihn ihr. Dann ging alles rasend schnell. Ohne zu zögern, gab Steven unsere Entdeckung durch und setzte damit den Alarm.

Vorsichtig untersuchte ich das Papier.

»Was ist denn los?« Leni verstand es nicht, und das lag daran, dass sie die anderen Briefe nie zu Gesicht bekommen hatte und die Krone nicht mit dem Briefschreiber in Zusammenhang brachte. Steven begann das Zimmer nach weiteren Überraschungen zu durchsuchen, öffnete Schubladen und Schränke.

»Wann war dieser Dr. King bei dir?«, fragte ich und versuchte, so ruhig wie möglich zu sprechen.

»Ich weiß nicht ...« Ängstlich schaute Sarah zu Leni. Diese kapierte endlich und redete beruhigend auf das Kind ein. »Es ist alles in Ordnung, Sarah. Erzähl einfach, wer dir den Brief gegeben und was er gesagt hat.«

»Er war heute Morgen da und sagte, dass heute ganz viele Leute kommen werden. Er stand dort drüben, hat aus dem Fenster geschaut und mir alles gezeigt.«

»Bist du dir sicher?«, wollte Leni von mir wissen.

Ich nickte. Verängstigt griff sie sich an den Hals. »Steven, lass überprüfen, ob ein Dr. King hier arbeitet.« Ich wandte mich wieder an Sarah: »Und wie hat er ausgesehen? Kannst du ihn beschreiben?« Draußen auf dem Flur hörte man schon die schweren Schritte der Einsatzleute.

»Er hat braune Haare, so 'nen weißen Arztumhang und ...«

Steven unterbrach sie. »Es gibt keinen Dr. King, Luke.«

Shit! Ich öffnete den Brief:

Liebste,
eigentlich sollte ich dich bestrafen für das, was du gestern getan hast. Ich will dir nicht wehtun, aber noch habe ich nichts entschieden. Du machst es mir nicht leicht.

Dein dich liebender King

»Was ist? Was steht drin?« Nervös nestelte Leni an ihrer Bluse.

Wortlos reichte ich Steven den Brief.

Fuck! Meinte er etwa den Kuss? Das konnte nicht sein, oder etwa doch? Es gab nur zwei Leute, die davon wussten – Jim und Steven. Oder meinte er etwas anderes? Es war das erste Mal, dass er eine Drohung aussprach, und damit war Leni in noch größerer Gefahr. Wer wusste schon, was in diesem kranken Hirn vorging …

»Wir müssen Sie hier rausschaffen«, sagte Steven leise, um das Kind nicht zu erschrecken. Er gab Leni den Wisch zu lesen, wandte sich von uns ab und redete über Funk.

Leni stand vom Bett auf und überflog die Zeilen. »Oh mein Gott! Der ist ja total irre«, murmelte sie und sah zu mir auf. Wir dachten beide das Gleiche.

»Keine Sorge, wir kümmern uns darum.« Was anderes fiel mir nicht ein, um sie zu beruhigen.

Die Tür wurde geöffnet, zwei FBI-Beamte und eine Krankenschwester betraten das Zimmer. Sie waren gekommen, um das Mädchen mitzunehmen. Auf dem Flur hörte man reges Treiben. »Ein Helikopter landet in wenigen Minuten auf dem Dach. Das Kind soll mit der Schwester mitgehen, Ms. Davis«, teilte Steven ihr mit.

Schützend nahm sie Sarah in die Arme.

»Der Verdächtige könnte noch in unmittelbarer Nähe sein oder aber etwas platziert haben«, meinte einer der Beamten. »Wir durchsuchen bereits jeden Winkel.«

Die Krankenschwester ging auf Sarah zu. »Hallo Sarah«, lächelte sie. »Ich bin Schwester Hillary. Komm mit mir, ich bringe dich zu den anderen.«

Die Kleine warf Leni einen unsicheren Blick zu.

»Ist okay. Geh schon.« Erst nachdem Leni ihr Okay gegeben hatte, rutschte das Kind vom Bett, schlüpfte in Hausschuhe und zog einen Morgenmantel an. »Und was ist mit dir?«

»Wir sehen uns bald, versprochen.« Leni umarmte Sarah nochmals und sah ihr nach, als sie an der Hand der Krankenschwester das Zimmer verließ. Fast zeitgleich traf endlich unser CAT-Team ein. Das Spezialeinsatzkommando war wie üblich bis auf die Zähne bewaffnet, trug Sturmmasken und -gewehre. Sie verteilten sich im Raum. Nur wenige Augenblicke später bekamen wir über Funk die Nachricht, dass der Heli auf dem Dach gelandet war.

»Ms. Davis, bitte folgen Sie uns, der Heli ist da«, sagte Steven und gab dem CAT-Team ein Zeichen zum Aufbruch.

Leni erhob sich vom Bett und suchte meinen Blick. Keine Spur von Hysterie oder Angst las ich in ihren Augen. Tapfer nickte sie und stellte sich zu uns, doch ihr zittriger Atem verriet sie. Mein Beschützerinstinkt loderte auf, stärker als jemals zuvor. Fest entschlossen, sie mit meinem Leben zu beschützen, zog ich meine Waffe. Das CAT-Team bildete Deckung bietend einen Kreis um uns, und langsam gingen wir los.

Es war still auf der Etage. Alle Zimmer waren geräumt und die gespenstische Leere der Gänge unheimlich. Ich konzentrierte mich auf jedes Geräusch. Von draußen hörte man Sirenen und Hundebellen.

»Die Flure und die Treppen sind sauber, Ms. Davis. Man hat nichts gefunden, was Sie in Gefahr bringen könnte«, teilte Steven ihr mit, der ihre Nervosität ebenfalls bemerkt hatte.

»Okay.« Es war nur ein Flüstern, das über ihre Lippen kam.

Adrenalin tobte durch meine Adern. Es war nicht das erste Mal, dass ich in solch einer Situation war, aber es war das erste Mal, dass ich den Drang verspürte, den Kerl eigenhändig zu schnappen, der ihr diese Angst einjagte.

Am Ende des Ganges gelangten wir zur Tür, die ins Treppenhaus führte. Leni zitterte, als sie die ersten Stufen hinaufstieg, rutschte ab und wäre beinahe gestolpert, hätte ich sie nicht gehalten. Ich legte meinen Arm in ihren Rücken, stützte sie, gab ihr den nötigen Halt, um weiterzugehen.

»Nicht stehen bleiben, immer weiter«, raunte ich ihr zu.

»Was ist mit meiner Mum?«

»Sie ist bereits im Heli.«

Sie nickte kaum merklich und ließ sich von mir die Stufen hinaufführen. Oben angekommen, stieß einer des CAT-Teams die weiße Metalltür zum Dach auf und sah sich um. Erst als er uns ein Zeichen gab, machten wir uns bereit. Eisig peitschte uns der Wind entgegen, und in gebückter Haltung rannten wir los. Leni zitterte am ganzen Körper, als sie in den Helikopter stieg. Steven gab über Funk durch, dass Bluefire sicher war, und erst als wir abhoben, fiel die Anspannung von mir ab.

8

Leni

Mum saß bereits im Helikopter und streckte mir ihre Hand entgegen. Sie war genauso erschrocken wie ich. »Es wird alles gut, Schatz.« Es war ein netter Versuch mich zu trösten, doch er erreichte mich nicht. Zum ersten Mal in meinem Leben verstand ich, was es bedeutete, tatsächlich in Gefahr zu sein. Betroffen sah ich aus dem Fenster, als der Heli abhob und ich auf den Straßen das ganze Ausmaß erkannte, das dieser verrückte Brief ausgelöst hatte.

Das Klinikgelände war weiträumig abgesperrt worden und unzählige Polizeiwagen verstopften alle Zugangsstraßen. Noch kapierte ich die Zusammenhänge nicht genau, aber Lukes geschockter Gesichtsausdruck hatte ausgereicht, um mir zu zeigen, wie ernst die Lage war. Ich war durcheinander, zitterte und wollte nur noch nach Hause.

Mein Gefühlsleben war ein einziges Chaos. In kürzester Zeit hatte ich es geschafft, dass Jim sauer auf mich war, ein Brief ein ganzes Krankenhaus lahmlegte, mein Verstand beim Namen Luke Carter völlig aussetzte und seine kalten Blicke mir mehr ausmachten, als ich mir eingestehen wollte. Wie sollte ich da noch durchblicken? Ich brauchte eine Pause.

Luke saß neben mir. Der Ärmel seines Anzugsstoffs wärmte mich. Meine Gedanken schweiften zu dem ominösen Briefschreiber. Ich wusste zwar, dass dieser King in den letzten Monaten Briefe an mich gerichtet hatte, aber bisher hatte ich noch nie einen zu Gesicht bekommen. Der Secret Service hatte mich lediglich darüber informiert, dass es wieder einen Spinner gab, der mir gefährlich werden könnte. Das hatte ich nicht so ernst genommen, denn es gab wöchentlich Schriftstücke, die mich in irgendeiner Form bedrohten, doch jetzt drehte sich mir der Magen um, wenn ich daran dachte.

Verdammt! Er war bei Sarah gewesen und hatte sie sogar für seine dreckigen Spielchen missbraucht. Mein Gott!

Luke legte sein Jackett über meine Schultern. Wärme hüllte mich ein und sein vertrauter Duft stieg mir in die Nase. Für einen kurzen Moment flackerte so viel Zuneigung in seinen Augen auf, dass mir ein Schauer den Rücken herunterlief. Es tröstete mich, aber zu schnell war der Augenblick vorbei und sein Gesicht erstarrte wieder zu Eis.

Wir landeten sicher auf dem Helikopterlandeplatz vor dem Weißen Haus. Auch hier war alles in Alarmbereitschaft. Auf dem Dach und rund um das Gelände patrouillierten mehr Agents als sonst. Steven und Luke brachten uns zum Gebäude, wo wir von Dad bereits erwartet wurden.

»Gott sei Dank.« Mum und Dad umarmten sich. »Pepper, ich bin so erleichtert.« Voller Sorge drückte er mich an sich. »Alles in Ordnung?« Ich nickte. Er legte seine Arme um uns und ging mit uns ins Haus. Erst oben in unseren privaten Räumlichkeiten, als wir die Tür hinter uns geschlossen hatten, fiel der Schrecken von mir ab. Wir machten es uns im Wohnzimmer bequem. Ich entledigte mich meiner Chucks und zog die Beine an. In Anbetracht der Lage ignorierten meine Eltern, wie ich auf dem Sofa saß.

Dads Sicherheitsberater Mr. Angel und der Chef des Secret Service, Mr. Murphy, waren ebenfalls da und begannen uns über die aktuelle Sachlage aufzuklären.

»Inhaltlich stand nichts Neues in dem Brief und Spuren hinterlässt der Kerl sowieso nie. Also, wenn sie mich fragen, Mr. President, haben wir es hier mit einem Profi zu tun.« Mr. Murphy reichte Mum und Dad eine Kopie des Briefes.

Der Typ war verrückt. Die Frage war nur: Was wollte er von mir? Der Brief war handgeschrieben, und für einen Mann besaß er eine recht hübsche Handschrift. Die Krone war wirklich wunderschön, wirkte sehr edel und war aufwendig gezeichnet.

»Und diese Krone? Konnte man darüber etwas in Erfahrung bringen?«, wollte Mum wissen. Sie hatte Tee und Kaffee servieren lassen und nahm sich etwas von dem Gebäck, das sie einmal die Woche selbst backte.

»Nein, Ma'am. Wir haben die Zeichnungen einigen Historikern gezeigt, sie mit anderen bekannten Kronen aus Europa verglichen und auch durch unsere Computer gejagt – nichts. Nur die Bleistiftmarke, mit der die Bilder angefertigt wurden, konnten wir ermitteln. Es ist die Marke *Cord*. Sie wird weltweit verkauft«, erklärte Mr. Angel und zeigte uns ein Foto.

Jeder kannte Cord; auch ich besaß einen Bleistift dieser Firma.

»Die Durchsuchung des Krankenhauses läuft noch, das Mädchen wird verhört. Sie ist die Einzige, die ihn gesehen hat. Vielleicht lässt sich dank ihrer Aussage ein Phantombild erstellen. Ansonsten überprüfen wir die Aufzeichnungen der Kameras.« Mr. Murphy richtete sich an mich. »Was könnte er mit seinem Brief gemeint haben, Leni? Haben Sie eine Idee?«

Mir fiel nur der Kuss von gestern Abend ein, aber den durfte ich nicht erwähnen. Das würde Luke den Job kosten. »Nein, ich habe keine Ahnung. Ich meine, wer weiß denn schon, was so jemanden verärgern könnte? Alles wäre möglich.«

Mr. Murphy rieb sich das Kinn. »Das stimmt, aber falls Ihnen irgendetwas einfällt – auch wenn es nur eine Kleinigkeit ist –, lassen Sie es uns wissen.«

Ich nickte, und im Geheimen wummerte mein Herz aufgeregt, wenn ich an den Kuss dachte. Er war alles andere als eine Kleinigkeit gewesen und hatte dafür gesorgt, dass Jim und ich stritten und Luke mit mir ein Problem hatte. Beides musste ich klären.

Dad nickte. »Nun gut, wie es aussieht, kommen wir vorerst an den Kerl nicht heran. Was schlagen Sie vor, um die Sicherheit meiner Tochter zu gewährleisten?«

»Um ehrlich zu sein, ist das eine schwierige Frage, Mr. President. Wir haben das Personal in Harvard aufgestockt, Ihre Tochter ist bereits in das Penthouse gezogen, das rund um die Uhr bewacht wird, und das FBI hat ein Ermittler-Team an den Fall gesetzt. Im Augenblick können wir nicht mehr tun. Wir müssen warten.«

Dad sah alles andere als zufrieden mit dieser Antwort aus, aber er wusste, dass die Gelder, die ihm für die Sicherheit zur Verfügung gestellt wurden, knapp waren. »Gut, dann informieren Sie mich umgehend, wenn es neue Informationen gibt, meine Herren.«

Damit entließ er Mr. Murphy und Mr. Angel.

»Ich weiß, was ihr jetzt denkt, aber ich bin überzeugt, dass das Agent-Team alles im Griff hat. Der Kerl kann von überall seine Infos haben, und ich ... will mein Studium deshalb nicht abbrechen.«

»Niemand redet davon, dass du Harvard verlässt, Pepper«, unterbrach mich Dad.

»Ich bin eure Tochter. Ihr werdet euch immer Sorgen um mich machen, ob du nun Präsident bist oder nicht. Mir könnte jeden Tag etwas zustoßen. Wenn ich über eine Straße laufe oder beim Sport oder ...«

»Darum geht es nicht, Leni«, mischte sich Mum ein. »Es fällt Eltern immer schwer, die Kontrolle über das eigene Kind abzugeben. Das war so, als du in die Schule kamst, dich später mit Jungs getroffen hast oder jetzt in einer fremden Stadt lebst. Durch die Präsidentschaft ist es noch schwieriger geworden, dich zu beschützen, verstehst du das?«

»Natürlich, aber haben wir denn eine andere Wahl?« Dad hörte endlich auf, den Teelöffel gegen das Porzellan zu schlagen. »Wir müssen darauf vertrauen, dass das Team sie schützen kann, Sophia.«

»Das sagt sich so leicht, John. Sie ist unser einziges Kind.« Mums Stimme brach. Sie stand auf und ging zum Fenster. Weinte sie etwa? »Ich habe das Gefühl, dieser Kerl kommt ihr immer näher. Ich kann den Gedanken nicht ertragen, dass ...«

Dad stellte seine Tasse auf dem kleinen Tisch ab und ging zu ihr. »Beruhige dich, Liebling. Es tut mir leid. Sag mir, was ich tun soll, damit du dich besser fühlst.«

»Ach, John.« Sie schniefte und er umarmte sie. Flüsternd redete Dad auf sie ein, und ich fühlte mich ein wenig überflüssig.

Ich räusperte mich, aber sie hörten mich nicht und sprachen leise weiter.

»Äh Leute, ...? Ich geh dann mal in mein Zimmer.« Ich nahm meine Schuhe und stibitzte mir einen Keks.

»Moment, junge Dame, wir haben noch ein Hühnchen mit dir zu rupfen. Gestern ist das leider im Trubel des Empfangs untergegangen.«

Ich wusste, welche Standpauke nun auf mich wartete. Die Stille, die sich in unserem riesigen Wohnzimmer ausbreitete, erdrückte mich.

»Du schuldest mir noch eine Erklärung, warum du mal wieder auf eigene Faust gehandelt und Harvard einfach verlassen hast, noch dazu ohne Begleitung.«

Oh nein. Ich hatte gewusst, dass Dad mir das nicht durchgehen lassen würde. Aber diesmal war es Mum, die ihn zurückhielt. »Ich habe bereits mit ihr geredet, John. Sie weiß, dass sie einen Fehler gemacht hat. Lass es gut sein.«

Er kam auf mich zu und schaute mich tadelnd an. »Und was ist mit Mrs. Barrows? Mir ist zu Ohren gekommen, dass du ...«

»Dad, glaub mir, die Barrows ist 'ne verschrobene, verstaubte alte Primel und hat definitiv ein Problem mit mir.«

Er verzog den Mund. »Mag sein, dass sie tatsächlich eine schrullenhafte und angestaubte Direktorin ist, dennoch darfst du nicht so mit ihr sprechen, Pepper. Ich will nicht immer den Präsidentenbonus ausspielen müssen, nur weil du meine Tochter bist. Gleiches Recht für alle – dafür kämpfen wir doch beide, oder?«

Wieso klang es aus seinem Mund immer total einleuchtend? »Ja, Sir«, sagte ich gehorsam, was ihn endlich wieder lächeln ließ.

»Okay, ich denke, für diese Woche bleibst du besser im Weißen Haus. Zumindest bis etwas Gras über die Sache gewachsen ist und wir vielleicht mehr Informationen haben.«

Gerne wäre ich zurück zu Nicky nach Cambridge geflogen, aber Dads Idee kam mir gerade recht, denn so war ich in Nukas Nähe, falls sich sein Zustand verschlimmerte. An meinem Studium konnte ich auch online arbeiten; einzig wegen Nicky hatte ich ein schlechtes Gewissen. Ich konnte es kaum erwarten, mit ihr zu telefonieren und ihr alles zu erzählen. »Kann ich jetzt in mein Zimmer?«

»Geh schon.« Ich gab Dad einen Kuss auf die Wange und winkte Mum zu, bevor ich endlich offiziell entlassen war.

~

Erschöpft ließ ich mich gegen meine Zimmertür plumpsen, die mit einem lauten Klick ins Schloss fiel. Tief atmete ich aus, und die Anspannung der letzten Stunden fiel ein wenig von mir ab. Ich ging zum Fenster hinüber. Der Helikopter stand noch immer auf der Wiese und einige Agents standen davor. Von Luke und Steven war nichts zu sehen. Seufzend setzte ich mich auf mein Bett und schaute auf mein Handy. Heiliger Bimbam, zweiundsechzig Nachrichten! Ich machte es mir bequem und begann zu lesen.

0.52 Uhr Jim:	*Können wir reden?*
1.08 Uhr Jim:	*Leni?*
1.33 Uhr Jim:	*Bitte ...*
2.01 Uhr Jim:	*Es tut mir leid. Rede mit mir, bitte.*
2.03 Uhr Jim:	*Ich habe mich wie ein Idiot benommen. Schläfst du?*

2.10 Uhr Jim:	*Ich kann nicht einschlafen, muss ständig an dich denken. Wenn du noch wach bist, dann schreib mir bitte.*
3.00 Uhr Jim:	*Ich bin immer noch wach, wünschte, du würdest antworten.*
3.44 Uhr Jim:	*Leni ...?*
7.14 Uhr Nicky:	*Guten Morgen, wie es den Kindern geht. Freu mich auf dich, bis später.*
9.53 Uhr Nicky:	*Die Nachrichten berichten von einem versuchten Anschlag? Was ist da bei dir los? Ich mache mir Sorgen. N.*
10.22 Uhr Jim:	*Pepper, bitte melde dich. Geht es dir gut?*

Die restlichen Benachrichtigungen würde ich später lesen. Ich beschloss, als erstes Nicky anzurufen, doch leider ging nur ihre Mailbox ran.

Was Jim betraf, war ich verunsichert. Mir war klar, dass er sich mehr erhoffte als Freundschaft. Er überrumpelte mich, gab mir kaum Zeit, mir über Verschiedenes klarzuwerden. Ein bisschen fühlte ich mich in die Enge getrieben, obwohl ich ihn verstehen konnte nach allem, was er gesehen hatte. Mit jeder Erklärung hatte ich alles nur noch schlimmer gemacht, und im Streit hatte er wutentbrannt das Weiße Haus verlassen.

Er war verletzt und enttäuscht, was ich ihm nicht verübeln konnte. Ich begriff selbst nicht, was mit mir los war. Ich wusste nur, Luke Carter war eine Sünde, und allein die Erinnerung an unseren Kuss verursachte ein Kribbeln in meinem Bauch. So sehr ich mich anstrengte, ihn aus meinen Gedanken zu verbannen, Luke war permanent präsent. Egal wie cool und lässig ich mich gab, er machte mich nervös. Ich konnte nicht klar denken. Er rief die verrücktesten Gefühle in mir wach. Sobald sich unsere Blicke kreuzten, fühlte ich das unruhige Brodeln unter meiner Haut und den Drang, in seiner Nähe zu sein.

Eines stand fest: Der Kerl konnte küssen wie der Teufel, und ich war seiner sexuellen Anziehungskraft hoffnungslos ausgeliefert. Ich antworte Nicky und Jim:

13.02 Uhr Ich:	*Alles gut. Wo steckst du, Nicky? L.*
13.04 Uhr Ich:	*Hey Jim. Sorry, dass ich dich die ganze Nacht wachgehalten habe. Mir geht es gut, bin im WH. Gruß L.*

Es war still in meinem Zimmer und meine Augen wurden schwer. Mein Körper entspannte sich und ich fiel in einen unruhigen Schlaf. Ich träumte von Nuka und einem Mann, dessen Gesicht ich nicht erkennen konnte. Deutlich ging Gefahr von ihm aus und ich hatte Angst. Ich wollte davonlaufen, doch je schneller ich lief, desto näher kam er.

»Leni?«

Seine Hand wollte nach mir greifen, und beinahe hätte sie mich gehabt. Nebel trübte meine Sicht, und als ich mich zu ihm umdrehte, wurde das Gesicht meines Verfolgers plötzlich klar: Luke. Unzählige Briefe flatterten wie Schmetterlinge um mich herum und er streckte mir eine Krone entgegen.

»Leni, wach auf, Süße.« Jemand rüttelte mich und holte mich aus dem Traum zurück. Ich blinzelte. »Mum?«

»Dich kriegt man ja kaum wach, du Schlafmütze«, lachte sie.

Verschlafen und noch ein wenig verpeilt, rieb ich mir die Augen und richtete mich auf. »Ist was mit Nuka?«

Mum strich mir eine verirrte Haarsträhne aus dem Gesicht. »Nein, alles unverändert, aber ich habe eine Überraschung für dich.« Sie grinste breit. »Ich dachte, du würdest dich über Gesellschaft freuen damit du dich nicht so einsam fühlst, während du ein paar Tage hier bist.«

Neugierig runzelte ich die Stirn.

Sie lächelte wissend und wandte sich zur Tür. »Du kannst reinkommen.«

Ich musste zweimal hinschauen, als Nicky schüchtern mein Zimmer betrat. »Nicky! Du hier?« Aufgeregt sprang ich vom Bett und fiel ihr um den Hals.

»Ja, deine Mum hat mich für ein paar Tage ins Weiße Haus eingeladen.« Wir strahlten uns an.

»Das ist ja fantastisch!« Ich war total aus dem Häuschen.

Mum stand vom Bett auf und zupfte zufrieden ihren Rock glatt. »Du sollst natürlich arbeiten, aber ich dachte, zu zweit klappt das besser. Also, viel Spaß euch beiden. Essen gibt es in einer Stunde, das Gästezimmer lasse ich gleich vorbereiten.«

»Danke, die Überraschung ist dir wirklich gelungen! Aber Nicky braucht kein Gästezimmer, sie schläft bei mir.«

»Okay, wenn sie damit einverstanden ist?«

»Natürlich«, nickte sie.

Ich umarmte meine Mutter und gab ihr einen Kuss. »Danke, Mum.«

Als Mum gegangen war, hielt Nicky schüchtern ihre Reisetasche vor den Bauch und schaute sich im Zimmer um. »Wow! Und du wohnst hier allein?«

Ich kicherte. »Ja, es ist groß, aber du wirst in diesem Haus nichts Kleines finden.« Ich zog sie zu meinem Bett. »Du glaubst gar nicht, wie froh ich bin, dich zu sehen.«

»Mir sind fast die Augen ausgefallen, als deine Mutter mich persönlich auf dem Handy angerufen hat.« Wir lachten. »Sie fragte, ob ich nicht Lust hätte, ein paar Tage mit dir hier zu verbringen. Und die hab ich, vorallem, weil ich hoffe, Steven wiederzusehen.«

Ich rollte mit den Augen.

»Außerdem brauche ich dringend ein Update. Was war da im Krankenhaus eigentlich los? Stimmt es, dass du Liebesbriefe von einem Verrückten bekommst? Was habe ich alles verpasst?«

»Es ist schrecklich. Komm, zieh deine Schuhe aus und mach es dir bequem, dann erzähle ich dir alles.«

Sie streifte ihre Treter von den Füßen und schlüpfte zu mir ins Bett. Wir kuschelten uns in die Kissen. Ich erzählte, was sich alle zugetragen hatte – der Besuch im Krankenhaus und der Brief von King, der unsere Leute in Panik versetzt hatte.

Sprachlos und mit offenem Mund schüttelte sie den Kopf. »Oh Gott, Leni!«

»Meine Mum schiebt totale Panik, deshalb muss ich, wie du weißt, erst mal im Weißen Haus bleiben.«

»Ja, das hat sie gesagt. Darum bin ich hier.« Sie lächelte mir aufmunternd zu. »Und Nuka? Warst du bei ihm?«

»Ja, der Professor hat für mich gestern eine Ausnahme gemacht.« Ich seufzte. »Ich glaube, etwas Schlimmeres habe ich noch nie gesehen. Im ersten Augenblick dachte ich, er schläft nur, aber als ich näher gekommen bin, ist mir klargeworden, dass in dem Bett nur eine Hülle liegt, die künstlich am Leben gehalten wird. Es war schrecklich, Nicky. Ich meine, irgendwo dort war der lebendige und aufgeweckte Nuka, wie ich ihn kenne. Er sah nicht aus wie ein friedlich schlafender Junge, sondern wie ... Das war anders … ernster, fremd und irgendwie weit weg. Weißt du, was ich meine?«

»Ja, als meine Oma damals im Sterben lag, habe ich das auch so ähnlich empfunden.«

»Ich hoffe so sehr, dass ein Wunder geschieht und er wieder gesund wird.«

»Daran müssen wir glauben und dürfen die Hoffnung nicht aufgeben.«

Ich blinzelte die aufsteigenden Tränen fort. »Heute Morgen habe ich Sarah besucht. Der Professor sagte, dass die Kinder psychologisch betreut werden, um den Unfall mit seinen verheerenden Folgen zu verarbeiten. Ich bete, dass sie das gut wegstecken.«

»Und wann sind die Beerdigungen?«

»Das weiß ich noch nicht«, meinte ich betrübt.

Nicky seufzte traurig. »Und wieso hast du mit Jim Streit?«

Ich stutzte. »Woher weißt du davon?«

»Schau mich nicht so an. Er hat mehrmals versucht, dich zu erreichen, und als du dich den ganzen Morgen nicht gemeldet hast, hat er mich angerufen.«

Ich biss mir auf die Lippen. Ich hatte keine andere Wahl und musste ihr alles erzählen.

»Du brauchst dir keine lahme Ausrede einfallen zu lassen, ich sehe schon seit ein paar Tagen, dass mit dir etwas nicht stimmt. Also raus mit der Sprache, was ist los?«

Ich seufzte und fuhr mit dem Finger das Muster meiner Bettdecke nach. »Na gut, aber zuerst musst du mir versprechen, dass kein Wort über deine Lippen kommt, und zwar zu niemandem.«

Sie rollte mit den Augen. »Versprochen.«

»Ich meine es ernst, Nicky. Das ist kein Spaß.«

Besorgt runzelte sie die Stirn. »Du machst mir Angst.«

»Schwöre auf alles, was dir heilig ist«, forderte ich sie auf.

»Ich schwöre«, sagte sie feierlich und legte zwei Finger auf ihre linke Brust.

»Okay.« Ich weihte sie in mein Geheimnis ein. Dabei merkte ich, wie gut es tat, sich endlich alles von der Seele zu reden. Es sprudelte gerade so aus mir heraus. Ich vertraute mich ihr an, und ihre Augen wurden immer größer, okay – ihr fielen sie fast aus, als ich ihr von dem Kuss zwischen Luke und mir berichtete. Aber als sie das Dilemma mit Jim hörte, wurde sie ernst.

»Ich wusste es! Es war Liebe auf den ersten Blick. Kein Wunder, dass du so durch den Wind bist.«

Ich schlug ihr auf den Oberarm. »Red keinen Blödsinn. Liebe? Ich kenne Luke ja überhaupt nicht, und außerdem wird es dazu nie kommen, wenn er seinen Job behalten will. Ehrlich gesagt, weiß ich nicht, wie ich mit der ganzen Situation umgehen soll.«

»Wieso?«

»Weil ...« Ich spielte mit einer Haarsträhne. »Ich verknalle mich nicht in meinen Bodyguard, aber ... ich muss ständig an ihn denken. Das macht mich echt verrückt, aber noch verrückter macht mich die Angst, dass King in seinem Brief angedeutet hat, etwas von dem Kuss zu wissen.«

Sie runzelte die Stirn. »Wie kommst du darauf?«

»Er hat geschrieben: *»Eigentlich sollte ich dich bestrafen für das, was du gestern getan hast.«*

»Oh Gott! Meinst du wirklich? Woher sollte er das wissen? Dann müsste er ja im Park gewesen sein.«

»Ich weiß nicht, was er sonst meinen könnte.«

»Merkwürdig ...!

»Vielleicht bilde ich mir das nur ein. ... Und ich sollte für klare Verhältnisse zwischen Luke und mir sorgen.«

»Du musst mit ihm reden«, stimmte Nicky zu.

»Daran habe ich auch schon gedacht, aber dazu müsste ich ihn unter vier Augen sprechen, was hier im Weißen Haus ein Problem werden könnte.« Ich knabberte nachdenklich an meinem Daumennagel.

Nicky zog die Brauen hoch. »Seit wann interessiert dich so was? Hallo? Wo ist meine beste Freundin Leni Davis hin? Ist die noch da drin?« Sie klopfte mir spielerisch gegen die Stirn. »Das ist doch für dich keine Schwierigkeit, oder?«

»Ist ja schon gut, ich habe eine Idee.«

Die einzige Möglichkeit war, mich zu ihm zu schleichen. Es war ja nicht so, dass ich mich im Weißen Haus nicht unsichtbar machen konnte.

Damit schien Nicky zufrieden. »Und Luke und Jim hätten sich wirklich beinahe geprügelt?«

»Es hat nicht viel gefehlt, glaub mir.«

»Und was ist mit Jim?«

»Na, nichts. Er hat mir die ganze Nacht unzählige Nachrichten geschickt. Die habe ich aber erst vorhin gelesen.«

»Der arme Kerl.«

»Aber Schluss jetzt mit dem Thema. Ich freue mich riesig, dass du da bist. Soll ich dich ein wenig herumführen?«

»Oh ja! Ich war noch nie im Weißen Haus.«

Wir zogen unsere Schuhe an, und ich gab am Telefon dem Secret Service Bescheid.

»Es wird gleich jemand für Sie bereit sein, Ms. Davis.«

~

Zwei Minuten später klopfte es an der Tür. »Komm, das ist unsere Begleitung.« Ich öffnete und war enttäuscht. Es war Steven, der mir freundlich zunickte. »Hi Steven. Ich möchte Nicky ein wenig herumführen. Lust auf einen Rundgang?«

»Natürlich«, grinste er.

Nicky wurde rot, als er sie lange musterte. Ich hakte mich bei ihr unter und zog sie in den Flur. Steven folgte zwei Schritte hinter uns.

»Also«, begann ich meinen Vortrag, »das Weiße Haus – Machtzentrale, Amts- und offizieller Regierungssitz des Präsidenten der Vereinigten Staaten, meines Dads«, sagte ich, machte eine ausladende Handbewegung und drehte mich im Kreis. »Wir befinden uns hier im zweiten Stock, sozusagen in unserer Wohnung. Es gibt hier fünf Schlafzimmer – wovon einige auch Gästezimmer sind –, eine Bibliothek, eine Küche, ein Esszimmer und noch ein paar andere Räume, die wir aber kaum nutzen. Als wir damals hier eingezogen sind, durfte Mum alles umgestalten. Sie liebt Kunst, und ich finde, sie hat Neues und Altes gut kombiniert.« Zwischen den alten Gemälden und Möbeln hatte sie gezielt mit modernen Accessoires, Farben und Stoffen für ein frisches Flair im Weißen Haus gesorgt, ohne den Glanz des historischen Gebäudes zu verlieren.

Ich führte Nicky an den verschiedenen Zimmern vorbei zum Fahrstuhl.

»Das Anwesen verfügt über hundertzweiunddreißig Räume, fünfunddreißig Badezimmer, vierhundertzwölf Türen, hundertsiebenundvierzig Fenster, acht Treppenhäuser, drei Aufzüge«, begann ich den Text, den die Touristenführer immer herunterratterten, aufzusagen. »Wusstest du, dass alle Präsidenten hier wohnten, nur George Washington nicht?«

»Nein, wieso nicht?«

»Keine Ahnung.«

Steven räusperte sich. Ich drehte mich zu ihm um, bevor wir in den Aufzug stiegen. »Was?«

»Als George Washington Präsident war, begann der Bau des Weißen Hauses. Erst in der Ära seines Nachfolgers, John Adams, wurde der Bau fertiggestellt. Deshalb wohnte Washington nie hier.«

»Wow! Da weiß aber jemand Bescheid.« Anerkennend lächelte Nicky ihn an. Sie hatte Herzchen in den Augen, und ich war mir nicht sicher, ob Steven es bemerkte.

»Gelernt ist gelernt, Ms. Finniger!«

Der Fahrstuhl fuhr in den ersten Stock. Steven gab Informationen in seinen Ärmel, und ich ging mit Nicky die Kreuzhalle entlang. Zum Glück war aufgrund der aktuellen Gefahrensituation für Besucher geschlossen, so dass die Agents keine Trennwände aufgestellt hatten. Dennoch wimmelte es von Angestellten.

»Wow! Es sieht aus wie in einem Schloss.«

Wir gelangten in den Blue Room. Die Einrichtung des ovalen Zimmers wurde traditionell in Blau gehalten. Teure Antiquitäten, Gemälde und Blumenarrangements verströmten den Charme einer anderen Epoche.

»Präsident Cleveland heiratete hier. Er war übrigens der einzige Präsident, der im Weißen Haus geheiratet hat.«

Sie sah sich um. »Würdest du auch hier heiraten wollen?«

»Ich? Vergiss es! Falls ich überhaupt einmal heiraten werde, will ich etwas Abenteuerliches.«

»Echt? Und was?«

»Keine Ahnung, vielleicht das Ja-Wort unter Wasser oder in der Luft. Ich würde etwas völlig Verrücktes machen.«

»Na, ob deine Eltern damit einverstanden wären?«

»Es ist doch mein Tag. Oder würdest du wollen, dass jemand für dich eine solche Entscheidung trifft?«

»Natürlich nicht. Aber ich kann mir vorstellen, dass sie gerne möchten, dass du dich an ein gewisses Maß an Tradition hältst. Schließlich ist das schon ein großes Ereignis.«

Das stimmte, aber zum Glück war das zurzeit kein Thema.

»Was ist mit Ihnen, Steven? Würden Sie hier heiraten wollen?«

Überrascht schaute er auf, als ich ihn ansprach. Er war es nicht gewöhnt, dass er Teil des Gesprächs wurde. Er runzelte die Stirn »Ich? Äh ... keine Ahnung, darüber habe ich mir noch keine Gedanken gemacht.«

»Gibt es denn so etwas wie eine Braut?«, wagte ich mich weiter vor.

»Äh ... nein. Ich bin bereits verheiratet.«

Nicky und ich erstarrten, hatten beide nicht mit dieser Antwort gerechnet. Er war schon vergeben?

»Oh, das wusste ich gar nicht. Ich dachte immer, ihr Agents habt kaum Zeit für ein Privatleben.« Mein Blick wanderte zu seiner Hand, wo er definitiv keinen Ring trug.

»Alles eine Frage der Toleranz, Ms. Davis.«

»Und wie lange sind Sie schon vom Markt?«

»Seit drei Jahren.«

»Schön. Ich meine ... ich freue mich für Sie. Nicht wahr, Nicky?« Leicht stupste ich sie an, damit sie aus ihrem Schock aufwachte. Seit sie gehört hatte, dass Steven für sie unendlich weit entfernt war, war sie zur Salzsäule erstarrt. »Äh ... Glückwunsch«, presste sie hervor und zog mich aus dem Raum. »Ich glaube es einfach nicht – er ist verheiratet«, zischte sie verkrampft. Ihre Enttäuschung sah ich ihr deutlich an.

»Mach dir nichts draus. Andere Mütter haben auch schöne Söhne – oder wie heißt der Spruch?«

»Na super!«

Wir schlenderten durch weitere Räume, aber die Begeisterung, die Nicky vorher versprüht hatte, war mit einem Mal verschwunden. Es war eine harte Nuss, die sie jetzt schlucken musste – Steven, ihr Schwarm und der Mann, in den sie sich heimlich verliebt hatte, war verheiratet.

»Komm, ich zeige dir den Ballsaal. Dort fand zum Beispiel der Empfang gestern Abend statt.« Ich zog sie mit mir. Das Klackern unserer Schuhe hallte von den Wänden wider, als wir den spiegelglatten Marmorboden des lichtdurchfluteten Saales betraten.

9

Leni

»Du lebst wirklich in einem Märchenschloss, Leni. Ich beneide dich«, seufzte Nicky. Steven blieb an der Eingangstür stehen, während wir in die Mitte des Festsaals liefen.

»Ich liebe dieses Gebäude, aber es kann auch sehr anstrengend sein. Man hat weite Wege, um von A nach B zu kommen, nichts darf angefasst werden, und ständig sind Touristen hier. Gemütlichkeit findest du eigentlich nur oben in unseren privaten Räumen.«

»Ja trotzdem, ist es bestimmt toll, hier zu leben.«

Es hatte Vor- und Nachteile. Was hätte ich für ein wenig mehr Normalität gegeben? Das Summen meines Handys unterbrach unsere Unterhaltung. Auf dem Display leuchtete Jims Name auf. Sofort war meine ausgelassene Stimmung dahin, und mit gemischten Gefühlen ging ich ran.

»Hi!«

»Leni, endlich.« Er atmete aus. »Seit Stunden versuche ich dich zu erreichen. Ist alles okay bei dir?«

»Ja, alles okay.«

»Gut, deine Mutter hat bei meiner angerufen und ihr alles erzählt. Dieser Brief und das alles muss ziemlich schockierend für dich gewesen sein.«

»Das kannst du laut sagen, aber wir sind in Sicherheit.«

»Ich bin sehr froh, dass zu hören. Hoffentlich kriegen sie den Kerl bald.«

»Das hoffe ich auch.« Die Anspannung zwischen uns war fas greifbar.

»Hör zu ... Es tut mir leid wegen gestern Abend. Ich habe dir die ganze Nacht geschrieben, aber du hast wahrscheinlich geschlafen.«

»Ja, ich ... Mir tut es auch leid.«

»Ich habe überreagiert und war tierisch eifersüchtig. Ich wollte dich nicht anschreien.«

»Schon gut, Jim.«

Ich hörte, wie er lächelte, wie erleichtert er wirkte. Mir ging es genauso. »Wir kennen uns schon so lange, du bist mein bester Freund. Ich hätte nicht gedacht, dass es mal so schwierig werden könnte.«

Es wurde still in der Leitung. »Es muss nicht schwierig sein. Aber eine Sache muss ich wissen – die musst du mir beantworten, sonst drehe ich noch durch.«

»Und was?«

»Habe ich überhaupt eine Chance?«

Shit! Ich wollte ihm auf keinen Fall wehtun oder ihn verlieren. Egal was ich jetzt antwortete, es würde zwischen uns stehen. »Ich weiß es nicht, Jim. Es ist alles so verwirrend für mich.« Meine Stimme hatte mich verlassen und ich brachte nur ein Flüstern zustande.

»Und wenn ich dir sage, dass ich mir sicher bin, dass es funktionieren wird? Es fühlt sich richtig an und wartet nur darauf, von uns entdeckt zu werden. Du musst es nur zulassen.«

»Dann würde ich sagen, du bist verrückt.«

»Ja, nach dir«, lachte er. »Ich muss immer an unsere Nacht denken.«

»Wir waren beide ziemlich betrunken, Jim.«

»Das stimmt. Dennoch weiß ich, was ich seither fühle. Wenn ich ehrlich bin, war da schon lange Zeit vorher etwas, und da war ich bei klarem Verstand.«

Ich schloss die Augen. Die Bilder dieser Nacht flackerten auf. Jim spürte mein Unbehagen. »Sag was, Pepper! Oder ist da etwa mehr zwischen dir und diesem ... Bodyguard?«

Wenn ich das nur wüsste. Ich versuchte meine Gefühle in Worte zu fassen, doch nichts Vernünftiges kam über meine Lippen. Alles war verworren und unklar. Es war unfair Jim gegenüber, das wusste ich, aber was sollte ich ihm sagen, wenn ich selbst keinen blassen Schimmer hatte, was überhaupt mit mir los war?

»Wir haben Zeit, Pepper. Ich kann warten«, sagte er schließlich, als ich nichts erwiderte.

»Und wenn die Antwort nicht so gut für uns ausfällt?«

»Puh, dann ... muss ich wohl an meiner Kusstechnik arbeiten, und mein Ruf als Playboy ist dahin.«

Scherzkeks! So hatte er mich früher immer zum Lachen gebracht, und so schaffte er es auch diesmal. Jim würde sich nie ändern, und das war gut so. Seit unserer Knutscherei hatte sich viel verändert, und das jagte mir Angst ein. Ich konnte ihm seine Reaktion von gestern Abend nicht verübeln. Ich an seiner Stelle hätte Luke eine verpasst und wäre mächtig sauer auf mich gewesen. Aber er gab sich verständnisvoll, einfühlsam und benahm sich wie ein Freund. Im Grunde hatte er recht. Wir kannten uns mit allen Schwächen und Stärken, und ich liebte ihn von ganzem Herzen. Würde das reichen?

»Ich habe nur eine Bitte: Spiel nicht mit mir, Leni. Das würde mich umbringen«, gab er ehrlich und mit belegter Stimme zu.

Ich versteifte mich. Spielen? Shit, nein! Ich wollte nicht, dass er so dachte. Und überhaupt, traute er mir so etwas zu? »Jim«, ich schluckte, »ich weiß nicht, wie es zu diesem Kuss zwischen mir und Luke gekommen ist, aber das Letzte, was ich will, ist dir wehzutun.«

Er schwieg eine Weile und ich hörte jeden seiner Atemzüge. »Ich wünschte, du würdest mich auf dieselbe Weise ansehen, wie du ihn angesehen hast.«

»Du spinnst! Wie habe ich ihn denn angesehen?«

Er seufzte. »Weißt du was? Lass es uns einfach vergessen, okay? Ich will nicht über *ihn* reden. Wenn ich könnte, würde ich ihn am liebsten ...«

»Ich weiß«, unterbrach ich ihn. »Dass ihr Männer immer glaubt, solche Dinge mit Fäusten regeln zu müssen …« Ich rollte mit den Augen.

»Das ist eben die einzige Sprache, die Männer verstehen, wenn es um ein Mädchen geht.« Sein breites Grinsen konnte ich durchs Handy hören. »Ich habe gehört, du bleibst diese Woche in Washington?«

»Ja, nach der Sache mit dem Briefschreiber wollen Mum und Dad, dass ich hierbleibe. Nicky leistet mir Gesellschaft.« Ich war froh, dass er endlich das Thema wechselte.

»Das ist sicher vernünftig. Meinst du, wir könnten trotzdem ins *Ben's Chili Bowl* gehen? Nicky kann auch mitkommen, und ich lade noch ein paar Freunde ein. Ich ... will dich einfach sehen, Leni.«

Ben's Chili Bowl Restaurant & Club war eines der wenigen Lokale, das über einen geheimen Hinterausgang und einen separaten Raum verfügte, in dem sich Prominente fernab der Öffentlichkeit treffen und feiern konnten. Es erleichterte dem Secret Service ihre Arbeit, weil man im Hinterzimmer vor fremden Blicken verschont blieb. Außerdem gab es dort das beste Hühnchen der Welt.

»Ja, warum nicht.«

»Perfekt. Euch Mädels fällt bestimmt die Decke auf den Kopf, wenn ihr die ganze Woche in dem weißen Kasten bleibt.«

»Ja, da könntest du recht haben.« Wir lachten, versuchten so normal wie möglich miteinander umzugehen. Ich wollte nicht, dass sich diese Mauer zwischen uns aufbaute, und vielleicht sollte ich vernünftig sein und Jim eine Chance geben.

»Okay, sagen wir Freitagabend?«

»Gut, ich werde den Termin an den Secret Service weiterleiten. Bis dann.« Nachdenklich starrte ich das Handy in meiner Hand an.

Verdammt! Innerlich schimpfte ich mit mir, weil ich mich von einem Hirngespinst hatte durcheinanderbringen lassen. Noch heute musste ich ein paar Sachen zwischen mir und Luke klarstellen.

Nicky musterte mich neugierig, als ich das Handy in meine Jeans zurückschob. »Und?«

Sie sah mir an, dass ich mir Sorgen machte. Seufzend und mit hängenden Schultern lief ich zu ihr. »Jim hat uns für Freitagabend ins *Ben's Chili Bowl* eingeladen.«

»Mehr habt ihr nicht besprochen?«

»Doch ... Er hat gesagt, dass er eifersüchtig war und dass es ihm leidtut.«

»Und was sagst du dazu?«

Kurz schaute ich mich nach Steven um. Er war mit seinem

Handy beschäftigt. Schnell wandte ich mich an Nicky. »Ich habe beschlossen, mich nicht länger von irgendwelchen verrückten Schwärmereien, die ein Secret Service Agent in mir auslöst, leiten zu lassen. Ich werde ihm sagen, dass er nichts zu befürchten hat, dass unser Kuss eine einmalige Sache war und nicht wieder vorkommt.«

»Okay! Das hört sich nach einem Plan an.«

»Ja, finde ich auch. Und du?« Ich nickte Richtung Steven, der am Eingang des Ballsaals stand und in sein Handy tippte. Resigniert zuckte Nicky mit den Schultern.

»So schlimm?«

»Ich werde mich wohl damit abfinden müssen«, meinte sie betont leise.

Steven schaute zu uns auf. »Äh ... Ms. Davis, Ihre Mutter hat gerade durchgegeben, dass das Essen fertig ist.«

»Wir kommen«, rief ich ihm zu und wandte mich wieder an Nicky. »Wie sagst du immer? Andere Mütter haben auch hübsche Söhne. Komm, lass uns zu Abend essen.«

~

Im Esszimmer war meine Mum gerade dabei, ihren selbstgemachten Nudelauflauf auf Teller zu verteilen.

»Sie haben gekocht, Mrs. Davis?« Nicky und ich setzten uns und hielten ihr unsere Teller hin.

»Nenn mich bitte Sophia«, sagte sie freundlich und schöpfte Nicky eine Portion. »Und ja, ich koche sehr gern, aber leider komme ich nicht oft dazu. Wo ist dein Vater schon wieder? Ständig das Gleiche mit den Präsidenten – sie lassen immer auf sich warten.«

Genau in diesem Moment kam Dad zur Tür herein. »Sophia,

mein Herz, da bin ich. Dein berühmter Nudelauflauf duftet durchs ganze Weiße Haus und hat mich wie einen läufigen Kater zu dir geführt.« Er gab meiner Mum einen Klaps auf den Hintern und einen Kuss auf die Wange.

»John, benimm dich. Wir haben einen Gast«, tadelte sie ihn, verkniff sich aber nur mit Mühe ein Grinsen. Nicky saß wie versteinert da, als Dad ihr die Hand schüttelte. Es war die erste Begegnung zwischen den beiden.

»Du bist also Nicky. Ich habe schon viel von dir gehört. Endlich lernen wir uns mal persönlich kennen.«

»Äh ... ja, Mr. President, äh ...« Nicky lief knallrot an. Ich wusste sofort, woran sie dachte. Sie glaubte, dass mein Vater ihr die Sache mit dem Schlüssel krumm nahm und dass ihretwegen das Sex-Video in unserem Zimmer gedreht worden war. »Es tut mir leid, Mr. President. Ich ...«

»Ganz ruhig.« Er tätschelte ihre Hand. Sie war schrecklich nervös. »Ich bin John. Mr. President bin ich nur im Dienst, und jetzt habe ich Feierabend. Außerdem bin ich nicht nachtragend, also Schwamm drüber.« Er lächelte sie warm an und sie entspannte sich. So war er, und dafür liebte ich ihn. Niemals ließ er andere spüren, was für ein mächtiger Mann er war. Okay, Mum sorgte dafür, dass er John Davis blieb, wenn er nach Hause kam und den Präsidenten gefälligst unten im Oval Office, seinem Büro, zurückließ.

Je länger wir uns über normale Alltagsthemen unterhielten, desto lockerer wurde Nicky, und schließlich hatten wir einen angenehmen Abend.

»Was hast du nach dem Studium vor, Nicky? Wirst du in den Betrieb deiner Eltern einsteigen oder bist du auch so planlos wie Leni?«

»Dad! Ich bin doch nicht planlos«, schnaubte ich.

»So? In deinem Alter wusste ich schon, dass ich ...«

»Ja, ja, du wusstest, dass du in die Politik gehen und etwas verändern wolltest, ich weiß. Ich will mich eben noch nicht festlegen. Außerdem haben wir erst vor ein paar Monaten mit dem Studium angefangen und noch jede Menge Zeit.«

Dad grinste breit. »Natürlich hast du das. Ich wollte dich nur ärgern.«

Mum schlug ihm auf den Ärmel. »Dass du das Mädchen immer aufziehen musst. Sie geht schon ihren Weg.«

»Ja, das wird sie«, lenkte Dad versöhnlich ein und nahm einen Schluck aus seinem Weinglas.

»Wenn ich ehrlich bin, dann bin ich genauso planlos«, gestand Nicky schüchtern.

»Nun gut, ich habe unserer Köchin heute Abend freigegeben, das bedeutet, wir müssen die Küche selbst aufräumen.« Mum stand auf und fing an, die Teller aufeinanderzustapeln, während Dad sich zurücklehnte, die Hände hinterm Kopf verschränkte und uns dabei zusah.

»Wären Sie so freundlich, Ihren präsidialen Hintern ebenfalls zu erheben, Mr. President. Es gibt genug zu tun«, forderte Mum ihn auf.

»Och, es war gerade so gemütlich, außerdem macht ihr das sehr gut.«

»Los, du Faulpelz, die Arbeit ruft«, ermahnte sie ihn und warf ihm ein Geschirrtuch ins Gesicht.

Stöhnend stand er auf und half. Die Küche blitzte wieder, und Mum und Dad beschlossen, sich im hauseigenen Kino einen brandneuen Film, der für mehrere Oskars nominiert war, anzusehen.

»Ich habe gehört, der Film von Roland Jämmerlich soll gut sein.« Dad schaltete den Geschirrspüler an. »Ich bin gespannt auf die Special Effects.«

»Ihr habt ein eigenes Kino? Etwa hier im Weißen Haus?« Nicky fiel die Kinnlade herunter.

»Ja, hast du das nicht gewusst?«

Sie schüttelte den Kopf. Dad lehnte sich galant an die Küchentheke. Er liebte es, über die Geschichte des Weißen Hauses zu plaudern. »President Roosevelt hat es 1942 errichten lassen. In der Zwischenzeit wurde es mehrfach renoviert. Sophia und ich nutzen das Kino, so oft wir können.«

»Abgefahren«, entfuhr es Nicky, was uns zum Kichern brachte. Sie war völlig entgeistert, dass uns ein ganzes Kino mit einundfünfzig Sitzplätzen, einer Popcornmaschine und kalten Getränken zur Verfügung stand.

»Dann wünsche ich Ihnen ... äh ... euch viel Spaß. Ach, und vielen Dank, dass ich ins Penthouse ziehen durfte und dass ich hier sein darf. Das bedeutet mir sehr viel.«

»Keine Ursache. Wir sind ja froh, dass Leni nicht ganz allein in Harvard ist.« Mum strich ihr über den Arm.

~

»Du hast tolle Eltern, wenn ich das mal so sagen darf«, platzte es aus Nicky heraus, als wir mein Zimmer betraten. Sie ließ sich rücklings auf mein Bett fallen und schaute nachdenklich zur Decke. »Ich wünschte, meine Eltern wären auch so locker.«

Ich wusste aus ihren Erzählungen, dass sie es nicht immer leicht gehabt hatte. Sie war das Nesthäkchen von insgesamt sieben Geschwistern. Ihr Vater war einer der größten Maisproduzenten des Staates. Nicky hatte vier Schwestern, die alle schon verheiratet waren und Kinder hatten, genau so, wie ihr Vater es auch von ihr erwartet hatte. Ihr Dad leitete mit seinen Söhnen das Unternehmen und war stockkonservativ. Es hatte lange gedauert, bis ihre Mutter und ihr Bruder Malcom ihn überredet hatten, Nicky nach Harvard gehen zu lassen. Für Nicky war die Uni eine Flucht, das hatte ich schnell gemerkt.

Sie setzte sich auf. »Was machst du da eigentlich?« Neugierig stand sie vom Bett auf und kam näher. Ich saß an meinem Schreibtisch und durchwühlte die große hölzerne Schublade, in der ich unordentlich alten Krimkrams aufbewahrte: Notizbücher, Postkarten, Modeschmuck, ausgetrocknete Filzstifte ohne Deckel, Lippenpflegestifte, deren Verfallsdatum schon längst abgelaufen war, verknitterte Fotos. Unnötiger Kram eben, von dem man sich nicht trennen konnte, den man aber auch nicht bei sich tragen wollte. Ich ging alle Seiten der Notiz- und Tagebücher durch.

»Ich suche einen geheimen Grundrissplan, auf dem alle Positionen der Überwachungskameras und Bewegungssensoren eingezeichnet sind, und den Generalschlüssel, der mir fast alle Bereiche hier im Haus öffnet.«

Sie stutzte. »Das bekommt man bestimmt nicht einfach so in die Hand gedrückt – auch nicht als Präsidententochter. Wo hast du das geklaut?«

Ich grinste. »Nur die engsten Vertrauten meines Vaters kennen die genauen Sicherheitsvorkehrungen, und die Karte habe ich dem ehemaligen Direktor des Secret Service stibitzt.«

»Du bist wirklich unglaublich. Und was hast du damit vor?«

»Ich will in den Trakt vom Secret Service, und dabei sollte

ich, wenn möglich, nicht gesehen werden.«

»Du willst zu Luke, habe ich recht?« Sie riss die Augen auf.

»Ja, ich muss mit ihm reden. Mit dem Plan und der Karte kann ich mich unbemerkt im Haus bewegen, ohne dass es gleich alle mitbekommen.«

»Und das funktioniert?«

»Natürlich. Man muss nur wissen, wo die toten Punkte der Überwachungslinsen sind, und darf manche Stellen auf dem Fußboden nicht betreten.«

Sie schüttelte den Kopf. »Du bist echt ...«

»Gewusst wie«, kicherte ich und suchte weiter. Auf meinem Schreibtisch war mittlerweile das Chaos ausgebrochen. Ich nahm eines meiner ältesten Tagebücher und durchwühlte die Seiten. »Das muss doch irgendwo hier sein. Alle paar Wochen ändere ich das Versteck.«

»Dann wäre es von Vorteil, wenn du dir das einprägst, sonst sperrst du dich selbst ein.«

»Ha, ha.« So langsam verlor ich die Geduld, und als mir endlich ein weißes Blatt Papier und die Chipkarte in die Hände fielen, konnte ich einen Freudenschrei kaum unterdrücken. »Ha, da ist es!«

Stolz entfaltete ich das Papier und zeigte es Nicky. »Und das kannst du lesen?«

»Na ja, wenn man sich eine Weile damit beschäftigt, dann geht das schon.«

Sie gab mir den Wisch zurück. »Und woher weißt du, wo Luke sein Zimmer hat?«

»Aus Stevens Dienstplänen«, grinste ich.

Sie schüttelte tadelnd den Kopf.

»Not macht eben erfinderisch. Es gibt aber trotzdem die eine oder andere knifflige Stelle.«

Ich erzählte ihr von meinem Plan.

Gegen Mitternacht begann mein Magen zu flattern. Jedes Mal wenn ich vorhatte, allein im Weißen Haus auf Entdeckungstour zu gehen, preschte mein Adrenalin in die Höhe. Mittlerweile genoss ich den Kick, der besser als jede Droge war.

Im Haus war es mucksmäuschenstill. Obwohl der Secret Service niemals schlief und überall seine Ohren hatte, war es für mich bisher immer ein Kinderspiel gewesen.

»Bist du nervös?« Nicky und ich saßen auf meinem Bett und hatten eine ganze Weile mit Sandy getextet.

»Du meinst wegen dem, was ich Luke zu sagen habe? Nein. Ich will, dass er weiß, dass er von Jim wirklich nichts zu befürchten hat und dass er diesen Kuss vergessen soll. Ich schleiche mich in den Schlaftrakt der Secret Service-Leute, sage, was ich zu sagen habe, und Ende der Geschichte.«

»Und wenn er sich Hoffnungen macht? Du hast erzählt, dass er ein Problem mit seiner Hose hatte und ... Na ja, vielleicht steht er ja auf dich.«

»Quatsch. Und selbst wenn, ich bin nicht zu haben.«

»So?«

»Ich will Jim eine Chance geben. Schließlich kennt er mich, und eventuell kann aus uns wirklich etwas werden.«

»Hört, hört!«

Ich schlüpfte in dunkle Kleidung, zog meine Chucks an, atmete ein paarmal tief durch und prägte mir meine Route nochmals ein.

»Was soll ich tun, wenn jemand an der Tür klopft?«

»In der Regel kommt niemand, aber falls doch, stellst du dich einfach schlafend und weißt von nichts. Okay?«

»Und was passiert, wenn du erwischt wirst?« Nervös

nestelte Nicky an ihrem T-Shirt.

»Außer dass ich ein paar unangenehme Fragen beantworten muss – nichts. Luke wäre wahrscheinlich seinen Job los. Ich will die Sache geklärt haben, damit ich mich voll und ganz auf Jim konzentrieren kann.«

»Ich habe ziemliches Herzklopfen, Leni.«

»Ganz ruhig, es wird gut gehen. Ich habe das schon oft gemacht. Das klappt. Schalte den Fernseher ein oder lies etwas«, munterte ich sie auf.

Ich umarmte sie und schlich mich aus dem Zimmer. Der Weg aus unserem Wohnbereich war nicht schwierig, hier wurde unsere Privatsphäre respektiert. Aber sobald ich das Treppenhaus betrat, sah ich das rote Blinken der ersten Kamera. Es war einfach, sich da durchzuschleusen, doch im Westflügel wurde es komplizierter. Hier lagen die Regierungsbüros und die Überwachungszentrale des Secret Service. Unterhalb des Oval Office, dem weltberühmten Büro des Präsidenten, hatte Direktor Murphy das Sagen. Vorsichtig steckte ich die Karte in die Vorrichtung und betete, dass sie in der Zwischenzeit nicht gesperrt worden war.

Ein leises Klicken, und die Tür öffnete sich einen Spalt. Wachsam streckte ich meinen Kopf hindurch, sah mich mit klopfendem Herzen um und horchte.

Alles lag still, niemand war zu sehen. Das Summen der Kameras schreckte mich auf. Jetzt musste ich mich beeilen. Ich huschte zu dem toten Punkt, der von den Linsen nicht erfasst wurde. Blieben jetzt nur noch die Bewegungssensoren. Ich wartete, bis das Intervall der Überwachung an der Decke günstig war, und schlich mich in den Flur, in dem sich die Schlafräume befanden. Geschafft!

Erleichtert stieß ich den Atem aus und sah mich aufmerksam

um. Gleich die zweite Tür war seine. Mein Herz wollte sich gar nicht beruhigen und polterte wie verrückt gegen meine Brust. Regungslos blieb ich stehen und lauschte. Stille. Von irgendwoher war ein Schnarchen zu hören. In Gedanken legte ich mir die Worte parat, die ich ihm gleich sagen wollte. Sollte ich lächeln oder ein ernstes Gesicht aufsetzen? Irgendwie war ich mit nichts zufrieden, und das machte mich ganz kribbelig. Ich hielt inne, bevor ich zaghaft gegen seine Tür klopfte. Sekunden vergingen, nichts rührte sich. Leise trommelte ich noch einmal dagegen – nichts. Shit!

War er vielleicht gar nicht da? Hatte man ihn woanders untergebracht, ihn etwa versetzt? Enttäuschung kroch in meinen Hals. War ich den ganzen Weg umsonst hergekommen? Oder schlief er so fest, dass er nichts mitbekam?

Ich probierte es ein drittes Mal, wappnete mich aber schon für den Rückweg. Gerade wollte ich mich abwenden, da hörte ich Männerstimmen und Schritte näher kommen. Heiliger Bimbam! Wo sollte ich mich verstecken? Panik peitschte in mir auf, bis ich jemanden hinter der Tür fluchen hörte und ein spärlich bekleideter, tropfnasser und überaus sexy Luke Carter mich völlig entgeistert anschaute.

10

Luke

Genervt riss ich die Tür auf. Sofort vergaß ich all die Flüche, die ich für den Besucher parat gehabt hatte. »Du?« Ich hatte mit jedem gerechnet, aber nicht mit der Präsidententochter. Sie musterte mich. Ihr Blick wanderte von meinem Gesicht zu meiner tätowierten Brust und blieb schließlich an dem kleinen Handtuch hängen, das ich um meine Hüften geschwungen hatte.

»Hi, ich ... äh ...«, stotterte sie verlegen und blickte unruhig in den Flur. »Lass mich schnell rein, da kommt jemand.«

Ich war so perplex, dass ich die Stimmen, die sich aus der Secret Service-Zentrale näherten, erst nicht wahrgenommen hatte. Aufgeregt zappelte Leni umher, schaute in die Richtung, aus der die Geräusche lauter wurden. Es waren nur noch Sekunden, bis sie Leni entdecken würden. Ich hatte keine Wahl und zog sie in mein Zimmer. Eilig schloss ich die Tür.

Sie wusste, in welche Lage mich ihr Auftauchen bringen konnte, wenn man sie hier entdeckte. Im Geiste sah ich schon, wie die Gerüchteküche unter den Kollegen brodelte.

»Puh ... das war knapp. Dank ... « Ich hielt ihr meine Hand auf den Mund und befahl ihr so, die Klappe zu halten, bis auf dem Flur Ruhe eingekehrt war. Wie hatte sie es geschafft, unentdeckt herzukommen? Was machte ich mir überhaupt Gedanken darüber? Sie war Leni Davis und hatte ihre Geheimnisse.

Schritte und männliches Gemurmel drangen vom Flur zu uns, dann war es still. Ich ließ meine Hand von ihrem Mund sinken. »Was tust du hier? Wenn man dich hier sieht ...«

»Ist ja nichts passiert, beruhige dich«, beschwichtigte sie mich mit einem Wink und trat mit schwingenden Hüften ins Zimmer. Wie betäubt glotzte ich ihr hinterher.

Sie musterte mich, nachdem sie den Blick durch den Raum hatte schweifen lassen. Ich trug immer noch das Handtuch. Eine kleine Pfütze hatte sich am Boden vor der Tür gesammelt. Keine gute Bekleidung, um mit der Präsidententochter zu sprechen.

»Mach keine Dummheiten, ich zieh mir eben was an«, sagte ich bestimmt, nahm meine Jogginghose vom Bett und verschwand ins Badezimmer. Im Bad allein, stieß ich den Atem aus. Wie hatte sie es geschafft, hierherzuschleichen und wie war sie an der Überwachungsanlage vorbeigekommen? War etwas mit Nuka geschehen? Eilig ging ich hinaus, wollte unbedingt wissen, was sie mit ihrem Besuch bezweckte.

Sie saß auf meinem Bett, hatte mir den Rücken zugekehrt und schien tief in Gedanken versunken.

Ich trat näher, lehnte mich lässig an die Kommode und verschränkte die Arme. »Was ist passiert? Ist was mit Nuka?«

Sie sah auf und schüttelte den Kopf. »Nein, sein Zustand ist unverändert.«

»Das sind zumindest keine schlechten Nachrichten. Was

kann ich dann für dich tun?«

Es war merkwürdig sie zu duzen, aber sie mit ›Sie‹ anzusprechen, fand ich unpassend, nachdem wir uns so nahe gekommen waren. Also blieb ich dabei, jedoch nur, wenn wir allein waren.

»Ich ... bin hier, weil ...« Sie stand auf und suchte nach Worten. Dabei fuhr sie sich nachdenklich durch ihr Haar. Ihre pinkfarbene Strähne leuchtete grell im Licht. »Ich dachte, wir sollten miteinander reden, nach dem, was gestern geschehen ist.«

Sie wollte reden. Etwa, weil ich sie geküsst hatte? Machte sie sich Hoffnungen?

Ich wünschte, sie würde den Kuss genauso als Fehler ansehen wie ich. Ihre Augen funkelten, und sie hatte dieses leichte Lächeln in ihren Mundwinkeln, was mir gefiel – aber nur für eine Sekunde.

»Ich konnte mit Jim sprechen und ... er wird es für sich behalten.«

Ich verzog die Brauen. »Bist du dir da sicher?« Einen zweifelnden Unterton konnte ich nicht vermeiden. Ich hasste es, in Hendersons Schuld zu stehen, und es passte mir auch nicht, wie besitzergreifend er sich vor mir aufgespielt hatte.

»Er ist nicht so, wie du denkst. Er ist mein bester Freund und hält sein Wort. Du kannst mir vertrauen, versprochen. Außerdem wollte ich mich bei dir bedanken.«

»Wofür?«

Sie zuckte mit der Schulter und spielte verlegen mit ihrer Haarsträhne. »Du darfst aber nicht lachen, okay?«

»Okay.« Hoffentlich konnte ich ebenfalls mein Versprechen halten. Fasziniert beobachtete ich, wie ihre Wangen sich färbten und die sonst so toughe Leni tatsächlich schüchtern wurde. Verdammt, das war echt süß!

»Du hast mir zugehört, dort unter dem Baum, und genau auf den Punkt gebracht, wie ich mich gerade fühlte. Ich bin ziemlich durch den Wind wegen Nuka und den ... Verstorbenen. Du hast mich verstanden, das tat sehr gut.«

Wieder erwischte sie mich eiskalt. Ich wusste selbst nicht, warum ich ihr vom Tod meiner Mutter und meinen Gefühlen erzählt hatte. Es war einfach so über mich gekommen, was total untypisch für mich war. Noch nie hatte ich mit jemandem ein Wort darüber gesprochen. »Schon gut, ich kam zufällig vorbei und habe gesehen, wie du dich im Schatten des Baums verstecken wolltest – ohne Bodyguards weit und breit«, sagte ich abschätzig und versuchte, so viel Belanglosigkeit in meine Stimme zu legen wie möglich.

Sie trat auf mich zu, was sofort meine Alarmglocken schrillen ließ. Ihre Nähe war zu gefährlich für mich. Sie hatte schon wieder diesen Blick, der mich meine Vorsätze vergessen ließ. »Warum bist du wirklich hier, Leni?«

Deutlich spürte ich, dass sie mir etwas sagen wollte und eigentlich die ganze Zeit nur um den heißen Brei herumredete. Ihr in die Augen zu sehen, war wie Balsam für meine Seele, auch wenn ich wusste, dass die Tochter des Präsidenten für mich unerreichbar bleiben würde und musste. Ich fragte mich, wie viele Geheimnisse hinter ihrer Iris lagen und ob ich diese jemals erforschen könnte. *Verdammt, Luke, hör auf zu fantasieren!*

Langsam verschwand ihr Lächeln, als hätte ich sie an etwas erinnert. Sie schluckte und krampfte ihre Hand zu einer Faust.

»Ich denke, dass unser Kuss ein Fehler war, der nicht wieder vorkommen sollte«, sagte sie mechanisch. Es hörte sich an wie auswendig gelernt. »Äh ... also das soll nicht heißen, dass er nicht schön war oder so. Er war ...« Sie seufzte und merkte, dass sie sich gerade um Kopf und Kragen redete. »Um ehrlich zu sein, er war ... Ach, lassen wir das. Wieso rede ich in deiner Gegenwart immer Unfug?« Genervt über sich selbst schüttelte sie den Kopf. »Was ich sagen wollte, wir sollten kein Wort mehr darüber verlieren und es einfach vergessen.«

Es tat weh, und obwohl ich wusste, dass das genau der Weg war, den wir einschlagen sollten, regte sich etwas in mir.

Ich wollte sie.

Instinktiv spürte ich, dass sie mich damit zerstören könnte, falls ich mehr zulassen würde. Das durfte nicht passieren.

»Mach dir keine Gedanken, davon bin ich ausgegangen«, nickte ich cool, damit sie nicht merkte, wie zerrissen ich in Wahrheit war.

»Super«, lächelte sie.

Aber das Lächeln war zu breit, zu kühl, um echt zu sein und erreichte ihre Augen nicht. Ich kämpfte gegen den Drang an, ihr und mir diesen Entschluss aus dem Hirn zu küssen. Die sexuelle Anziehungskraft war mächtig und brachte mich wirklich in die Bredouille. Am liebsten hätte ich ihr die Kleider vom Leib gerissen. Ich wollte sie so sehr, wie ich noch nie jemanden gewollt hatte, doch ich riss mich zusammen, verhöhnte meinen Herzschlag, der sich unnötig erhöht hatte.

LENI DAVIS war TABU, verdammt noch mal!

Die ganze Zeit über hatten wir uns angestarrt. Gern hätte ich gewusst, was in ihrem hübschen Köpfchen vorging.

»Also, mir ist klar, dass wir auf Abstand gehen müssen, weil ... Du weißt schon warum, oder?«, begann sie vorsichtig.

Ich nickte, wusste genau, was sie meinte.

»Wir könnten es uns leichter machen, deshalb habe ich eine

Bitte an dich.«

»Und die wäre?«

»Könntest du dein Aftershave wechseln?«

Ich stutzte und nahm eine Riechprobe meiner Haut. »Mein Aftershave? Was stimmt nicht damit?«

»Na ja, es macht mich ehrlich gesagt, wahnsinnig. Ich kann mich kaum konzentrieren, wenn du in der Nähe bist.«

»Oh, okay. Kein Problem. Ich kaufe mir ein anderes.«

»Perfekt.« Sie lächelte.

»Okay. Darf ich dich auch um etwas bitten?«

»Natürlich.«

»Könntest du diese Jeans nicht mehr tragen?«

Sie schaute an sich herunter. »Was ist mit meiner Jeans?«

»Sie sitzt zu eng und dein Hintern ist ... ziemlich ... sexy darin. Ich muss dich permanent anstarren. Ach, und dein Haar, könntest du es bitte nicht mehr offen tragen? Zumindest, wenn ich dich bewache. Das wäre sehr hilfreich.«

»Oh, na gut – keine Jeans mehr und zusammengebundene Haare. Sonst noch etwas?«

»Ja, wenn es nicht zu viel verlangt ist, dein Blick ... «

Sie runzelte die Stirn. »Was ist damit?«

»Zu erotisch, zu verführerisch ... gar nicht gut für mich.«

»Oh, in Ordnung. Ich werde mir Mühe geben.«

»Gut. Danke.«

Die Luft flirrte, war wie elektrisiert. »Dann gehe ich jetzt besser«, sagte sie und trat einen Schritt zurück.

»Kommst du klar oder soll ich dich begleiten?«

»Nein, ich bin Meisterin im Unsichtbarwerden, das weißt du doch.«

Ich brachte sie zur Tür und dachte kurz darüber nach, wie bizarr unsere Unterhaltung gewesen war. Ich begriff nicht, warum ich mich plötzlich leer und stumpf fühlte.

»Gute Nacht, Ms. Davis.«

»Gute Nacht, Mr. Carter. Ich bin sehr froh, dass wir unsere Probleme beseitigen konnten.«

Alles was ich tun konnte, war, sie dümmlich anzustarren, dabei hasste ich solche Typen und kam mir wie ein verliebter Waschlappen vor. Sie schenkte mir noch einen ihrer intensiven Blicke und verschlimmerte damit meinen Zustand. Ich sollte eigentlich Erleichterung spüren, als sie ging, tat ich aber nicht.

~

Es dröhnte so heftig in meiner Brust, als hätte ich etwas Wichtiges verloren und jede Chance, es wiederzufinden, vergeigt. Kaum hatte ich die Tür geschlossen, wurde dieser jämmerliche Zustand noch stärker. Enttäuschung und Trauer mischten sich, mir war mit einem Mal kalt und ich fühlte mich entsetzlich leer.

Ich war so ein verdammter Idiot! Sie nahm diese merkwürdige Kraft zwischen uns genauso wahr, und wir entschieden, sie zu ignorieren, obwohl es nervenaufreibend, lähmend und sogar schmerzhaft war – zumindest für mich. Ständig lief ich mit einer Dauererektion durch die Gegend.

Scheiß drauf! Ich konnte nicht anders, riss die Tür auf und trat in den Flur. Fieberhaft irrten meine Augen durch die Dunkelheit und ich betete, dass sie nicht fort war. Dann entdeckte ich sie an der Schwelle zur Sicherheitszentrale. Sie löste sich aus dem Schatten und blickte in meine Richtung.

Benommen starrte ich sie an. Ein Feuer brach in mir aus, und ich glaubte, das Gleiche auch in ihr zu sehen. Langsam kam sie ein paar Schritte auf mich zu, blieb stehen und schaute mir entgegen. Mein Herz kam völlig aus dem Takt, und auch ihre Brust hob und senkte sich schnell. Wir wussten beide, dass wir nicht widerstehen konnten, das ganze Gespräch von vorhin nur Unsinn war und wir im Grunde machtlos waren gegen die Flut von Empfindungen, die wir von Anfang an gespürt hatten.

Plötzlich rannte sie los, sprang in meine Arme und schlang ihre Beine um meine Mitte. Ich hielt sie an ihrem Po und wir küssten uns gierig. Ihre Lippen pressten sich fest auf meine, und es war genauso fantastisch und völlig verwirrend wie beim letzten Mal. Torkelnd trug ich sie zurück ins Zimmer und gab der Tür einen Tritt. Es war mir scheißegal, ob sie zu laut ins Schloss fiel.

Ungestüm drückte ich sie gegen die Wand, küsste sie wild und ausgehungert, bis wir beide außer Atem waren. Ich konnte nicht genug von ihr bekommen. Sie stöhnte keuchend, während ich ihren Hals und ihr Dekolleté erkundete. Ich war wie berauscht von den Empfindungen, konnte nicht aufhören, ihre Haut zu schmecken und ihr Seufzen zu hören. Ihr Duft war eine Mischung aus Vanille und Frucht, süß und unwiderstehlich, der nicht zu ihrem aufmüpfigen Wesen passen wollte. Und ich Idiot wurde süchtig danach.

Langsam ließ ich sie herunter, bis sie auf ihren Füßen stand. Sie zog ihr Shirt aus und ließ es einfach zu Boden fallen. Unentwegt sahen wir uns in die Augen. Vorsichtig löste ich das Gummiband aus ihrem Haar und breitete die seidige Pracht über ihren Schultern aus. Einen Moment hielt ich inne, als sie in ihrem schwarzen BH vor mir stand.

Fuck! Hatte sie überhaupt eine Ahnung, was sie mir damit antat? Das verruchte Grinsen auf ihrem Gesicht war unverschämt, frech und sexy. Ihre Lippen waren vom Küssen geschwollen und ihre Augen formten sich zu kleinen Schlitzen, die mich benommen und voller Erwartung anschauten. Sie fixierte mich, strampelte sich aus ihren Chucks und streifte schließlich ihre Hose von den Hüften.

Sie war unwiderstehlich, hatte all meine Sinne in Besitz genommen und zog mich weiter – immer tiefer, bis es kein Zurück mehr gab. Stumm berührte sie meine Brust, fuhr die Linien meiner Tattoos nach, krallte ihren Finger in meinen Hosenbund und zog mich aus. Mein steifer Schwanz drückte gegen ihren Bauch, und als sie ihn in die Hand nahm, brach ein Knurren aus meiner Kehle. Die Frau war der Wahnsinn!

Sachte führte ich sie zu meinem Bett. Sie ließ sich langsam rücklings nieder und sah mich mit fiebrigem und heißem Blick an. Dieser Anblick war absoluter überwältigend und ich konnte nicht erwarten, mehr von ihr zu kosten. Sogleich glitt ich über sie und schob mit meinen Fingern die Körbchen ihres BHs herunter, so dass ihre Brüste freilagen. Dadurch wurden sie prall nach oben gedrückt und boten mir einen fantastischen Anblick, der mir direkt in meinen Schwanz fuhr. Ihre harten Brustwarzen reckten sich empor und warteten nur darauf, von mir in den Mund genommen zu werden. Ich beugte mich hinunter und kostete von der Süßigkeit. Ich leckte mit der Zunge darüber und saugte daran, biss sanft hinein. Als Antwort entwich ihr ein Stöhnen, was mich anfeuerte. Ich wollte mehr von ihr – viel mehr.

Mit den Fingern zog ich behutsam an ihrem Höschen. Sie hob ein wenig ihre Hüften an, damit ich sie von dem winzigen Fetzen befreien konnte. Der Anblick traf mich bis ins Mark – so süß, so wunderschön und absolut bereit für mich.

11

Leni

Nichts, was ich bisher erlebt hatte, war mit dem zu vergleichen, was dieser Mann in mir entfachte. Ich reagierte so heftig auf ihn, dass ich keine Kontrolle mehr über meine Gedanken, mein Handeln und Verhalten hatte. Hilflos war ich seinem Feuer ausgeliefert.

Fast nackt lag ich vor ihm. Sein Blick wanderte Zentimeter für Zentimeter über meinen Körper, scannte meine Haut. Worte waren nicht nötig – wir wussten beide, dass das Verlangen uns beherrschte. Es gab kein Zurück mehr.

Langsam beugte er sich über mich und küsste mich um den Verstand. Seine Zunge glitt in meinen Mund. Dabei griff ich fest in sein Haar und zog ihn noch näher, bis wir Haut an Haut lagen. Wir verloren uns, waren wie von Sinnen.

Seine Lippen wanderten über meinen Hals zu meinem Dekolleté, hinab zu meinem Bauch. Ich stöhnte leise. Seine Zunge suchte ihren Weg tiefer, und tausend Schmetterlinge flatterten in mir, als ich seinen Plan erkannte. Vorsichtig öffnete er meine Beine und ich atmete flacher. Ich wusste, was gleich geschehen würde, und keuchte voller Erwartung.

Er liebkoste meinen Schenkel, und mit jeder Berührung

nahm das Brodeln in mir zu. Ich bebte, als seine Zunge an meinem empfindlichsten Punkt traf, krallte meine Hände ins Laken, nicht fähig, auch nur einen klaren Gedanken zu fassen. Funken sprühten, als er mich leckte. Seine Zungenspitze tanzte und malträtierte mich, so dass ich kurz davor stand zu explodieren. Ich wand mich, warf meinen Kopf hin und her. Genau in dem Augenblick, als ein mächtiger Orgasmus mich überkommen wollte, drang er mit zwei Fingern in mich ein und hielt inne.

Heiliger Bimbam! Es war die reinste Folter. Was tat er nur mit mir? Ich wollte nicht, dass er aufhörte. Ich brauchte ihn jetzt, genau dort. Böse funkelte ich ihn an, als er sich aus mir zurückzog.

»Noch nicht, Süße«, raunte er versöhnlich in mein Ohr. Aus seinem Nachttisch zog er ein Kondom. Er stülpte es sich über und wandte sich mir zu. Mit beiden Händen streichelte er mir übers Haar, als wäre ich etwas Kostbares, dabei sah er mir tief in die Augen. Er zog mich auf seinen Schoss und hielt mich. Deutlich spürte ich seinen Schwanz. Ich konnte es nicht erwarten und ließ mich auf ihn nieder, nahm ihn Stück für Stück in mir auf.

»Fuck«, fluchte er gepresst.

Wir waren auf intimste Weise miteinander verbunden. Es fühlte sich so wunderbar und richtig an, dass ich es kaum glauben konnte. Langsam begann ich mich zu bewegen, während Luke sanft seine Arme um meine Schultern legte. Er saugte an meinen Brüsten, und sofort peitschte das Feuer wieder in mir auf. Überwältigt von den Gefühlen ritt ich ihn, fand einen Rhythmus und ließ mich treiben. Überall nahm ich seine Hände und Küsse wahr. Ich war ihm mit Haut und Haaren verfallen.

Ohne Vorwarnung legte er mich auf den Rücken. Mit einer Hand hob er meinen Schenkel an, um härter in mich zu stoßen. Lange würde ich das nicht durchhalten. Meine Fingernägel krallten sich in seine Haut und ich stöhnte laut auf.

Luke versiegelte meinen Mund mit weiteren Küssen, was mich bis ins Unermessliche anheizte. Hart und unnachgiebig stieß er in mich. Ein ungeheurer Druck, begleitet von Blitzen und Milliarden an Endorphinen, rauschte durch meinen Körper. Mein Herz raste, in meinem Hirn war nur Watte, aber in meinem Unterleib entdeckte ich das Paradies. Ich bäumte mich auf, als der Orgasmus heftig über mich hereinbrach.

Geflasht von all den Empfindungen schrie ich leise auf und sah lila Sterne in der Luft funkten. Ich war im Himmel und gleichzeitig in der Hölle. Dieses Erlebnis war mit nichts zu vergleichen, was ich bisher erlebt hatte.

Luke stieß noch zweimal in mich und kam mit einem tiefen Stöhnen. »Heilige Scheiße, Leni!«

Noch immer spürte ich all die schönen Emotionen, die ich niemals vergessen könnte. Der Mann, der dafür verantwortlich war, lag in meinem Arm, und ich wollte ihn nie wieder loslassen. Umnebelt von seinem Duft, seiner Aura und seinem intensiven Blick, begriff ich nur gedrosselt, was geschehen war. Wir sprachen nicht, mussten zu Atem zu kommen. Ich versuchte mein Gedankenkarussell nur langsam zuzulassen. Mein Hirn befreite sich allmählich vom Nebel, und nach und nach drangen all meine Probleme wieder in den Vordergrund.

»Alles in Ordnung?«, fragte er irgendwann heißer an meinem Hals.

Ich war nicht in der Lage zu sprechen und nickte, was ihn

stutzig machte. Er hob seinen Kopf und sah mich an. »Wirklich? Habe ich dir wehgetan?«

»Nein ... nein, ich bin nur so ...« Es gab nichts, das genau beschreiben konnte, wie ich mich fühlte. Vielleicht gab es auch kein Wort, das definierte, was das eben gewesen war. Ich sollte mir eines überlegen, weil dieser Zustand, den er mir geschenkte, absolut ein Wort verdient hatte.

Luke lachte. »Das kann ich unterschreiben.« Vorsichtig rollte er sich von mir, entsorgte das Kondom und deckte uns zu. Er stützte sich auf seinen angewinkelten Arm ab und wir musterten uns. Ich las die gleiche Faszination und Überwältigung in seinen Augen. War das alles möglich? Und wie sollte es weitergehen?

»Was denkst du?«, flüsterte er, als würde er meine Gedanken spüren.

Zärtlich legte ich meine Hand auf seine Wange und streichelte ihn mit meinem Daumen. »Ich denke, das war absolut abgefahren.«

Ein Lächeln erschien in seinem linken Mundwinkel. »Ja, das war es.« Er hielt inne und sah mir in die Augen. »Sag mal, da gibt es eine Sache, die ich dich schon länger mal fragen wollte.«

»Nur zu, ich bin ein offenes Buch.«

»Wieso hast du eigentlich diesen verrückten Spitznamen? Pepper? Ich meine, das ist sehr ungewöhnlich.«

Ich grinste. »Mein Vater gab mir den Namen.«

»Und warum?«

»Als ich ungefähr sieben Jahre alt war, hat mein Dad mir versprochen, dass wir in den Zoo gehen. Ich hatte mich riesig darauf gefreut und konnte es kaum erwarten. Kurz bevor wir aufbrechen wollten, bekam er einen Anruf und sagte daraufhin unseren Ausflug ab. Ich war mega enttäuscht. Als wir das zweite Mal in den Zoo wollten, musste er wieder kurzfristig absagen. Da war ich ziemlich sauer auf ihn und das habe ich ihn spüren lassen.«

»Ich ahne Schreckliches. Was hast du angestellt?«

Ich grinste diabolisch und senkte den Blick. »Ich hab aus der Küche die Pfeffermühle genommen und seinen Schreibtisch ... voll gepfeffert. Also so richtig vollgemacht bis die Mühle leer war. Das scharfe Zeug lag wie Sand zwischen seinen Unterlagen, einfach überall.«

Luke lachte auf. »Was? Wie kommt man auf so eine irre Idee?«

»Keine Ahnung, aber du kannst mir glauben, dass er das nicht so lustig fand. Ich habe ganz schön Ärger bekommen, aber heute lachen wir natürlich darüber.«

Luke schüttelte den Kopf. »Du bist wirklich verrückt, weißt du das.«

Ich zuckte mit den Schultern. »Ja, auch das höre ich nicht zum ersten Mal.«

Er spielte mit meiner gefärbten Haarsträhne, wickelte sie um seinen Finger, ließ sie wieder los und fuhr die Konturen meines Gesichts nach – diese simple Berührung wärmte mich. Ich richtete mich auf und küsste ihn. Aus der Zärtlichkeit erwachte in uns die Sehnsucht, und schnell lag Luke wieder über mir. Doch diesmal kosteten wir jeden Augenblick aus, den wir hatten. Es gab weder Raum noch Zeit, es gab nur uns – Leni und Luke, Luke und Leni.

Er führte mich in den Himmel, und ich verlor mich ein zweites Mal in seiner Hitze. Erschöpft schlief ich irgendwann an seiner Brust ein und wachte erst auf, als mich Arme und Beine wie ein Krake gefangen hielten, so dass ich mich kaum rühren konnte. Luke hatte seinen Arm um mich geschlungen und seine Beine mit meinen verknotet – soweit das überhaupt möglich war. Die Erinnerung an den Sex ließ mich breit lächeln und ich sog tief seinen köstlichen Duft ein. Doch als der letzte Nebel sich verzog und mein Hirn wieder arbeitete, traf mich die Erkenntnis mit voller Wucht.

Ich riss die Augen auf. Ein Ruck fuhr durch meinen Körper, mein Grinsen fror ein. Verdammt! Wie spät war es?

»Luke? Luke, wach auf.« Panisch rüttelte ich ihn wach. Er bewegte sich, drehte sich auf den Rücken und gab mich frei. »Was ist los?«

»Scheiße, wir haben verschlafen! Wie viel Uhr ist es?«

Sofort war er wach und warf einen Blick zu seinem Nachttisch, auf dem ein Wecker stand.

Seine Augen weiteten sich. »Fuck! Halb sieben!«

Wie von der Tarantel gestochen, sprangen wir aus dem Bett. Während Luke weiter fluchte und kopflos durchs Zimmer rannte, suchte ich meine verstreuten Klamotten zusammen. Bei jeder Bewegung taten mir alle Muskeln weh. Ich war noch nie besonders sportlich gewesen, aber an diesen Sport könnte ich mich glatt gewöhnen.

»Was machen wir jetzt? Wie soll ich unbemerkt hier rauskommen? Um diese Zeit ist das ganze Haus voll mit Angestellten.«

Ich sah mich nach meiner Unterwäsche um. Wo hatte Luke sie nur hingeworfen? Egal. Eilig stieg ich in meine Hose, hüpfte auf einem Bein, als sich mein Fuß im Hosenbein verhedderte, und ich beinahe fiel.

»Keine Ahnung, lass mich nachdenken.«

So ein Mist! Bestimmt war mein Fehlen schon aufgefallen – oder Nicky hatte sich etwas einfallen lassen. Die Arme! Ich hatte ihr nicht einmal Bescheid gegeben.

Es klopfte an der Tür.

»Luke?«, hörten wir dumpf jemanden von draußen und erstarrten.

Oh Scheiße! Luke legte seinen Zeigefinger auf den Mund und deutete mir an, mich im Badezimmer zu verstecken. Ich gehorchte und er ging zur Tür.

~

»Hey, was ist los bei dir?« Steven betrat das Zimmer.

Ich konnte ihn nur durch den winzigen Schlitz der Tür sehen. Luke stellte sich schützend vor die Badezimmertür und nahm mir dadurch die Sicht. »Sorry, Mann, ich habe verschlafen. Bin gerade erst aufgewacht.«

»Ja, so siehst du auch aus. Wie lange brauchst du? Ich habe vergessen, dir zu sagen, dass wir die nächsten zwei Tage ins Trainingslager gehen, solange unser Schützling hier ist. Die regelmäßigen Tests sind fällig.«

»Okay, kein Problem, Mann. Kann ich noch duschen?«

Durch den Türspalt sah ich, wie Luke sich durchs Haar fuhr. Er sah so süß aus mit seiner verwuschelten Frisur. Einzelne Strähnen standen wirr vom Kopf ab.

»Klar, kannst du dusch... Was ist denn das?«

Oh nein! Ich schloss die Augen und ließ hinter der Badezimmertür meine Schultern hängen.

»Das ... ist ... äh ...«

»Ein Slip. Wie kommt der denn hierher? Du hast doch nicht etwa von draußen jemanden hier reingeschmuggelt?«

»Nein, wie hätte ich das machen sollen? Ich ...«

Ich hörte, wie Stevens Stimme einen merkwürdigen Ton

annahm. »Okay, ich glaube, ich will lieber nicht wissen, was du nach Feierabend mit Damenunterwäsche treibst. Das ist deine Privatsache.«

»Aber ... ich ...«

»Keine Sorge, Alter, dein kleines Geheimnis ist gut bei mir aufgehoben.«

Ich presste fest meine Hand auf meinen Mund, um nicht laut loszulachen. Steven glaubte tatsächlich, dass Luke eine Neigung zu Damenwäsche hatte, und es gab nichts, was Luke dagegen tun konnte. Leise lachte ich in meine Hand und hätte zu gern die Gesichter der beiden gesehen.

»Sieh zu, dass niemand davon Wind bekommt. Da kommen sonst unangenehme Fragen auf ... Gut, wir treffen uns in einer halben Stunde in Sportkleidung. Beeil dich.«

Ich hörte, wie die Tür ins Schloss fiel. Luke betrat das Badezimmer und gab mir meinen Slip und BH.

»Danke«, kicherte ich, stopfte, so gut es ging, meinen Slip in die Hosentasche und zog meinen BH und mein T-Shirt an.

»Ich wusste gar nicht, dass du gewisse Neigungen zu Damenunterwäsche hast.«

»Sehr witzig. Jetzt denkt er, ich laufe abends in Unterwäsche durch mein Zimmer. Das ist echt armselig.« Er verschränkte die Arme und musterte mich.

»Tut mir leid«, sagte ich entschuldigend. Die Situation war auch zu komisch gewesen.

Luke schüttelte den Kopf. »Du schuldest mir etwas, Leni Davis.«

»Okay, Luke Carter.«

Sein Blick war wieder so intensiv und warm, und in mir begann es zu kribbeln. Im Grunde wussten wir beide nicht, woran wir waren. Ich war durcheinander und glaubte, dass auch er sich nicht sicher war, was die letzte Nacht zu bedeuten hatte.

»Es wäre von Vorteil, wenn du nicht aussehen würdest, als hättest du in einem Heuhaufen übernachtet«, grinste er.

Ich schaute in den Spiegel. Ach, du Heiliger Bimbam! Ich sah aus wie eine Vogelscheuche. Mein Haar stand in alle Richtungen ab, meine Frisur hatte etwas von Struwwelpeter. So konnte ich auf keinen Fall durchs Weiße Haus laufen.

»Na super!« Ich ließ den Wasserhahn an und versuchte meine nassen Finger als Kamm zu benutzen, blieb aber in den vielen Knoten hängen. Luke drehte die Dusche auf und zog seine Hose aus. Fasziniert durch das Spiel seiner Rückenmuskeln beobachtete ich ihn. Ehrlich gesagt, glotzte ich wie ein Mondkalb.

Bevor er die Duschkabine öffnete, wandte er sich an mich. »Bin gleich so weit.«

»Okay.« Schnell erfüllte Wasserdampf den Raum, und ich hatte es einigermaßen hinbekommen, mein Haar zu bändigen. Während Luke sich fertigmachte, setzte ich mich aufs Bett und checkte meine Nachrichten. Oh Mann! Siebzehn Benachrichtigung von Nicky. Mein schlechtes Gewissen wurde übermächtig. Sie hatte sich riesige Sorgen gemacht.

6.42 Uhr Ich: *Bin gleich da. Alles gut. L.*
6.42 Uhr Nicky: *Verdammt! Wo steckst du?*
6.43 Uhr Ich: *Erzähl ich dir gleich.*

Luke kam zurück. Er trug bereits eine Jogginghose, die ziemlich tief auf seinen Hüften saß. Er sah wahnsinnig gut aus, und wieder hatte er diese gewisse Wirkung auf mich. Er zog sich gerade ein T-Shirt über. »Wir machen es folgendermaßen: Ich warte draußen vor der Sicherheitszentrale, bis die Luft rein ist, und gebe dir dann ein Zeichen. Sobald wir den Westtrakt verlassen haben, tun wir so, als würde ich dich durchs Haus begleiten. Die Sensoren sind tagsüber abgestellt und die Kameras dürfen dich ja sehen. Niemand weiß, dass du dich hierhergeschlichen hast.«

»Na gut«, sagte ich unsicher.

Für gewöhnlich war die Sicherheitszentrale des Secret Service ein gut besuchter Bereich. Ich konnte nur hoffen, dass Luke recht hatte und wir nicht ausgerechnet in dieser Zone gesehen wurden.

»Das klappt schon«, versuchte er mich aufzumuntern. »Ach, und ich will alle Details deines Geheimnisses erfahren. Es ist mir immer noch ein Rätsel, wie du es gestern Nacht geschafft hast, unbemerkt hierherzukommen.«

»Kinderspiel.«

Neugierig zog er die Brauen hoch. »Da bin ich echt gespannt. Okay, bist du bereit?«

»Ja.«

»Bleib hier stehen. Ich gebe dir ein Zeichen, wenn die Luft rein ist.« Vorsichtig öffnete er die Tür und streckte seinen Kopf hinaus. Im Flur schien alles ruhig zu sein, doch wir hörten Lachen und Gemurmel aus dem Foyer.

»Dort drüben sind ein paar Agents, aber sie werden bestimmt gleich verschwinden. Das ist unsere Chance.«

Er warf einen Blick in den Gang, um den Augenblick nicht zu verpassen.

»Luke?« Ich tippte ihn an.

Er schaute zu mir. »Ja?«

Fragend sah er mir tief in die Augen, und das war genau wieder einer dieser Momente, in denen ich völlig neben mir stand und nicht wusste, was ich eigentlich sagen wollte. Verdammt! Wir schwiegen, und dann kehrte dieses umwerfend warme und süße Lächeln in sein Gesicht zurück. Wir brauchten keine Worte – dieses Lächeln reichte aus, um mir zu sagen, dass er diese Nacht genauso fantastisch gefunden hatte wie ich.

Die Luft war rein, Luke und ich huschten ins Foyer. Von hier aus war es nur noch ein Katzensprung bis zum Treppenhaus, das uns ins Hauptgebäude des Weißen Hauses führen würde. Dort angekommen, konnten wir uns frei bewegen. Niemand hatte gesehen, wie ich aus dem Zimmertrakt der Secret Service-Agents gekommen war. Erleichterung durchfuhr mich.

»Siehst du, war ganz leicht«, sagte Luke leise neben mir, als wir die letzte Sicherheitstür öffneten. Das Summen ertönte und ich stieß die Tür auf.

»Hoppla. Nicht so eilig.«

Der Schreck fuhr mir durch Mark und Bein. Ich fiel meinem Vater direkt in die Arme. Hinter ihm stand sein Gefolge. Wir wollten zur gleichen Zeit durch die Tür und prallten quasi zusammen. Dad schaute erstaunt von mir zu Luke und zog dabei seine linke Braue hoch. Kein gutes Zeichen.

»Leni? Was machst du denn hier?«

»Ich ... ich ... Guten Morgen, Dad. Ich ... wollte mir diese Briefe mal genauer ansehen«, flunkerte ich und versuchte so überzeugend wie möglich zu sein.

»Die Briefe?«

Verdammt! Es war schon immer schwierig gewesen, meinem Dad etwas vorzumachen. Er kannte mich gut.

»Ich wollte mir die Akte ansehen und die Aussage der kleinen Sarah durchlesen, aber Mr. Carter«, ich deutete zu

Luke, »meinte, ich müsste das erst mit Mr. Murphy besprechen.«

Dad schaute skeptisch, und ich wusste nicht, ob er mir das abnahm. »Da hat er recht. Wenn du die Akte lesen willst, müssen die Jungs das vorher wissen. Mr. Murphy stellt sie dir bestimmt zur Verfügung.«

»Ja, das hat Mr. Carter auch gesagt. Ich wollte ... Ist ja auch egal«, winkte ich ab. »Mr. Carter bringt mich jetzt zurück. Bis später, Dad.« Schnell gab ich ihm einen Kuss auf die Wange, drängelte mich an ihm vorbei und zog Luke mit mir.

»Moment mal, Pepper!«

Abrupt blieb ich stehen und betete, dass er nicht misstrauisch geworden war. Ich setzte eine Unschuldsmiene auf und drehte mich zu ihm um. »Ja, Daddy?«

Unbeeindruckt streckte er mir seine flache Hand entgegen. Mein kleines Ablenkungsmanöver hatte funktioniert. Ich gab mich ertappt, lief zu ihm zurück und legte den Montblanc in seine Hand.

»Du weißt schon, dass das nur Glück war, Dad?«

»Glück? Mein zweiter Name ist Holmes, Sherlock Holmes«, zwinkerte er mir zu und entließ mich mit einem Grinsen.

~

Bevor Dad mir noch mehr unangenehme Fragen stellen konnte, liefen Luke und ich schnell weiter. Wir gingen nebeneinander her.

»Wie hast du das gemacht?«, fragte Luke.

»Was meinst du?«

»Na ja, dieser Trick? Wie hast du das gemacht?« Deutlich hörte ich Skepsis in seiner Stimme.

»Das war Magie«, verkündete ich stolz.

»Pfff ... genau, Magie«, meinte er leicht abfällig.

»Du glaubst wohl nicht an Zauberei, was?«

Er zuckte mit den Schultern. »Dahinter steckt doch immer eine optische Täuschung und Fingergeschick.«

»Du betrachtest das aber sehr nüchtern, Luke Carter. Und wenn ich dir sage, dass es da mehr gibt, neben optischer Täuschung und Fingergeschick?«

Er schüttelte den Kopf. »Alles lässt sich logisch erklären. Ich glaube nicht an Hokuspokus.«

Wir liefen durch die Center Hall, wo uns einige Angestellte entgegenkamen und mich mit einem lächelnden Nicken begrüßten. Mein Ehrgeiz war geweckt worden, auch wenn ich wusste, dass Luke zum größten Teil recht hatte. »Hört, hört. Und wenn ich dir beweise, dass es Magie tatsächlich gibt?«

Er lachte auf. »Wie wollen Sie das beweisen? Da haben Sie sich aber viel vorgenommen.« Er siezte mich wieder, als wir in den Bereich kamen, in dem wir unser Gespräch nicht mehr so ungezwungen fortführen konnten. Überall wimmelte es von Leuten.

»Wir werden sehen, Mr. Carter«, sagte ich spitz und blieb vor dem Aufzug stehen. Es folgten befangene Blicke, und die Vertrautheit, die wir letzte Nacht aufgebaut hatten, war verschwunden, seit wir meinen Vater hinter uns gelassen hatten. Ab hier trennten sich unsere Wege, zumindest bis ich das Weiße Haus wieder verlassen würde. Irgendwie köchelte Enttäuschung in mir auf.

Die Aufzugtüren öffneten sich, aber meine Beine bewegten sich nicht. Es gab noch so viel, was ich wissen und sagen wollte. Unsere Blicke wurden wieder intensiv, und mein Körper reagierte mit heftigem Herzschlag und rauschendem

Blut. Er unterbrach unsere Verbindung und räusperte sich. »Ms. Davis, Ihr Fahrstuhl.«

Das war wie ein Schlag ins Gesicht und der Schubs, den meine Beine gebraucht hatten, um endlich vorwärtszugehen. Mit einer Hand hielt er die Fahrstuhltür offen und wartete, bis ich eingetreten war. Kurz bevor er aus meinem Sichtfeld verschwand, zwinkerte er mir vielsagend zu und grinste. Damit brachte er die Schmetterlinge in meinem Bauch wieder zum Flattern. Keine Ahnung, wo dieses unbändige Glücksgefühl auf einmal herkam, aber sein Zwinkern und das schiefe Lächeln auf seinen Lippen, hatten meine Laune von null auf einhundertachtzig gesteigert.

Oben angekommen betrat ich eilig mein Zimmer, schloss die Tür hinter mir und presste mich ausatmend dagegen. Nicky saß auf meinem Bett und tippte wie eine Verrückte auf ihr Handy. Als sie mich erblickte, kam sie sofort auf mich zu. »Wo zum Teufel warst du die ganze Nacht?«

»Hi, tut mir so leid. Hat jemand mein Fehlen bemerkt?«

»Nein, niemand. Aber hast du eine Ahnung, welche Sorgen ich mir gemacht habe?« Sie musterte mich eingehend und bekam riesige Augen. »Oh. Mein. Gott. Du hast mit ihm gevögelt!«

Meine Wangen färbten sich. »Nicht so laut! Wenn dich einer hört …«, ermahnte ich sie und zog sie zu meinem Bett. »Ich ... ich ...« Mein Gott, war das schwierig. Sonst war ich doch auch nicht so prüde. »Es tut mir leid, ich habe das Handy lautlos gestellt und war völlig ...«

Sie grinste. »Leni Davis, du hast es faustdick hinter den Ohren, weißt du das?«

»Das heißt, du bist nicht sauer auf mich?«

»Doch, natürlich! Wegen dir habe ich mir die halbe Nacht

um die Ohren geschlagen.«

»Es tut mir wirklich leid, ich war so ... Gut, ich gehe jetzt duschen, und dann lass uns frühstücken. Ich habe einen Mordshunger.«

»Sag mal, spinnst du? Du lässt mich die ganze Nacht warten und willst jetzt duschen gehen? Vergiss es, ich will alle Details, und zwar jetzt.«

Ich rollte mit den Augen und seufzte. »Na gut, aber du musst mir versprechen, mit niemandem darüber zu reden – auch nicht mit Sandy. Wenn das rauskommt, ist Luke gefeuert.«

»Ja, ja, versprochen. Jetzt erzähl schon«, quengelte sie.

Ich konnte ihre Neugier verstehen; sie liebte Geschichten. Also vertraute ich ihr mein Geheimnis an, berichtete, wie ich in Lukes Armen gelandet und wie durcheinander ich seither war. Ich war verrückt nach ihm und all meine Vorsätze gerieten ins Wanken.

»Und ihr habt nicht über eure Beziehung – oder was auch immer das ist – gesprochen?«

»Nein.«

»Dann war es ein One-Night-Stand?«

»Ja ... nein ... keine Ahnung. Wir hatten letzte Nacht Sex. Mehr gibt es nicht zu sagen.«

»Mannomann! Dich scheint es ziemlich erwischt zu haben.«

»Quatsch! Ich bin nur ein wenig durch den Wind, weil es unfassbar gut war.«

»Erzähl schon! Spann mich nicht so auf die Folter«, stupste sie mich ungeduldig an.

»Wo soll ich anfangen? Er sieht unglaublich gut aus, hat einen tollen Körper und ist sehr leidenschaftlich.«

Sie kicherte. »Und weiter?«

Erst da bemerkte ich, wie ich ins Schwärmen geraten war.

Na gut, ich gab ja zu, dass Luke mich echt umhaute, irgendwas mit mir anstellte. Ich war mir nicht sicher, ob ich das nächste Mal die Finger von ihm lassen konnte. Ich war schwach, was ihn betraf. »Also ... ja ... Der Sex war wie ein ... Lila-Glitzer-Feuerwerk – anders kann ich es nicht beschreiben.« *Lila-Glitzer-Feuerwerk*, das traf es ziemlich genau.

»Ich will das auch, sofort ... aber mit Steven«, forderte Nicky sehnsüchtig. »Und was ist mit Jim?«, wollte Nicky dann wissen, nachdem sie mich schweigend beobachtet hatte.

Ich senkte den Blick. »Ich weiß nicht. Die Nacht mit Luke hat mich von meinem Plan wieder abgebracht. Keine Ahnung, was ich tun soll. Mit Luke habe ich einfach nicht gerechnet.«

Nachdenklich legte sie ihren Arm um mich. »Du bist wirklich in einer schwierigen Lage. Wenigstens ist sie nicht so aussichtslos wie meine.« Sie spielte auf Steven an.

»Tut mir leid für dich. Ich wusste nicht, dass er verheiratet ist.«

»Ja, so ist das nun mal«, sagte sie tapfer und lächelte. »Jetzt kannst du unter die Dusche und bist aus meinem Verhör entlassen.«

»Sehr großzügig von dir.« Ich erhob mich vom Bett und ging in mein Ankleidezimmer, um frische Klamotten zu holen.

12

Leni

In den folgenden Tagen blieb Nukas Zustand unverändert. Täglich wurde ich von Virginia darüber informiert, und die Ärzte sprachen schon von einem Wunder, dass er überhaupt noch am Leben war. Der kleine Kerl kämpfte, und wir konnten alle nur für ihn beten. Fast alle Kinder wurden im Laufe der Woche entlassen, und auch der Busfahrer erholte sich gut.

Die Beerdigungen standen an. Die wenigen Angehörigen hatten sich für eine Beisetzung im engsten Kreis entschieden. Auch der Beraterstab des Weißen Hauses hatte empfohlen, dass Mum und ich nicht daran teilnehmen sollten. Ehrlich gesagt, war ich froh darüber, denn die Presse hätte aus diesem traurigen Anlass ein Medienspektakel gemacht. Das wollten Mum und ich niemandem zumuten und respektierten die Entscheidung. Es wurde ein geheimer Zeitpunkt ausgemacht, zu dem Mum und ich den Toten gedenken konnten – ohne großes Aufsehen.

Luke sah ich in diesen Tagen überhaupt nicht. Ich wusste ja, dass er zum Trainingszentrum außerhalb der Stadt gefahren war, trotzdem spukte er wie ein Geist durchs Weiße Haus.

Manchmal glaubte ich ihn von weitem zu sehen, stellte dann aber enttäuscht fest, dass ich ihn verwechselt oder es mir nur eingebildet hatte. Wenn ich mit Nicky spazieren ging, hielt ich immer nach ihm Ausschau. Spätestens am Freitag würden er und die anderen Männer wieder parat stehen.

Ich dachte viel über ihn nach und fragte mich, ob unsere Nacht ein einmaliger Ausrutscher gewesen war. Je mehr Zeit verging, desto besser kam ich mit dem Gedanken klar, und auch die Vernunft übernahm wieder die Oberhand.

Nicky und ich saßen in der Bibliothek und arbeiteten ein staubtrockenes Thema für die nächste Klausur durch. Während Nicky schon mehr als drei Seiten mit Notizen hatte vollkritzeln können, starrte ich auf ein leeres Blatt und versuchte mich zusammenzureißen, aber ständig schweiften meine Gedanken zu Luke. Die Wärme, die sich in meinem Bauch ausbreitete, war nicht gerade hilfreich, und die Bilder unserer Nacht sorgten dafür, dass ich unruhig auf dem Stuhl hin und her rutschte. Schließlich hielt ich es nicht mehr aus, stand auf und ging zum Fenster.

Nicky sah auf. »Was ist los?«

»Konzentrationsschwäche«, sagte ich betont lässig und schaute hinunter auf die Ostkolonnade zum Jacqueline Kennedy Garden.

Mein Blick verweilte im Blütenmeer aus Narzissen, Traubenhyazinthen, Tulpen, Sternhyazinthen und Blausternen, um das sich mehrere Gärtner kümmerten. Mum hatte die Oberhand, was die Grünanlagen des Weißen Hauses betraf. Sie hatte die Gartenarbeit schon immer geliebt, mich konnte man damit jagen. Ich ging aber gern in den Gärten und Parks spazieren, genoss die Ruhe und den Frieden dort, vor allem, weil die Gorillas einen größeren Abstand zuließen und ich tatsächlich das Gefühl hatte, allein zu sein.

Seufzend wollte ich mich gerade abwenden, als ich meinen Vater an der Hauswand kauernd entdeckte. Was zum Teufel tat er da? Sollte er um diese Zeit nicht im Oval Office sitzen?

Er sah sich immer wieder suchend um. Ich stellte mich auf die Zehenspitzen und reckte meinen Hals, um besser sehen zu können. Kleine Rauchwölkchen stiegen auf. Das durfte doch nicht wahr sein – er qualmte still und heimlich eine Zigarette!

Ein diabolisches Grinsen schlich sich auf meine Lippen. Ich erinnerte mich noch gut daran, wie lange seine Strafpredigt gedauert hatte, als die Presse mich mit einer Fluppe im Mund erwischt und abgelichtet hatte.

»Was für ein Schlitzohr!«

»Was ist denn los?« Neugierig war Nicky näher gekommen.

»Ich habe den Präsidenten der Vereinigten Staaten beim Rauchen erwischt. Ich bin gleich wieder da«, sagte ich zu ihr und verließ die Bibliothek.

Bis ich unten im Garten angekommen war, war Dad natürlich verschwunden, aber ich wusste genau, wo ich ihn antreffen würde. Ich lief mit Frank, einem Agent im Schlepptau, direkt ins Oval Office. Die Gorillas überschlugen sich mit ihren Funksprüchen, als er ihnen durchgab, auf welchen Weg ich mich machte.

Ich betrat das Vorzimmer, und Mrs. Springer, Dads Sekretärin, sah über ihre Brille zu mir auf.

»Hallo Leni! Du kannst reingehen, er erwartet dich bereits«, sagte sie freundlich.

»Danke.« Ich ging durch die lederne, wuchtige Tür und ersparte mir das Anklopfen. Nach seiner Wahl hatte Dad die Innenausstattung des Büros kaum verändert. Nur die Wände waren hell gestrichen worden, und er hatte sich von den schweren dunkelblauen Vorhängen, die ohnehin viel Licht verschlungen hatten, getrennt. Jetzt war das Oval Office frisch und lichtdurchflutet, mit gemütlichen Sofas und einer Saftbar. Es war ein sehr schönes Büro. Was mich aber schon immer fasziniert hatte, waren die geheimen Notfallknöpfe, die im ganzen Raum unsichtbar für alle Besucher versteckt waren. Sogar eine Falltür sollte es hier geben.

Schon oft hatte ich versucht, Dad darüber auszuquetschen, aber nicht mal mir gab er einen winzigen Hinweis. So blieben die Mythen und Geheimnisse des weltberühmten Büros des Präsidenten ein Mysterium.

Dad saß an seinem Schreibtisch und telefonierte. Er winkte mich zu sich, während er weiterredete. Man konnte viel über den mächtigsten Mann der Welt sagen, aber für mich nahm er sich immer ein paar Minuten, wenn ich einfach bei ihm hereinplatzte, so wie jetzt. Ich schlenderte zur Sofagruppe und setzte mich.

»Drücken Sie in einem Schreiben unser Bedauern aus und verweisen Sie auf den Kongressabgeordneten Murdock. Vielen Dank.« Dad beendete das Gespräch und wandte sich mir zu. »Leni! Was für eine Überraschung.«

Er kam zu mir, nahm aber auf dem gegenüberliegenden Sofa Platz.

»Hi Dad.«

»Na, was treibt meine Lieblingstochter in der Machtzentrale?«

»Och, nichts Besonderes ... Sag mal, nach was riecht es denn hier?« Ich schnupperte und verzog dabei das Gesicht.

»Hier? Wieso? Ich rieche nichts!« Er spielte das Unschuldslamm.

»Doch.« Naserümpfend stand ich auf und tat so, als würde

ich nach der Quelle schnüffeln. Ich wusste ja, wo ich suchen musste, und lief direkt in seine Richtung. »Es riecht ... es riecht ganz eindeutig nach Zigarettenqualm«, sagte ich grinsend, beugte mich zu ihm hinunter und sah ihm in die Augen.

Sein Gesicht fror ein. Er wusste, dass er aufgeflogen war, und schluckte hart. »Du verrätst mich doch nicht, Pepper, Liebes?«

Erhaben und hocherhobenen Hauptes setzte ich mich zu ihm auf die Lehne. Er schlang seinen Arm um meine Mitte. Ich konnte mir das siegreiche Lächeln nicht verkneifen. »Tja, was soll ich sagen, Mr. President? Ich denke, Sie sitzen ganz schön in der Tinte. Hm …« Ich tat so, als würde ich nachdenken.

»Pepper? So was nennt man Erpressung, und das weißt du.«

»Na ja, Erpressung ist ein hartes Wort, findest du nicht?«

Er seufzte und rollte mit den Augen.

»Stell dir vor, Mum erfährt davon. Sie macht dir die Hölle heiß, Dad.«

Er dachte nach. Wir hatten beide sofort das Bild von Mum vor Augen, wie sie ihn wie eine Furie oder ein feuerspuckender, wütender Drache vernichten würde.

Dad machte große Augen und blickte fast ängstlich zu mir auf. »Du darfst es ihr auf keinen Fall verraten, okay?«

Ich lachte. Mum kannte, was das Rauchen betraf, kein Pardon. Sie hatte es noch nie leiden können, wenn er rauchte, und würde ihm den Hintern aufreißen – so viel stand fest. Er hatte wahrscheinlich mehr Angst vor Mums Reaktion als davor, dass die Weltpresse sich das Maul darüber zerriss. Perfekte Ausgangslage für mich. Mein Grinsen wurde noch breiter.

Er seufzte und schaute mich grimmig an. »Na schön, was willst du?« Er hob den Zeigefinger. »Aber übertreib es nicht.«

Angestrengt dachte ich nach, überlegte, was ihn mein Schweigen kosten könnte. »Mir fällt gerade nichts ein, deshalb sagen wir, du schuldest mir einen Gefallen – sozusagen für später, okay?«

»Einen Gefallen also?«

Ich nickte.

»Na gut, solange es nicht die Weltherrschaft ist.« Er reichte mir seine Hand und wir besiegelten unsere Vereinbarung.

»Warum hast du überhaupt damit angefangen?«

Müde fuhr er sich übers Gesicht und seufzte schwer. »Keine Ahnung. Zurzeit versuche ich, ein paar Gesetzesentwürfe im Kongress durchzubekommen, die heiße Phase des Wahlkampfes beginnt bald und die Republikaner sitzen mir mit ihrer unermüdlichen Kritik im Nacken. Es ist nicht einfach. Das Rauchen entspannt mich. Ich weiß, dass ich das nicht tun sollte.«

»Allerdings, Mr. President«, stimmte ich ihm zu. »Jedes Kind weiß, dass das total ungesund ist.«

Er sah mich abschätzend an. »Du kleine Heuchlerin! Du hast doch selbst schon geraucht, und hin- und wieder tust du es bestimmt immer noch.«

»Ich rauche nur, wenn ich Lust darauf habe, Dad. Und ich bin jung, ich darf mich noch ausprobieren.«

»Tz ...!« Er schüttelte den Kopf. »Nach dem Wahlkampf höre ich wieder auf. Schließlich muss ich ja für dich ein Vorbild bleiben.«

Es war herrlich, so offen mit ihm zu sprechen. Er gab mir immer das Gefühl, dass er mich nicht ständig mit Regeln und Forderungen zurechtwies. In seinem Herzen war er jung geblieben, deshalb verstand er mich und verzieh mir schnell meine Fehltritte.

»Du warst und wirst immer mein großes Vorbild sein.« Ich gab ihm einen Kuss auf die Wange.

Die Sprechanlage auf seinem Schreibtisch ertönte. »Mr. President, der Wirtschaftsminister ist am Telefon und ihr nächster Termin wartet bereits.«

»Da hörst du es. Die Pflicht ruft.«

»Na gut, dann verschwinde ich besser. Dann haben wir eine Abmachung?«

»Natürlich. Ich schulde dir einen Gefallen.«

Noch einmal reichten wir uns die Hand, dann lief ich zur Tür.

»Verflixt noch mal, diesmal habe ich wirklich aufgepasst. Rück ihn sofort wieder raus.«

Nach seinem Montblanc suchend, tastete er sein Jackett ab.

Ich lachte, drehte mich zu ihm um und streckte ihm den Stift entgegen. »Tja Dad, du musst einfach schneller und aufmerksamer werden.«

~

Ich war so froh, Nicky an meiner Seite zu haben, als wir die kleine Kapelle, in der die Gedenkfeier für die Unfallopfer stattfand, betraten. Die Luft war erfüllt von leisem Wimmern, ansonsten herrschte absolute Stille. Zwei große Porträts mit fröhlichen Kindergesichtern und eines mit der verstorbenen Mrs. Smith standen ganz vorne beim Altar, umringt von Blumengestecken. Mir stockte der Atem und abrupt blieb ich stehen. Gnadenlos traf mich die Realität, dass bei dem Unfall drei Menschen gestorben waren.

»Alles in Ordnung, Leni?«, fragte Mum flüsternd.

Ich brauchte ein paar Sekunden, um mich wieder zu fangen, und nickte.

»Wir schaffen das.« Sie nahm meine Hand, und langsam schritten wir, begleitet von Getuschel und Geflüster, den Mittelgang entlang bis zu den für uns reservierten Plätzen. Mum begrüßte leise die Leute und richtete schließlich ihren Blick nach vorne.

Diese Kraft besaß ich nicht. Mir war zum Schreien zumute. Ich kämpfte mit den Tränen, sobald ich die Porträts ansah. Es brach mir das Herz, noch einmal in die kindlichen Gesichter zu schauen. Der Schmerz traf mich so heftig, dass ich kaum atmen konnte. Drei Menschen waren gestorben, hatten ihr Leben verloren, und Nukas Schicksal war noch immer ungewiss. Meine Hände waren eiskalt und ich zitterte.

Die Kirchenorgel erklang und der Priester begann mit seiner Predigt. Nicky nahm meine Hand, hielt sie die ganze Zeit und sorgte so dafür, dass ich es bis zum Ende durchstand. Noch Stunden später war ich erfüllt von Trauer und den Worten des Priesters, der den Tod der drei als sinnlos beschrieben hatte. Genauso sah ich das auch, jedoch fiel es mir schwer, an einen Gott zu glauben, der so etwas zuließ.

Einen Tag bevor Luke und Steven ihren Dienst wieder antreten würden, schlenderten Nicky und ich abends durch das Weiße Haus, begleitete von Frank, der gelangweilt hinter uns herlief und seinem Handy mehr Aufmerksamkeit schenkte als uns.

»Wenn wir nach Harvard zurückgehen, werden mehr Agents um mich herumschwirren«, sagte ich und hakte mich bei Nicky unter.

»Noch mehr?«

»Ja. Wegen der Sache mit dem Briefschreiber hat Dad das Bewachungspersonal erhöht. Aber vielleicht schnappen sie den Kerl bald, dann wird er einige Bodyguards abziehen und ich habe wieder mehr Luft zum Atmen.«

»Das wäre gut. Sag mal, John F. Kennedy hat sich doch hier immer mit Marylin Monroe zum Schäferstündchen getroffen, oder nicht?« Wir liefen gerade durch die Ausstellungsräume im Ostflügel, die normalerweise immer überfüllt mit Besuchern waren. Zum Glück war der Bereich bereits geschlossen, und so konnten Nicky und ich uns frei bewegen.

»Meistens traf er sich in New York mit ihr. Das Einzige, was ich weiß, ist, dass es hier einen geheimen Tunnel geben soll, durch den sie im Weißen Haus ein und ausgegangen war. Nur Kennedys Bodyguards wussten davon und deckten ihn, damit seine Ehefrau davon nichts mitbekam.«

»So ein Schweinehund«, platzte es aus Nicky heraus. Für einen Moment starrten wir uns entsetzt an, weil sie das in diesen historischen Gemäuern laut ausgesprochen hatte. Aber Fremdgehen blieb eben Fremdgehen – ob es der Präsident war oder der Papst, spielte keine Rolle. Wir brachen in Gelächter aus.

»Glaubst du, sie hat es gewusst?«, fragte sie nachdenklich.

»Natürlich. Jackie Kennedy war nicht dumm. Ich denke, sie hat es toleriert, weil sie ihn geliebt hat.«

»Ich weiß nicht, ob ich so was könnte. Stell dir vor, du gehst zum Friseur und dein Göttergatte feiert in der Zwischenzeit wilde Orgien mit irgendwelchen Weibern. Ich würde ihn fertigmachen.«

Ich lachte. »Ich hätte ihm auch die Eier abgerissen, damit er ein heiseres Halleluja singen kann. Aber wer weiß, vielleicht gab es eine heimliche Abmachung zwischen ihnen. Fakt ist, ich hätte Marilyn Monroe spätestens, als sie ihr berühmtes ›Happy Birthday, Mr. President‹ gesungen hat, in ihren verruchten Hintern getreten und bloßgestellt, auch wenn sie ein einsames Mädchen gewesen ist.«

Zustimmend nickte Nicky. »Komm, lass uns mit Sandy telefonieren. Sie hatte heute diese fiese Klausur.«

»Ja, sie wird mit den Nerven am Ende sein.«

Zielstrebig verließen wir den Museumsteil und gingen durch die große Halle zum Aufzug. Fröhliche Männerstimmen drangen zu uns, und sogleich setzte mein Herz aus. Beim Klang seiner unglaublich volltönenden Stimme überschlug sich mein Herz. Luke war heute schon zurück?

Keine vier Sekunden später entdeckte ich ihn, zusammen mit Steven und einigen anderen Männern, ausgelassen und lachend in unsere Richtung laufend. Es kribbelte in meinem Magen und ... ich freute mich, dass er wieder da war. Oh Mann! Es sah ganz so aus, als würde mein Körper ab sofort bestimmen, was Sache war. Das wurde ja immer schlimmer.

Ich hatte unsere Nacht als einen One-Night-Stand abgetan und eigentlich geglaubt, damit gut klarzukommen, aber jetzt, da ich ihn wiedersah, war jede Vernunft und jede logische Erklärung wie fortgewischt. Er sah so gut aus.

Die Männer lachten und alberten herum, hatten das Trainingsende mit ein paar Bier gefeiert. Soweit ich wusste, war das Training hart und die Agents jedes Mal froh, wenn sie es hinter sich gebracht hatten. Nervös knabberte ich an meinem Daumennagel und blickte in ihre Richtung. Es war das erste Mal, dass ich ihn so ausgelassen und guter Dinge erlebte. Sein breites Lächeln verschlug mir die Sprache, und ein wenig Neid stichelte in meinem Bauch, weil es nicht mir galt.

»Oh, guten Abend, Ms. Davis«, sagte Steven.

Die Männergruppe blieb stehen.

»Hi!« Ich schaute zu ihm, lächelte freundlich und versuchte angestrengt, cool und gelassen zu wirken. »Hi Jungs, wie war das Training?«

»Ausgesprochen gut. Unser neuer Champ hier hat Gefallen daran gefunden, ein paar Rekorde zu brechen.« Kameradschaftlich legte Steven seinen Arm um Luke und drückte ihn. »Er hat sogar zwei seines Vaters gebrochen und unser Team damit zum Sieg geführt.«

»Gratuliere, Mr. Carter.«

»Danke, Ms. Davis.«

Steven und Richie erzählten voller Begeisterung von ihrem Erfolg, aber ich hörte schon gar nicht mehr hin. Lukes Blick saugte mich fest, ließ mich nicht mehr los, bis Nicky mir in die Rippen stieß.

»Leni, der Fahrstuhl ...« Sie zog mich am Ärmel hinein.

»Glühstrumpf und viel Spaß noch bei der Meier.«

Erst als die Türen zuglitten und ich die Falten auf Lukes Stirn und den verständnislosen Ausdruck in Stevens Gesicht erkannte, wurde mir bewusst, was für einen Unsinn ich da gerade gesagt haben musste.

Genauso verwirrt starrte mich Nicky an. »Dein Ernst? Glühstrumpf? Was wolltest du damit sagen? Und auffälliger konntest du ihn nicht vollsabbern?« Sie seufzte. »Mannomann, Mädchen, dich hat es böse erwischt.«

Ich war echt nicht mehr zu retten. Normalerweise sorgte ich dafür, dass andere rot anliefen, aber diesmal schoss mir das Blut ungebremst ins Gesicht. Zum ersten Mal war ich tatsächlich sprachlos. Ich hatte gesabbert, ihn angeschmachtet und zu allem Überfluss total bescheuerte Sachen gesagt. So hatte ich mir unsere nächste Begegnung nicht vorgestellt.

»Das ist ja schlimmer, als ich vermutet habe.«

»Quatsch! Ist mir eben rausgerutscht und ...«, versuchte ich mich zu verteidigen, aber Nicky und ich wussten beide, dass Luke Carter mich völlig aus der Bahn geworfen hatte. Zum Glück öffneten sich die Türen; damit blieb mir jede weitere Erklärung erspart.

Nachdem einstündigen Gespräch mit Sandy lagen wir beide im Bett und starrten an die Decke. Da schnitt Nicky das Thema noch einmal an. »Leni? Schläfst du?«

»Nein. In meinem Kopf kreisen so viele Sachen.«

»Ich auch nicht. Ich wollte dir etwas sagen.«

Ich richtete mich auf und schaltete das kleine Nachtlicht ein. »Und was?«

»Ich kann dich verstehen, was Luke betrifft, aber wenn ich länger darüber nachdenke, habe ich irgendwie kein gutes Gefühl dabei.«

»Wie meinst du das?«

»Er ist ein toller Typ, aber wenn ihr euch ernsthaft ineinander verlieben solltet, weiß ich nicht, ob er bereit ist, seinen Job dafür zu opfern.«

»Du spinnst ja. Erstens werde ich mich voll und ganz auf Jim konzentrieren, so wie ich es vorhatte, und zweitens verlieben sich Typen wie Luke nicht, glaub mir. Meine kleine Schwärmerei für ihn wird vorübergehen, du wirst sehen.«

Skeptisch verzog sie den Mund. »Na, dann hoffe ich, dass du recht hast.«

~

Jims Party fand in einer Stunde statt und ich war aufgeregt.

Nicky hatte mich in ein dunkelblaues Minikleid gesteckt und wollte mich dazu überreden, in die passenden High Heels zu steigen. Doch ich wusste genau, dass das niemals gut gehen konnte, und ignorierte ihren Protest, als ich meine heiß geliebten Chucks anzog.

»Das sieht nicht gerade sexy aus. Steck wenigstens deine Haare hoch, du wirkst sonst wie eine Rockröhre.«

»Egal. Die Treter, in die mich Mr. Mangoo und Hugo immer zwingen, werde ich heute ganz sicher nicht anziehen, und mein Haar bleibt auch offen. Ich will mich heute Abend entspannen und nicht ständig aufpassen müssen, wie ich laufe.« Im Hinterstübchen wusste ich, dass Luke es mochte, wenn ich mein Haar offen trug, und genau deshalb wollte ich es so haben.

Sie seufzte theatralisch. »Du bist unverbesserlich.«

Wir wurden von Steven und Richie in die Tiefgarage geführt. Mehrere Agents warteten dort auf unsere Abfahrt. Sofort registrierte ich, dass Luke nicht dabei war. Enttäuschung machte sich in mir breit. Ich sah mich nach ihm um, während Steven mir die Tür aufhielt. So gerne hätte ich ihn nach Luke gefragt, aber ich traute mich nicht. Es war schon schlimm genug, dass Steven über den Kuss im Park Bescheid wusste.

Ich stieg ein und verbarg meinen Frust.

Ein paar Häuser vom *Ben's Chili Bowl* entfernt, fuhr unser Wagen in einen Hinterhof und parkte fernab von neugierigen Blicken. Stillschweigend folgten wir Steven, der uns in das Haus führte, in dem sich der Verbindungstunnel zum Restaurant befand. Nacheinander stiegen wir die Kellertreppe hinunter und liefen weiter in den Keller hinein. Ich hatte schon oft den geheimen Durchgang benutzt, aber allein hätte ich mich in dem Labyrinth nie zurechtgefunden. Für Nicky war es das erste Mal, und genauso schaute sie auch.

Ängstlich und mit weit aufgerissenen Augen schnappte sie mehrmals nach Luft. »Leni? Sind wir hier richtig?«

»Ja klar, du kleiner Schisshase.« Ich lachte, ergriff ihre Hand und schleppte sie weiter. Kühle, feuchte Luft schlug uns entgegen, gemischt mit einem modrigen Geruch, der mich an den Keller meiner Großmutter erinnerte. Im Tunnel selbst gab es Licht.

»Wieso gibt es überhaupt so einen geheimen Gang? Wer hat den gebaut?«, wollte Nicky wissen, während wir Steven folgten.

»Keine Ahnung, aber solche Systeme gibt es auch im Weißen Haus. Angeblich soll ein ganzes Netz unterhalb der Stadt Washington liegen. So ist gewährleistet, dass im Falle eines Falles der Präsident jederzeit in alle Richtungen entkommen und alle Regierungsgebäude erreichen kann.«

Wir hatten eine beachtliche Strecke zurückgelegt, als wir das Ende des Tunnels erblickten. Steven öffnete die Tür und Musik drang aus dem oberen Stockwerk zu uns.

13

Luke

Seit zwei Stunden war unser Team damit beschäftigt, das *Ben's Chili Bowls* für die Party abzusichern. Oberstes Gebot: Die Präsidententochter jederzeit in Sicherheit bringen zu können. Dafür mussten mindestens sechs Agents in ihrer Nähe bleiben und der Rest in Zivilkleidung das Gebäude und die Straßen sichern.

Die Tage im Trainingslager hatte ich gebraucht, um meinen Verstand wieder geradezurücken. Ich durfte nicht zulassen, dass Leni mir den Kopf verdrehte, ganz egal, wie fantastisch sie im Bett gewesen war und wie oft ich an sie denken musste. Sie war mein Job, und daran würde sich ab sofort nichts mehr ändern.

Jim Henderson beobachtete mich, während ich mit Richie, Jeff und den anderen den kleinen Saal des Restaurants nach Auffälligkeiten überprüfte. Nur einmal trafen sich unsere Blicke, und die signalisierten deutlich, dass wir uns beide nicht mochten. Auf mich wirkte er wie ein reicher, verwöhnter Schnösel, der stets das bekam, was er haben wollte. Es juckte mich immer noch in den Fingern, ihm auf unkomplizierte Weise klarzumachen, dass das Leben nicht aus Reichtum und Sorglosigkeit bestand. Verdammter Snob!

Es war ganz schön was los. Henderson hatte mehr als dreißig Leute eingeladen, die sich alle für seine Freunde hielten – allen voran die weiblichen Gäste. Sie umgarnten ihn wie Spinnen, und jede buhlte um seine Aufmerksamkeit. Der Kerl genoss seine Party und ließ sie sich einiges kosten: Kaviar, Champagner, ein Privatkoch und Kellner, deren Aufgabe es war, der High Society die Wünsche von den Augen abzulesen. Die Privatparty war in vollem Gange und Musik dröhnte aus den Lautsprechern.

»Bluefire mit Begleitung wird in zwei Minuten eintreffen«, schallte es durch meinen Knopf im Ohr.

Wir machten uns bereit. Zuerst sah ich Steven durch die Hintertür kommen, dicht gefolgt von ...

Shit! Ganz automatisch klebte mein Blick an ihr. Sie sah umwerfend aus in ihrem engen Kleid, das sich wie eine zweite Haut um ihren Körper schmiegte. Und wieso, verdammt noch mal, trug sie ihr Haar schon wieder so aufreizend offen?

Ruhig, alter Junge. Sie ist ein Job – nichts weiter.

Sofort wurde Jim auf sie aufmerksam, befreite sich von den Frauen, die ihn seit mehreren Minuten in Beschlag genommen hatten, und versperrte mir die Sicht auf Leni. Mein Magen krampfte, als ich sah, wie seine Hände ihre Hüften umschlangen. Ich durfte solche Gedanken nicht zulassen.

Er begrüßte auch Nicky und führte die beiden wie Trophäen zu seinen Gästen. Zugegeben, Henderson wirkte in Lenis Gegenwart weicher und sie schien ihm wirklich wichtig zu sein, aber ich konnte nicht begreifen, was die beiden so innig verband. Was hatten sie schon gemeinsam, außer vielleicht einflussreiche Eltern? Auch sonst waren sie sehr unterschiedliche Typen. Sie impulsiv und verrückt, er mit

seinen Polohemden, erfolgsorientiert und ... besitzergreifend.
Ich riss mich zusammen, versuchte diese neuen Emotionen, die mich jedes Mal heimsuchten, wenn ich ihr begegnete, zu analysieren. Es gab nur eine Erklärung: Die sexuelle Anziehungskraft, die sie auf mich hatte, war ungebrochen. Noch vor ein paar Tagen hatte ich geglaubt, dass diese eine Nacht ausgereicht hätte, um die aufgestaute Hitze zu entladen. Und nun musste ich feststellen, dass sich nichts geändert hatte. Ich wollte sie noch immer. Gier pulsierte durch meine Hüften, wenn ich sie ansah, was ich sofort zu unterdrücken versuchte. Das könnte ein echtes Problem werden.

Mir entging nicht, dass sie sich immer wieder umsah, als würde sie jemanden suchen. Erst als ihr Blick meinen traf, schien sie zufrieden und schenkte mir ein umwerfendes, aber kurzes Lächeln. Mannomann! Diese Frau wusste genau, wie sie mich zerstören konnte. Ihr Blick war verführerisch und meine Fantasie ging mit mir durch. Heftiges Verlangen schoss in meinen Schwanz, und die Vorstellung, mich tief und fest in ihr zu vergraben, benebelte mein Hirn. Ich schluckte, bis sie sich aus dem Blickkontakt löste und Jim zuwandte. Ich war paralysiert und registrierte das Summen meines Handys erst, als sie sich schon längst Hendersons Freunden zugewandt hatte.

›Caroline‹ stand auf dem Display. Fuck! Ausgerechnet jetzt! Ich gab Richie ein Zeichen, damit er mich ablöste, und ging hinaus in den Flur. »Caroline, was gibt's? Ich bin mitten im Einsatz.«

»Luke, na endlich! Seit Stunden versuche ich dich zu erreichen.«

»Was ist denn los?«

Caroline, meine ältere Schwester, klang besorgt. Nachdem

Mum gestorben und Dad einige Monate später in Ruhestand gegangen war, kümmerte sie sich um ihn. Ich wusste, dass es nicht einfach mit ihm war, aber als ich die Chance erhalten hatte, beim Secret Service einen Minister zu bewachen, hatte ich mich endgültig dazu entschieden, Bowling Green zu verlassen. Ich ließ Caroline und Dad mit all den Problemen allein.

Obwohl mich beide dazu gedrängt hatten, nach Washington zu gehen und meiner Karriere den richtigen Schubs zu geben, hatte ich meiner Schwester gegenüber immer ein schlechtes Gewissen.

»Du musst mir helfen. Ich weiß nicht, was ich noch tun soll.«

»Jetzt mal der Reihe nach. Was ist passiert?«

»Er ... er ... wird immer schwieriger.« Sie seufzte tief. »Du weißt, wie sehr er sich verändert hat, seit Mum nicht mehr da ist. Ich koche, putze und wasche seine Klamotten für ihn. Wenn er sich von mir dazu überreden lässt, geht er mit viel Glück duschen. Stundenlang schließt er sich in seinem Büro ein. Er ist schlampig, hat ganz schreckliche Laune, sogar den Zeitungsjungen und unseren Postboten hat er aufs Übelste beschimpft. Das Schlimmste ist: Die Leute im Ort reden bereits über ihn.«

»Ach, Caroline, vergiss die Leute.«

»Du bist ja nie da und bekommst nicht mit, wie sie sich das Maul über uns zerreißen. Das ist alles nicht so leicht, Luke. Ich bin Lehrerin und schaffe es kaum noch pünktlich zum Unterricht, verdammt! Der Direktor will jetzt ein Gespräch, und ich habe Angst, meinen Job zu verlieren. Das können wir uns nicht leisten.« Shit! Ich wusste, wie schwierig Dad sein konnte, aber davon, dass die Probleme so groß geworden waren, hatte ich keine Ahnung gehabt. Das klang sehr nach Depressionen.

»Was sagt Dr. Miles dazu? Hast du mit ihm gesprochen?«

Sie lachte auf. »Dad hat ihn vor ein paar Tagen aus dem Haus geworfen.«

»Was? Wieso das denn?«

»Weil er ihm eine Therapie in einer Klinik vorgeschlagen hat.«

Ich fuhr mir durchs Haar. »Was soll ich tun? Wie kann ich helfen?«

»Wir müssen ihn irgendwie dazu bringen, dass er wieder zur Vernunft kommt. Ich glaube, dass er Mums Tod nicht überwinden kann und in einem tiefen Loch steckt.«

Angestrengt dachte ich nach, drehte mich um und blickte in Lenis Gesicht. Ich war so überrascht, dass ich ins Stottern kam. »Äh ... ja ... Kann ich dich zurückrufen?«

»Lass mich nicht hängen, Luke. Ich brauche dich.«

»Nein, das werde ich nicht. Sobald ich kann, komme ich – versprochen.« Ohne Leni aus den Augen zu lassen, beendete ich das Gespräch.

»Probleme?«, fragte sie und sah mich mit ihren großen dunklen Augen an.

Wie viel hatte sie von dem Anruf mitbekommen? Sie hatte diesen mitfühlenden Ausdruck im Gesicht, und tatsächlich entschlüpften mir ein paar private Dinge, über die ich sonst mit niemandem sprach. »Ja ... das war meine Schwester. Unserem Vater geht es nicht gut.«

»Tut mir leid, das zu hören.«

»Ja, ich ... Was tust du hier draußen? Genießt du nicht die Party?« Froh, sie von meiner Problematik ablenken zu können, spielte ich ihr den Ball zu.

»Ich habe Steven Bescheid gegeben. Er weiß, dass ich bei dir bin.«

›... dass ich bei dir bin.‹ Das klang so vertraut, als wäre es das Natürlichste der Welt, und genauso fühlte es sich an. Sofort unterbrach ich den verrückten Gedankengang. »Du solltest zurück zur Party«, sagte ich kühl und nickte zur Tür.

Sie senkte ihren Blick und nestelte verlegen an ihrem Kleid. »Ich denke, wir sollten kurz über unsere Nacht … ich meine ... über das reden, was zwischen uns geschehen ist. Findest du nicht?«

Ihre Wangen färbten sich rosa, und irgendwie hatte ich das Gefühl, dass sie ... Scheiße! Wo führte diese Unterhaltung hin? Unruhig trat ich von einem Bein aufs andere.

»Ich denke, wir sollten es dabei belassen«, begann ich vorsichtig. »Es tut mir leid, ich weiß auch nicht, was an diesem Abend in mich gefahren ist. Es wird nicht wieder vorkommen.«

Sie nickte leicht und sah mich an. »Es braucht dir nicht leidtun – ich war genauso daran beteiligt wie du. Es war ein Ausrutscher.«

Kaum waren die Worte über ihre Lippen gekommen, war es, als würde ich im Regen stehen, obwohl ich selbst angefangen hatte, die Grenze zwischen uns zu ziehen. Wäre sie nicht die Tochter des Präsidenten, dann ...

»Jim und ich werden ...«

Fuck! Ein Stich durchdrang mein Herz und es schmerzte. Ich verschränkte die Arme, erwiderte nichts und wartete, bis mein Hirn die Nachricht verarbeitet hatte. »Mr. Henderson ist sicherlich eine gute Wahl«, sagte ich kühl.

»Wir können ja trotzdem Freunde sein«, schlug sie plötzlich vor.

Freunde? Sie war mein Job, noch dazu ein wirklich schwieriger. »Okay, Freunde«, bestätigte ich Trottel, süchtig nach ihrem Lächeln.

»Freunde«, wiederholte sie gedankenverloren. »Gut, ich bin froh, dass wir das klären konnten.«

Es folgte ein langer Blick, und mir wurde klar, dass sie meine ganz persönliche Herausforderung war. Dieser Job war anders. Sie wirbelte all meine Prinzipien durcheinander und fegte mit einem Wimpernschlag meine Regeln über Board.

Als Leni wieder zur Party gegangen war, fühlte ich mich mies. Eigentlich mieser als mies – um genau zu sein, echt beschissen. Meine Probleme wuchsen mir über den Kopf. Ich musste mich dringend zu Hause blicken lassen und eine Lösung für Caroline und Dad finden.

Ich stand auf der anderen Seite des Saals und hatte freie Sicht auf meinen Schützling. Sie saß zusammen mit Jim und einigen seiner Freunde an einem Tisch und unterhielt sich angeregt. Ein paarmal erhellte ihr glockenklares Lachen den Raum, was mein Herz schneller schlagen ließ. Mir entging nicht, wie sie strahlte – sie schien glücklich und zufrieden zu sein. Ich konnte nicht aufhören zu ihr hinüberzuschauen. Jedes Mal, wenn Jim seinen Arm um sie legte oder sie berührte, verfluchte ich ihn. Verdammt!

In was für eine beschissene Lage war ich da nur geraten? Für alle war es offensichtlich, dass Leni Davis und Jim Henderson zusammengehörten. Meine Eifersucht machte mich krank, und die Stimme der Vernunft flüsterte mir die Lösung für dieses Problem zu. Ich musste fort, mich versetzen lassen, auch wenn das einen herben Rückschlag für mich und meiner Karriere bedeuten würde.

Meine Aufmerksamkeit wurde auf eine andere Person

gelenkt – Daniel Henderson. Während sein Bruder feierte und sich von den weiblichen Gästen bewundern ließ, saß er schon die ganze Zeit friedlich allein am Tisch. Vor ihm stand eine halbleere Flasche Whiskey. Seine gebeugte Haltung und sein starrer Blick ins Glas, deutete darauf hin, dass er Sorgen hatte. Er wirkte niedergeschlagen. Böse Zungen behaupteten, dass er seiner Exfreundin immer noch hinterher trauerte und eine Menge Schulden hatte.

Plötzlich nahm Leni neben ihm Platz und legte ihren Arm um seine Schulter. Wahrscheinlich war ihr seine schlechte Stimmung auch aufgefallen. Liebeskummer, Geldnot und Alkohol waren keine gute Kombination. Auf mein Bauchgefühl hörend, schlenderte ich in ihre Nähe – nur zur Sicherheit.

»... Mir gehts gut, geh und spiel mit meinem Bruder«, brummte Danny und befreite sich von ihrem Arm. »Ich will einfach nur hier sitzen, okay?«

»Hast du Lust, mit mir zu tanzen?«

»Nein, du weißt genau, dass ich nicht tanzen kann.«

Sie seufzte, ließ aber nicht locker. »Dann ... erzähl mal, was ist denn los mit dir?«

Genervt drehte er sich zu ihr. »Lass gut sein, Leni. Ich will weder plaudern, noch tanzen und deine Gesellschaft will ich auch nicht, also zieh Leine.«

»Warum bist du dann überhaupt hier?«

»Na, dreimal darfst du raten ... Weil dein Henderson mir das befohlen hat. Er zieht die Fäden und seine Marionette tanzt. Also, geh einfach, freu dich, dass er so ein toller Hecht ist und lass dich von ihm durchvögeln«, lachte er dreckig.

Ihre Wangen röteten sich vor Wut. »Ich geh ja schon. Bade in deinem Selbstmitleid, tröste dich weiter mit Whisky und ein heißer Tipp von mir: Fick dich ins Knie.«

Schmunzelnd sah ich ihr nach, wie sie davon rauschte. Was für eine scharfe Braut!

Daniel war betrunken und hatte genug. Über Funk teilte ich unseren Jungs mit, dass jemand dafür sorgen musste, dass Henderson nach Hause kam. Keine fünf Sekunden später tauchten zwei unserer Leute auf und führten ihn hinaus. Ich war froh, dass er kein Theater machte.

Steven schlenderte über die Tanzfläche und kam auf mich zu. Er stellte sich neben mich. »Der sollte sich wirklich Hilfe holen, das wird immer schlimmer.«

»Ja, den Eindruck habe ich auch«, nickte ich. Wir schwiegen und beobachteten unseren Schützling. Jim hatte Leni gleich darauf wieder in Beschlag genommen und unterhielt sich mit ihr. Gebannt beobachtete ich sie. Ihre Wut war verflogen, Jim wusste genau, welche Knöpfe er drücken musste, um sie zum Lächeln zu bringen.

»Henderson liebt sie, und sie wird ihn eines Tages heiraten, Luke. Du solltest sie dir aus dem Kopf schlagen«, sagte Steven, ohne den Blick von ihr abzuwenden. Verwundert über seine Worte wollte ich ihm widersprechen, aber ich ersparte mir das Lügennetz, das mir schon auf den Lippen lag. Steven, der Hund, hatte mich durchschaut. Der Kerl schien feine Antennen zu haben. Ich sollte mir endlich eingestehen, dass ich mehr für Leni empfand, als gut für mich war. Tief in mir regte sich etwas, was ich nicht verstand. Schweigend senkte ich den Blick. Was hätte ich auch erwidern sollen? In allen Punkten hatte er recht.

Leni und Jim erhoben sich und liefen in den angrenzenden Wintergarten. Steven gab Richie und mir ein Zeichen, ihnen zu folgen. Ich musste beweisen, wie gut ich mich im Griff hatte und dass ich ein Profi war. Mit langsamen Schritten ging ich ihnen nach.

Die Luft im Glashaus war feucht und drückend. Unzählige Pflanzen verdunkelten das künstliche Licht und Blumen verströmten einen süßen Duft, der mir im Augenblick zuwider war. Im Wintergarten war es ruhiger als auf der Party, nur der dumpfe Bass dröhnte. Jim schlenderte mit Leni zu einer Bank und zog sie auf seinen Schoss. Ich biss die Zähne zusammen, als sie ihren Arm um ihn legte.

Mein Blick ruhte aus sicherem Abstand auf ihnen. Henderson redete leise mit ihr. Einerseits war es mein Job einfach wegzuhören, und andererseits hätte ich gern gewusst, was er ihr ins Ohr flüsterte.

»Was?! Aber ... wieso erzählst du mir erst jetzt davon?« Abrupt stand Leni von seinem Schoss auf und starrte wütend auf ihn herunter.

Sofort war ich in Alarmbereitschaft. Richie und ich schauten uns kurz verwundert an und traten auf die beiden zu.

»Ich wollte es dir ja sagen, aber ... du hattest andere Sorgen, und ich ...«

»Alles in Ordnung, Ms. Davis?«, fragte ich sachlich.

»Halten Sie sich da raus, Carter«, giftete Henderson mich an. »Das geht Sie nichts an.«

»Und mich geht das wohl auch nichts an, oder was?«, schnaubte Leni sauer. Rote Flecken hatten sich in ihrem hübschen Gesicht ausgebreitet. Was hatte der Mistkerl ihr verschwiegen, dass sie sich so sehr ärgerte?

»Lass es mich erklären, bitte.« Jim war aufgestanden und sah sie flehend an.

Langsam drehte sie ihren Kopf zu mir. »Ist okay.« Dann schaute sie wieder zu Jim und wartete darauf, dass wir uns zurückzogen. Richie, der noch weniger Ahnung von allem hatte als ich, stockte. Nickend gab ich ihm ein Zeichen, und wir gingen wieder auf unsere Posten.

»Wir bleiben in der Nähe, Ms. Davis«, verkündete ich noch zögernd und ließ Henderson nicht aus den Augen. Was hatte der Mistkerl zu ihr gesagt? Was hatte sie so wütend werden lassen? Natürlich ging mich das nichts an, aber allein wie er auf sie einredete und ihr dabei mit den Händen immer wieder über den Arm strich, verriet, wie viel Mühe er sich gab, sie um den Finger zu wickeln.

Ich wurde ungeduldig, je länger es dauerte. Nur Richie schien den Vorfall ad acta gelegt zu haben und konzentrierte sich auf die Musik, die aus dem Partysaal zu uns herüberschallte. Gelegentlich hörte ich Lenis Stimme. Traurigkeit lag darin. Mit vielem kam ich klar, aber nicht damit, dass dieser Schnösel sie zum Weinen brachte. Das war meine Schwäche – Tränen. Damit konnte ich einfach nicht umgehen. Angestrengt lauschte ich, wollte wissen, was sie so aufregte. Die Minuten fühlten sich wie eine Ewigkeit an.

Endlich! Sie erhoben sich und schlenderten aus dem Wintergarten. Dabei hielt er ihre Hand fest in seiner und würdigte mich keines Blickes. Als sie an mir vorbeiliefen, schaute Leni kurz zu mir auf. Keine Spur von Tränen oder Wut. Der Kerl hatte es echt drauf, sich bei ihr einzuschleimen.

Ich starrte auf ihre umschlungenen Hände. An dieses Bild sollte ich mich gewöhnen. Fest biss ich auf meine Zähne und wartete, bis ich mich selbst wieder im Griff hatte.

Zurück im Saal gab Henderson dem DJ ein Zeichen, die Musik abzudrehen, um die Aufmerksamkeit seiner Gäste zu erlangen. Neugierig reckten einige die Köpfe, als er mit Leni zur Mitte der Tanzfläche lief. Die Leute bildeten einen Kreis und warteten gebannt und neugierig, was er zu verkünden hatte.

»Hey Jim, was ist los? Du willst uns doch nicht erzählen, dass Leni dich gekrallt hat und du unter die Haube kommst, oder etwa doch?«

Gelächter erfüllte den kleinen Saal, und Jim brachte die Menge mit einer Handbewegung zum Schweigen. »Wenn es nur das wäre«, witzelte er. »Es ist schlimmer. Ich habe euch heute Abend alle hergebeten, um meinen Abschied zu feiern.« Erstauntes Gemurmel waberte durch den Saal. Alle schauten sich fragend an. »Ich fliege über den großen Teich und gehe für eine Weile nach London.«

Raunen war zwischen Jims Freunden zu hören. Zwei junge Frauen hielten sich vor Schreck die Hand vor den Mund.

Er ging fort – sehr gut. Ich unterdrückte ein Schmunzeln.

Und Leni?

Mein Blick wanderte zu ihrem Gesicht. Mit ausdrucksloser Miene blickte sie in die Menge, aber nur kurz. Dann schaffte sie es, dass niemand ihr in die Karten schauen konnte, und lächelte. Allerdings wusste ich, dass das Lächeln unecht war – es erreichte ihre Augen nicht.

»Für wie lange lässt du uns im Stich?«, rief eine Blondine Henderson zu.

»So genau weiß ich das noch nicht. Vorerst sind sechs Monate geplant, und dann sehe ich weiter. Jedenfalls werde ich euch vermissen.«

Ein »Oh« kam von den Mädels, die ihn den ganzen Abend angeschmachtet hatten. Jim schaute zu Leni und beugte sich zu ihr hinunter. Er hauchte einen Kuss auf ihren Handrücken. Deutlich war ihr anzusehen, wie sie um Fassung rang. Sie lächelte tapfer und ließ sich nichts anmerken, aber ich kannte sie mittlerweile – sie schäumte vor Wut. Ihre Augen suchten traurig meinen Blick.

~

Drei Stunden später war die Party beendet und die Präsidententochter mit ihrer Freundin wohlbehalten zurück im Weißen Haus. Mir war aufgefallen, wie still Leni den ganzen Rückweg gewesen war. Einige von uns hatten spekuliert, ob sie Henderson nach London folgen würde. Ganz egal, wie es weiter gehen würde, ich musste eine Entscheidung treffen.

Um den Kopf freizubekommen, trainierte ich im hauseigenen Fitnessstudio. Ich war froh, allein zu sein. Mir war nicht nach Gesellschaft. Ich lag auf der Hantelbank und stemmte Gewichte. Damit es richtig wehtat, hatte ich mir ein paar Kilo zu viel draufgepackt. Es tat gut, das Brennen meiner Muskeln zu spüren. Das half mir, mich von meinen Problemen zu befreien.

»Ich dachte mir schon, dass ich dich hier finde.« Steven betrat das Studio und schaltete das Laufband ein. »Hast du immer noch nicht genug für heute?«

»Du anscheinend ja auch nicht«, stöhnte ich unter der Anstrengung.

Er begann locker zu laufen. »Am Sonntag geht es zurück nach Harvard. Ich schätze, die nächsten Wochen werden jetzt ruhiger. Dennoch wird es so sein, dass du einige Nachtschichten übernehmen musst.«

»Nachtschichten? Puh«, presste ich angestrengt hervor.

»Sorry Kumpel, aber da du der Neue bist, trifft es dich.«

Ich dachte nach. War das die Lösung für eines meiner Probleme? Ich hielt den Atem an und stemmte mit aller Kraft das Gewicht in die Höhe. »Also wenn du mich einsetzen willst, kein Problem.«

»Das ist anstrengend, Luke. Es sind Nachtschichten.«

»Mach dir keine Gedanken, ich schaffe das schon«, presste ich abgekämpft.

»Gut, ich werde dich einteilen.«

»Und wie sieht es mit einem Kurzurlaub aus?« Ächzend packte ich die Stange auf die Halterung und beendete mein Training.

»Wieso? Bist schon reif für die Insel?«, lachte er und studierte mich genau.

Ich ging zu meiner Wasserflasche und wischte mir den Schweiß ab. »Ich würde gern bei meinem alten Herrn vorbeischauen, sobald das möglich ist.«

»Probleme?«

Ich sprach nicht gern über meine Familie und ich wollte Steven auch nicht anlügen. »Ja, meinem Vater geht es nicht gut und meine Schwester braucht meine Hilfe.«

»Verstehe.« Er überlegte kurz. »Okay, ich werde sehen, was sich machen lässt.«

»Danke, Mann.«

»Gute Nacht.«

Ich ging gerade zur Tür, als er mich noch einmal zurückrief. »Äh, Luke?«

»Ja?«

Er stoppte das Laufband. »Wenn du reden willst, ich bin ein guter Zuhörer.« Er warf mir einen vielsagenden Blick zu. Ich hielt inne, war überrascht von seinem Angebot, welches ich auf keinen Fall annehmen konnte. Ich war nicht der Typ, dem das Herz auf der Zunge lag, und überhaupt trug ich meine Schlachten lieber allein aus.

Es war mitten in der Nacht, als ich beschloss, mich nicht mehr länger schlaflos im Bett zu wälzen, sondern mir die Füße im Park zu vertreten. Wenn Steven mich tatsächlich für einige Nachtschichten einteilte, konnte ich Leni Davis' Anziehungskraft aus dem Weg gehen und eine Versetzung aufschieben. Es kam mir vor wie ein Teufelskreis, aus dem es kein Entrinnen gab.

Der Park lag im Dunkeln, nur vereinzelnd beleuchteten die Laternen den Weg. Es war eine laue Frühsommernacht. Vor ein paar Monaten hätte ich um diese Zeit zwischen den Schenkeln einer Frau gelegen und mir die Seele aus dem Leib gefickt. Vielleicht sollte ich genau das tun, so könnte ich die Bilder von Leni endgültig aus meinem Gedächtnis verbannen. Ich verfluchte mich, dass ich es so weit zugelassen hatte. Sex war für mich Mittel zum Zweck, half mir, mich zu entspannen.

Seit damals hatte ich mir geschworen, niemals wieder Gefühle zuzulassen. Und jetzt? Jetzt war ich ein Gefangener meiner eigenen Dämonen, schaffte es nicht mal, meinen Prinzipien treu zu bleiben. Ausgerechnet bei dem Baum, bei dem Leni und ich uns geküsst hatten, blieb ich stehen. Das alles war schon sehr verrückt, aber noch verrückter war, dass ich einen Schatten am Boden direkt am Baumstamm sitzen sah. Ich trat näher und kniff die Augen zusammen, um besser sehen zu können.

»Woher wusstest du, dass ich hier bin?«, drang ihre Stimme leise zu mir.

Mit einem Mal waren meine Sinne wach.

»Du?« Ich sah mich um – weit und breit keine Bodyguards. »Was machst du schon wieder hier?«

»Nachdenken, und du?«

Ich stemmte die Fäuste in die Hüften. »Ohne Bewachung?« Absichtlich ließ ich meine Stimme vorwurfsvoll klingen. Dieses Mädchen würde es nie lernen. »Wo ist deine Nachtwache?«

»Auf seinem Posten, nehme ich an.«

»Dann hast du dich etwa wieder davongeschlichen?«

»Sieht ganz so aus. Hör auf zu nörgeln, Luke, und setz dich zu mir.«

Die hatte vielleicht Nerven! Ich sah mich um und fuhr mir gereizt durchs Haar. Verdammt! Ich hatte nicht die geringste Lust, mich zu ihr zu setzen. Wer wusste schon, ob ich mich in ihrer Nähe im Griff hatte? Andererseits ... Das Weiße Haus lag ruhig, niemand schien die Präsidententochter zu vermissen.

»Jetzt mach schon, Luke, bevor dich jemand sieht.«

Scheiß drauf. Ich folgte ihrem Wunsch, nahm neben ihr Platz und lehnte mich gegen den Baumstamm. Sie trug ihr Haar immer noch offen, aber ich konnte nur ihre Umrisse erkennen. Der Wind blies mir ihren Duft direkt in die Nase. Es kribbelte warm in meiner Brust! »Und? Wie hast du es geschafft abzuhauen? Wen hast du diesmal eingesperrt?«

Sie stieß mir in die Rippen. »Quatsch! So etwas mache ich nur bei dir.«

»Na, herzlichen Dank auch«, spielte ich beleidigt.

»Es ist nicht so schwer hier rauszukommen, wenn man die Technik und Abläufe des Secret Service kennt. Ich bin über das Sonnendeck auf den großen Baum gesprungen und heruntergeklettert. Kinderspiel! Habe ich schon oft gemacht. Meistens läuft die Parkwache gegen vier Uhr ihre Runde, ansonsten sitzen sie hinten in ihrer Wachhütte und spielen Karten.«

Sie war tough und ließ sich wirklich von nichts und niemandem einschüchtern. Fast, aber auch nur fast, hätte sie es geschafft, dass ich meine Meinung änderte und unseren Männern die Schuld gab, wenn sie sich so leicht von der Präsidententochter hinters Licht führen ließen.

»Und was hast du mit deiner Freundin gemacht?«

»Nicky? Die war total erledigt und ist sofort eingeschlafen.«

»Und warum schläfst du nicht?«

Sie riss einen Grashalm ab und zwirbelte ihn zwischen den Fingern. »Wegen verschiedenen Dingen. Und du? Du machst dir Sorgen um deinen Vater, oder?«

Kurz runzelte ich die Stirn. Woher wusste sie das? Dann fiel mir ein, dass sie das Telefonat mit Caroline mitbekommen hatte. Ich mochte es nicht, über private Dinge zu sprechen, aber irgendwie ging es mir bei ihr leicht über die Lippen. »Es ist etwas schwierig im Moment, es geht ihm nicht gut.«

»Ich erinnere mich an deinen Vater, als er noch beim Secret Service tätig war. Er war bei allen sehr beliebt, führte aber ein strenges Regiment.«

Ich schmunzelte. ›Strenges Regiment‹ war die Untertreibung des Jahrhunderts. Dad hatte sein ganzes Leben der Regierung gewidmet. Er hatte den Secret Service geprägt und zu dem Ansehen verholfen, das er heute hatte. Überall genoss er höchste Wertschätzung und Bewunderung. Seine Karriere hatte ihren Höhepunkt erreicht, als er sich in die direkte Schussbahn von Präsident Silverhower warf. Damit ging er in die Geschichte ein und erhielt alle Auszeichnungen und Ehrungen, die es vom Staat gab. Er war ein Perfektionist, ein Patriot, ein Soldat des Staates und der beste Secret Service-Agent, den die Vereinigten Staaten je gehabt hatten.

Laut Dad gab es keine Zufälle, alles geschah aus

Berechnung und aus eigenem Willen. Privat war er nicht einfach. Er hatte die gleiche Disziplin von mir gefordert, die er sich selbst täglich abverlangte. Ich wurde dazu erzogen, genau wie er zu sein, während er die Erziehung von Caroline weitestgehend Mum überlassen hatte. Er war in allen Dingen hyperkorrekt. Nur Mum hatte es geschafft, aus dem eisernen Soldaten einen treuen und liebenden Ehemann zu machen.

Allerdings blieb mein Verhältnis zu ihm kühl, wenngleich er auch mein Vorbild war. Erst in den Monaten nach Mums Tod erlebte ich, wie ein so harter und strukturierter Mann innerlich zerbrechen konnte. Das hatte dafür gesorgt, dass sich meine Abgestumpftheit ihm gegenüber in Mitleid wandelte. Er tat mir leid, weil er Mum aufrichtig geliebt und der Krebs uns auseinandergerissen hatte. Aber all das waren Dinge, über die ich nicht länger nachdenken wollte. Ich schob sie beiseite.

»Deinem Vater habe ich es zu verdanken, dass ich mich im Weißen Haus nahezu frei bewegen kann.«

Verwundert sah ich auf. »Wieso das?«

Sie zögerte, und durch die Dunkelheit konnte ich ihr Lächeln sehen. »Erst versprichst du mir, dass du mit niemandem darüber redest und nichts unternehmen wirst.«

»Du verlangst aber viel.«

»Ich vertraue dir schließlich ein großes Geheimnis an. Deal?«

Ich überlegte kurz. Hatte ich eine andere Wahl? »Deal.«

»Ich bin im Besitz einer Generalkarte, mit der ich fast alle Türen öffnen kann.«

Ach, die Generalkarte war in ihrem Besitz? Stirnrunzelnd sah ich sie an. »Wie bist du denn an die gekommen?«

»Ich habe sie deinem Vater stibitzt, und das Beste ist, sie wurde bis heute nicht deaktiviert.«

Mir klappte der Mund auf. »Du hast sie meinem Dad geklaut?« Dem Mann, dem angeblich keine Fehler passierten? Höhnisch musste ich grinsen. »Wie hast du das geschafft?«

Sie zuckte mit den Schultern. »Ich kann so einiges verschwinden lassen, wie du weißt.«

Ich war fassungslos, fragte mich aber, warum niemand die Karte vermisst hatte und warum sie noch aktiv war. Soweit ich wusste, besaßen nur der Präsident und der Chef des Secret Service eine. Mit der Karte hatte sie Zugang zu allen Räumen, geheimen Unterlagen und verborgenen Geheimnissen, die den Rest der Welt schon immer interessiert hatten. Das war nicht gut – gar nicht gut.

Als ob sie meine Gedanken lesen könnte, tippte sie unangenehm mit dem Zeigefinger in meinen Bauch. »Du hast es versprochen, Luke.«

»Aua!« Ich schnappte nach ihrem Finger und hielt ihn fest. »Ich weiß, was ich gesagt habe. Ich hoffe, dir ist klar, dass du mich nun zu deinem Mitwisser gemacht hast.«

»Keine Sorge, ich missbrauche sie nur, um mir hin und wieder ein klitzekleines bisschen Freiheit zu schenken.«

»Und wer weiß davon?«

»Niemand. Das heißt ... nur Nicky.«

»Du hast es Nicky erzählt?«

»Beruhige dich, Nicky ist vertrauenswürdig.«

Wie konnte sie nur so leichtsinnig sein? Ich schwieg und überlegte, wie ich an diese herankommen konnte.

»Du hast es versprochen, Luke«, erinnerte sie mich erneut und vergrößerte damit mein Dilemma. Erst jetzt bemerkte ich, dass ich ihren Finger immer noch festhielt und sie keine Anstalten machte, ihn zurückzuziehen. Wärme schlängelte sich durch meinen Bauch.

~

Sie zu berühren, fühlte sich so unfassbar gut an. Ich wollte mich dazu zwingen, ihren Finger wieder freizugeben, aber ich konnte nicht. Sachte, fast vorsichtig, traute sie sich und legte schließlich ihre Hand in meine. Es war richtig; irgendwie gehörte ihre kleine Hand genau dahin. Wir schwiegen, weil jeder darauf achtete, wie der andere reagieren würde. Wir hörten nur den Wind in den Ästen über uns und unseren Herzschlag. Das war der Moment, in dem mir endgültig klar wurde, dass Leni Davis niemals nur ein Job sein konnte. Es war nicht nur die Wärme, sondern auch ein Gefühl von Vollständigkeit. Eine schmerzhafte Erinnerung blitzte kurz in meinem Gedächtnis auf, die ich aber sofort beiseite stieß. Ich wollte nicht daran erinnert werden, nicht darüber nachdenken, was Emotionen anrichten konnten.

»Luke?«, durchdrang ihre zitternde Stimme die Stille.

»Ja?«

»Was machen wir beide da eigentlich?«

Es war nicht so wie die letzten Male, als wir uns das gefragt hatten. Es klang nach einer ehrlichen Frage, nach genauso viel Ratlosigkeit, die in mir herrschte. »Ich weiß es nicht«, gab ich aufrichtig zu, aber keiner von uns traute sich, die Hand zurückzuziehen.

Stattdessen rutschte sie näher, Stück für Stück, als würde sie um meine Erlaubnis fragen. Sie legte ihren Kopf in meinen Schoß, was mein Herz sofort in Alarmbereitschaft versetzte. Ich hielt den Atem an und konnte erst nach mehreren Herzschlägen weiteratmen.

Es war lange her, dass ich solch eine Nähe zugelassen hatte, und auch jetzt brauchte ich eine Weile, bis ich mich daran gewöhnte. Die Stille, die sich zwischen uns ausbreitete, war friedlich und gleichzeitig verwirrend. Ihr Kopf lag auf mir gebettet, als gehörte er genau dorthin. Es war eine intime Geste, die ich hätte unterbinden sollen, aber aus irgendeinem Grund konnte ich es nicht. Stattdessen unterdrückte ich den Impuls, ihr übers Haar zu streichen. Wohin sollte ich mit meinen Händen? Verfluchte Scheiße! Sie schaffte es, aus mir mal wieder einen Trottel zu machen.

Etwas unbeholfen überkreuzte ich die Arme, wobei das genauso bescheuert war. Leni schien meine Unsicherheit zu spüren, nahm meine Hand und legte sie sanft auf ihre Hüfte. Ich schluckte. Für einen Moment wünschte ich mir, wir könnten für immer so sitzen bleiben – versteckt vor der Welt und geschützt im Schatten dieses Baumes.

»Du warst ziemlich sauer heute Abend, nicht wahr?«, durchbrach ich die Stille, woraufhin sie sich versteifte.

»Ja, und ich bin es immer noch. Willst du wissen, warum?«

»Natürlich.«

»Seit ich denken kann, sind Jim und ich die besten Freunde, aber in den letzten Wochen hat sich viel geändert.«

»Warum?«

Sie zögerte. »Na ja, wir waren auf dieser Party und haben beide getrunken. Da ist es passiert.«

Ich zog die Augenbrauen hoch. »Ihr hattet Sex?« Allein bei diesem Gedanken begann es in mir zu brodeln.

»Nein, das nicht, aber ... Jedenfalls hat sich seither unsere Freundschaft verändert.«

»Inwiefern?«

»Er wünscht sich etwas Festes. Letztlich erwarten das alle.«

»Und du?«

Sie zögerte mit der Antwort. »Ich weiß nicht. In erster Linie habe ich Angst um unsere Beziehung. Ich will ihn als Freund nicht verlieren. Meistens passiert das, sobald man diese Grenze überschreitet. Weißt du, was ich meine?«

Und wie ich das wusste! Seit ich für sie arbeitete, kämpfte ich jeden Tag gegen ihren unwiderstehlichen Charme und ihre unfassbare Anziehungskraft an. Ich kannte die Grenzlinie genau. Erst recht, nachdem ich mich tief in ihr vergraben, ihre innere Hitze gespürt und ihr Stöhnen in meinen Ohren gehört hatte. »Ja, ich weiß genau, was du meinst«, gab ich zu.

Sie drehte ihren Kopf und sah zu mir. »Das hört sich an, als hättest du ähnliche Erfahrungen gemacht.«

»Ja, das kann man so sagen«, gab ich vorsichtig zu.

»Heiliger Bimbam, jetzt machst du mich aber neugierig. Erzähl schon!«

»Hast du gerade ›Heiliger Bimbam‹ gesagt?« Ich lachte vergnügt.

Sie richtete sich auf. »Ja, warum? Was ist daran so lustig?«

»So etwas habe ich ja noch nie gehört. Heiliger Bimbam! Was soll das überhaupt bedeuten?«

»Na, heiliger Bimbam bedeutet ... eben heiliger Bimbam. Lachst du mich etwa aus, Luke Carter?«

»Ich? Niemals, Ms. Davis.« Wir grinsten uns an, und die Angespanntheit verschwand, je länger ich ihr ins Gesicht schaute. »Es ist niedlich, so wie du das sagst«, gab ich zu.

Ihr Lächeln erlosch. »Niedlich?«

»Ja.«

»Das hört sich an, als würdest du mich merkwürdig finden.«

Ich beherrschte mich, nicht noch lauter zu lachen. »Das bist du auch.«

»Luke!« Sie schlug mir gegen den Oberarm.

»Bei allem Respekt, Ms. Davis, du bist manchmal mehr als merkwürdig.«

Ich lachte sie breit an und genoss das Spiel ihrer Mimik. In ihrem Gesicht konnte man lesen wie in einem Buch. Ich sah den kleinen Teufel darin, ebenso die engelsgleichen Züge, wenn sie mich so ansah wie jetzt.

»Was ist mit dir? Du hast vom Thema abgelenkt. Wolltest du mir nicht gerade von deinen Erfahrungen erzählen?«

Ich seufzte. »Nein, wollte ich nicht. Du wurdest neugierig, dann hast du ›Heiliger Bimbam‹ gesagt und damit ein ernsthaftes Gespräch zerstört.«

»Du bist ein Schlitzohr, Luke. Okay, ich verstehe, du gibst deine Geheimnisse nicht so schnell preis, aber keine Sorge, ich werde es schon herausbekommen.«

Ich mochte ihre freche Art, ihr keckes Grinsen und ihre Augen, die dabei funkelten. Es war so unkompliziert mit ihr, und leicht, sie von ihren trüben Gedanken abzulenken. Dennoch drängte sich die Frage nach ihrer Beziehung zu Jim in den Vordergrund. Ich musste einfach wissen, wie sie zu ihm stand.

Ich wurde ernster. »Er hat dich nicht in seine Pläne eingeweiht, stimmt's? Das hat dich verletzt.«

»Normalerweise hätte er mir sofort davon erzählt, noch bevor er sich darüber Gedanken gemacht hätte. Ich kam mir vor wie eine x-beliebige Bekannte. Das tat weh. Angeblich wollte er es mir schon früher sagen, aber dann passierten der Unfall und die Sache mit dem Briefschreiber, so dass er mich damit nicht belasten wollte. Trotzdem enttäuscht es mich, dass er mich bei so einer wichtigen Entscheidung nicht einbezogen hat.«

Kurz dachte ich nach. »Willst du meine Meinung dazu hören?«

»Ja.«

»Na gut. Also, ich kann nicht glauben, dass ich das jetzt sage, aber ich kann ihn sogar ein wenig verstehen. Du hattest in den letzten Tagen genug um die Ohren.«

»Hört, hört! Jetzt verteidigst du ihn auch noch. Vor kurzem hätte nicht viel gefehlt und du hättest ihn in der Luft zerrissen.«

Ihr süßer Kaugummi geschwängerter Atem schlug mir ins Gesicht, und verdammt, sie hatte recht. Ich sollte dem Kerl nicht auch noch helfen. Die Art, wie er mir klar machen wollte, dass Leni ihm gehörte, hatte mir von Anfang an nicht gepasst. Ich mochte Typen, die auf dicke Hose machten, noch nie, aber das konnte ich ihr ja schlecht sagen.

»Bist du etwa eifersüchtig?«, stichelte sie.

»Ich? Vergiss es! Aber ich habe Augen im Kopf. Er steht auf dich. Und du? Wie sieht es bei dir aus?«

»Ich ...« Sie wollte gerade antworten, als ich Schritte hörte, die vom Kiesweg näher kamen. Sofort presste ich ihr meine Hand auf den Mund, brachte sie so zum Schweigen und spähte zwischen den tief hängenden Ästen hindurch. Ein Wachmann lief in unmittelbarer Nähe an uns vorbei und blieb stehen. Schon glaubte ich, dass er uns entdeckt hatte, als er in die Innentasche seiner Jacke griff und etwas herausholte. Nervös ließ ich ihn nicht aus den Augen. Was hätten wir als Erklärung sagen können?

Erst als er sich etwas in den Mund steckte und Funken eines Feuerzeugs zu sehen waren, wusste ich, dass er uns nicht gesehen hatte. Er stieß den Rauch seiner Zigarette aus und ging weiter. Der Wind wehte und brachte die Blätter zum

Rascheln. Die Schritte des Wachmannes verhallten, und erst da gab ich ihren Mund frei.

»Das war knapp«, flüsterte sie und sah zu mir auf.

Nur wenige Zentimeter trennten uns. Ihr Blick und ihre Lippen hypnotisierten mich, und automatisch war ich in ihrem unwiderstehlichen Sog gefangen. Diese merkwürdige Macht, die sie über mich hatte, lullte mich ein, sorgte dafür, dass ich keinen klaren Gedanken mehr fassen konnte.

Wärme und ein Kribbeln überfluteten meine Brust. Mein Herz spielte total verrückt. Sie hielt den Atem an und schloss ihre Augen. Sie war so wunderschön im Mondlicht – zart, die reinste Versuchung. Als sie ihre vollen Lippen öffnete und mir erwartungsvoll entgegenreckte, focht ich den schlimmsten Kampf mit mir, hin- und hergerissen zwischen Lust und Vernunft. Sie war so süß, und ihre Lippen bettelten darum, geküsst zu werden. Bei Gott, ich wollte sie küssen, schmecken, an mich reißen … mich tief in ihr versenken.

Fuck! Die Erinnerung an ihren Körper, der sich nach mir verzehrt hatte, ließ meinen Schwanz augenblicklich hart werden. Ich schluckte und biss fest auf die Zähne. »Du solltest jetzt gehen, bevor ich mich nicht mehr beherrschen kann, Leni«, flüsterte ich angestrengt. Ich wäre dazu imstande, wie ein wildes Tier über sie herzufallen. Verwirrung und Enttäuschung standen ihr ins Gesicht geschrieben, aber es half mir wieder in die Realität zurück. Ich wandte meinen Kopf von ihr ab und verfluchte mich dafür, sie zurückgewiesen zu haben. Noch nie hatte mich etwas so viel Selbstbeherrschung gekostet.

»Okay«, hauchte sie Sekunden später. Ich war mir nicht sicher, ob sie verletzt war, dennoch quälte mich der Gedanke.

Bevor sie aufstand, drehte sie sich noch einmal nach mir um.

»Luke?«

»Ja?«

»Danke, dass du mein Geheimnis nicht verrätst.« Sie lächelte mich offen an, und schon fühlte ich mich besser.

»Sei dir niemals zu sicher, Präsidententochter«, neckte ich sie.

Sie nickte und verstand die Bedeutung. »Gute Nacht, Luke Carter.«

»Gute Nacht, Leni Davis.«

14

Leni

Verwirrt und mit einem ganzen Geschwader Schmetterlinge im Bauch schlich ich mich in mein Zimmer zurück. Was war das denn eben? Noch immer hatte ich seinen unverwechselbaren Duft in der Nase und den Klang seiner rauen Stimme im Ohr. Was hatte dieser Mann nur an sich, dass ich mich völlig kopflos und verrückt verhielt?

Ich strich mir die Chucks von den Füßen und legte mich neben Nicky, die tief und fest schlief – dachte ich zumindest. »Wo hast du dich schon wieder herumgetrieben?«, nuschelte sie schlaftrunken und drehte sich zu mir.

»Du kannst weiterschlafen, ich war nur spazieren.«

Neugierig richtete sie sich auf und schaltete das kleine Nachtlicht ein. »Es ist mitten in der Nacht, du hast eiskalte Füße und ... Wo um Himmels willen warst du?« Sie musterte mich durch verschlafene Schlitze, und natürlich bemerkte sie, wie meine Wangen glühten. »Warst du etwa schon wieder bei ihm?« Schlagartig war sie wach. Oh Mann, es war, als hätte Nicky einen sechsten Sinn dafür, wenn ich etwas vor ihr geheim halten wollte. Entweder hatte sie eine außergewöhnliche Kombinationsgabe oder sie sah es mir an der Nasenspitze an. »Sag nicht, ihr habt schon wieder ...«

»Quatsch, ich vögele doch nicht jedes Mal mit ihm, wenn er mir über den Weg läuft. Wir haben uns im Garten getroffen und uns nur unterhalten.«

»So, so, und worüber?«

»Du bist ganz schön neugierig.«

»Und du eine alte Geheimniskrämerin. Los, spuck es aus.«

Ich rollte mit den Augen, wusste aber, dass ich gegen Nickys Hartnäckigkeit keine Chance hatte. Seufzend lehnte ich mich gegen mein Kissen und deckte mich bis zum Kinn zu. »Ich konnte nicht schlafen und brauchte einfach frische Luft. Da ist er mir über den Weg gelaufen.«

»Und? Jetzt lass dir doch nicht alles aus der Nase ziehen.«

»Na, wir haben uns unterhalten. Er wollte wissen, was ich hier mache, und ich habe ihm gesagt, dass mich die Party aufgewühlt hat. Das ist alles.«

»Ach, Süße. Du steckst aber auch in einem Dilemma. Jim legt dir die Welt zu Füßen und Luke verdreht dir völlig den Kopf. Kein Wunder, dass du durch den Wind bist.«

»Das mit Luke war nur Sex«, warf ich ein.

»Du weißt genau, dass das nicht stimmt. Irgendwas hat der Kerl an sich, was dir gefällt. Du bist verrückt nach ihm und machst dir deshalb das Leben schwer. Und was die Sache heute Abend mit Jim betrifft, tja ... Wie gesagt, mich hätte er damit auch überrumpelt. Keine Ahnung, wie ich reagiert hätte.«

Ausführlich hatten Nicky und ich darüber geredet. Sie hatte mich getröstet, als ich ihr erzählt hatte, wie sehr es mich verletzte, dass er mich nicht in seine Planungen einbezogen hatte.

»Übrigens, dein Handy hat vor ein paar Minuten mehrmals

geklingelt«, sagte sie und legte sich wieder hin.

Das war bestimmt Jim. Neugierig stand ich vom Bett auf, ging zum Tisch, wo ich mein Telefon am Ladegerät angeschlossen hatte, und checkte meine Nachrichten. Wie ich erwartet hatte, war Jim der Anrufer gewesen. Kurz überlegte ich, ob ich ihn zurückrufen sollte. Meine Finger kreisten zögerlich über die Tasten, denn eigentlich war ich noch sauer. Egal wie ich es drehte und wendete, ich musste mit ihm reden. Also schluckte ich meine gekränkte Eitelkeit herunter und wählte seine Nummer. Gleich nach dem ersten Klingeln nahm er ab.

»Hi, Süße.«

»Hi.«

»Bist du noch böse?«

Ich setzte mich an den Rand des Bettes. »Jup«, gab ich knapp zurück.

»Komm schon, Pepper. Du weißt, dass du meine engste Vertraute bist und im Normalfall die Erste gewesen wärst, der ich davon erzählt hätte.«

»Im Normalfall«, plapperte ich schnippisch nach. »Wie lange weißt du es schon?«

»Erst seit ein paar Tagen. Um ehrlich zu sein, hatte ich gehofft, dass ...«

»Was?«

Er seufzte tief und schien sich unbehaglich zu fühlen. »Dass du mich begleitest, Leni.«

Mein Herz machte einen Sprung und ich brauchte einen Moment, um zu begreifen, was er gerade gesagt hatte. Er wollte, dass ich mit ihm kam? Das war ... Ich war gerührt, perplex und auf eine Art überwältigt. Mein bester Freund wollte mich mitnehmen nach London, nach Europa, dorthin, wo ich schon immer mal hinwollte. Normalerweise hätte ich sofort aufgejubelt vor Freude, doch irgendwas war anders. Meine Euphorie war gehemmt durch Gedanken, die sich plötzlich in den Vordergrund schoben – Nuka, mein Studium, Dads Wahlkampf, Verpflichtungen ... Irritiert schaute ich zu Nicky, die hinter mir auf dem Bett lag und mich beobachtete. »Ich ... kann nicht einfach mit nach London gehen, noch dazu auf unbestimmte Zeit, Jim.«

Er schwieg, und ich wusste, dass er enttäuscht war. »Wenn es wegen deinem Studium ist, das kannst du auch in London fortsetzen. Dein Vater kann das in die Wege leiten, oder du machst eine Pause. Beides wäre möglich.«

Als Jim meinen Vater erwähnte, wurde ich misstrauisch. »Was hat mein Dad damit zu tun? Weiß er etwa darüber Bescheid?«

Ich hörte ihn am Telefon seufzen. »Ja. Ich wollte einfach alle Steine aus dem Weg räumen, bevor ich dich frage.«

Mir klappte der Mund auf. Jetzt kam ich mir erst recht verraten vor. »Du hast allen Ernstes mit Dad darüber gesprochen?«

»Um die Wahrheit zu sagen, mit deinen Eltern. Sie meinten, eine Auszeit von Washington und Harvard würde dir guttun.«

Meine Gedanken überschlugen sich. »Aber ... Dad führt doch seinen Wahlkampf und ... Ich fasse es nicht.« Wut stieg in mir auf, die ich unterdrückte. Woher kam plötzlich der Sinneswandel? Sonst hatte doch die Wahlkampagne immer höchste Priorität.

»Bevor du wütend wirst, hör mir bitte zu. Ich weiß, es mag für dich im Augenblick alles etwas überraschend kommen, aber denk erst mal in Ruhe nach. London ist eine tolle Stadt, und du könntest aus deinem Trott herauskommen, die ganzen

Verpflichtungen und Gefahren hier vergessen. Natürlich werden uns dort auch ein paar Bodyguards begleiten, aber glaub mir, zusammen kriegen wir das hin. Wir könnten endlich mehr Zeit miteinander verbringen und ... wenn du ja sagst, wäre ich der glücklichste Mann der Welt.« Was sollte ich dazu sagen? Deutlich spürte ich, wie viele Hoffnungen er sich machte. »So lange haben wir davon geträumt, gemeinsam nach Europa zu reisen. Mein Vater hat dort ein schickes Appartement für uns. Wir können uns Rom, Paris und Berlin ansehen.«

Ich schloss die Augen und schüttelte seine wirren Pläne aus meinem Kopf. »Jim«, versuchte ich ihn zu unterbrechen. »Was ist eigentlich mit dir los? Seit unserer Knutscherei bist du völlig verändert.«

Plötzlich war es still in der Leitung und ich hörte, wie sein Atem schneller ging. »Ich ... habe mich in dich verliebt, Leni, und das nicht erst, als wir auf der Party rumgemacht haben, sondern schon davor. Ich weiß, dass du auch etwas für mich empfindest und Angst davor hast. In London kann ich dir beweisen, dass ich nicht der Playboy bin, für den du mich hältst. Ich bitte dich um eine Chance, dir zu zeigen, dass mir niemand so wichtig ist wie du. Wir wären ein fantastisches Paar. Da bin ich mir sicher.«

Ich biss auf meine Unterlippe und der Kloß in meinem Hals schwoll an. Panik überfiel mich, und das Schweigen am Telefon wurde unerträglich.

»Du brauchst jetzt nichts zu sagen, ich erwarte nicht sofort eine Antwort. Denk in Ruhe darüber nach. Versprichst du mir das?«

Ich war so durcheinander.

»Versprichst du es, Leni?«

»Ja«, flüsterte ich und hatte seine Nachricht immer noch nicht ganz verdaut.

»Okay.« Er seufzte erleichtert, und ich konnte hören, wie er lächelte. »Du bist ja völlig sprachlos. Kannst du mir wieder etwas Sarkastisches an den Kopf werfen, damit ich weiß, dass es dir gut geht?«

Jetzt musste ich lachen. »Idiot!«

»Schon besser. Dann schlaf gut, Pepper.«

»Gute Nacht, Jim.« Nachdenklich ließ ich das Handy sinken. Er wollte tatsächlich, dass ich mit ihm nach London ging, und meine Eltern befürworteten das auch noch.

»Was hat er gesagt?« Nicky war über mein Bett gekrabbelt und saß neben mir. Mit großen Augen schaute sie mich an.

»Er will, dass ich ihn nach London begleite.«

Sprachlos klappte ihr Mund auf. »Wow!«

»Ja«, lachte ich, immer noch ungläubig. »Meine Eltern sind sogar damit einverstanden. Ich ...« Ich fuhr mir durchs Haar.

»Er will dich, Leni.«

»Er hat mir gerade gestanden, dass er sich in mich verliebt hat.«

»Na, das weiß ich schon längst. Und was machst du jetzt?«

Schulterzuckend stand ich auf und tigerte im Zimmer umher. »Aber ich kann doch nicht alle hier im Stich lassen. Nuka, die Kinder, dich und ...«

»Aber du wolltest doch schon immer mal nach Europa.«

»Ja, aber ...«

»Jetzt beruhige dich. Schlaf eine Nacht darüber und rede mit deinen Eltern.«

»Worauf du dich verlassen kannst. Sie würden mich einfach so gehen lassen, und das, obwohl Dad gerade mitten im Wahlkampf steckt. Irgendwas stimmt da nicht.«

~

Die Spuren der schlaflosen Nacht sah man am nächsten Morgen deutlich. Dunkle Schatten hatten sich unter meine Augen gelegt und ich konnte am Frühstückstisch nicht aufhören zu gähnen. Die Tatsache, dass Jim fortging und die Absicht hatte, mich mitzunehmen, war aufregend. Schon als Kinder wollten Jim und ich auf Reisen gehen, wochenlang an Stränden zelten, uns mit kleinen Jobs die Weiterfahrt verdienen; überhaupt wollten wir aus unseren gesellschaftlichen Verpflichtungen ausreißen. Aber damals waren wir noch Kinder, und es waren Träume gewesen, die wir im Laufe der Zeit vergessen hatten – hatte ich zumindest gedacht.

Es war schon merkwürdig, normalerweise wäre es Jims Part gewesen, einen auf vernünftig und rational zu machen, über alles in Ruhe nachzudenken, um dann eine Entscheidung zu treffen. Doch diesmal war ich es.

Nicky und ich ließen uns von Mrs. Marga, unserem Dienstmädchen, Kaffee einschenken, während Dad wie jeden Morgen seine Nase tief in seine Zeitung steckte. Mum ging wie immer ihren Tagesplan durch und machte sich handschriftliche Notizen dazu.

Gähnend nahm ich einen Schluck und bemerkte natürlich, wie gespannt Mum mich ansah. Sie zog die Augenbrauen hoch, als ich nicht, wie erwartet, mit dem Thema herausplatzte. Dabei spielte sie mit ihrem Kugelschreiber zwischen den Fingern und sah mich ungeduldig an. »Na, hattet ihr gestern einen schönen Abend?«, fragte sie neugierig.

Es kribbelte mir auf der Zunge, sie sofort mit allem zu

konfrontieren, aber ich hielt mich zurück, wollte das Schauspiel noch ein wenig weitertreiben.

»Joa, war ganz nett.« Ich gab mich wortkarg und ließ sie noch eine Weile zappeln. Ich griff nach einem Brötchen im Korb, schnitt es in aller Ruhe auf und gab einen Klecks Marmelade darauf. Selbst Nicky tippte mich unterm Tisch mit dem Fuß an, damit ich endlich anfing mit ihnen zu reden.

»Ganz nett? Ist das etwa alles?« Mum runzelte die Stirn.

»Ja«, tat ich unschuldig. »Oder, Nicky?«

»Und ... sonst war nichts?«, wollte Mum wissen.

Ich biss in mein Brötchen und überlegte. »Jim war witzig, charmant und aufmerksam. Wir haben viel gelacht, nicht wahr, Nicky?«

Sie nickte schweigend. Zwei Augenpaare lagen auf mir, die mich beobachteten, und auch Dad schaute kurz über den Zeitungsrand zu mir.

»Und sonst?«, bohrte Mum weiter.

»Das Essen war wirklich lecker und die Musik wie immer total cool. Es waren alle da. Ich würde sagen, es war eine gelungene Party.«

Dad bog eine Ecke seiner Zeitung um und spähte zu mir herüber, während Mum ihn verwirrt anschaute. »Dann hat Jim nichts zu dir gesagt?«

Ich kaute bedächtig an meinem Marmeladenbrötchen und nahm einen tiefen Schluck aus meiner Kaffeetasse. Erst als ich alles heruntergeschluckt hatte, beschloss ich, die Reise zu erwähnen. »Ach ja, da fällt mir ein, ich fliege morgen nach Russland, und zwar für längere Zeit, aber das wisst ihr ja bereits. Hach, ich bin schon so aufgeregt.«

»Russland?« Mum schaute verwirrte zu Dad. Ich hätte brüllen können bei ihrem entsetzten Gesicht. »Jim und ich werden eine großartige Zeit haben. Moskau soll eine tolle Stadt sein. Nicky und ich müssen heute noch shoppen und einiges erledigen, bevor es losgeht. So wie ich Onkel George kenne, hat er für Jim und mich ein luxuriöses Appartement ausgesucht. Jim erwähnte, es wäre in der Nähe vom Roten Platz. Wenn du willst, kann ich auch beim russischen Präsidenten vorbeischauen und ein gutes Wort für dich einlegen, Dad. Auf jeden Fall wollen Jim und ich uns ins Moskauer Partyleben stürzen und alles kennenlernen.« Jetzt hatte ich totale Verwirrung gestiftet. Mum ließ ihren Kugelschreiber fallen, Dad legte endlich seine Zeitung beiseite.

»Wie kommst du denn auf Moskau? Wir hatten über London geredet, mit ein paar Abstechern in andere Städte«, meinte Mum verblüfft.

»Jim war es wichtig, dass ich pünktlich am Flughafen erscheine. Ich habe gestern auch schon alles mit Steven besprochen. Morgen früh um sieben geht es los.«

»Aber ... das muss ein Missverständnis sein, Liebes. Jim will doch nach London.«

»Davon weiß ich nichts. Egal, ich werde auf jeden Fall morgen nach Russland fliegen.« Ich steckte mir den letzten Bissen meines Brötchens in den Mund, sonst wäre ich wahrscheinlich geplatzt vor Lachen.

»John, Jim hat doch nichts über Russland gesagt, oder?« Meine Eltern fingen an zu diskutieren, bis Dad sogar sein Handy zückte und bei Onkel George anrief. Noch bevor er mit ihm reden konnte, stand ich vom Tisch auf. »Ihr versteht sicher, dass ich in Eile bin. Nicky hilft mir beim Packen. Bis später.« Nicky wusste kaum, wie ihr geschah, als ich sie mit mir zog. Im Zimmer angekommen, konnte ich mich kaum mehr halten und prustete laut los.

»Das war echt fies! Deine arme Mutter sah ganz verzweifelt aus«, meinte Nicky und schloss die Tür hinter uns.

»Ich weiß, aber ich konnte nicht anders. Sie werden gleich herausfinden, dass ich sie nur auf den Arm genommen habe.«

»Und was wirst du wegen Jim jetzt entscheiden? Gehst du mit ihm nach London?«

Ich hatte mit der Russlandsache so viel Spaß gehabt, dass ich meine Probleme in den Hintergrund gedrängt hatte. Aber kaum hatte Nicky mich daran erinnert, fror mein Lachen ein und meine Stimmung kippte.

Es klopfte an meiner Tür. »Ja?«

Mum streckte ihren Kopf ins Zimmer. »Kommt ihr bitte noch mal ins Esszimmer?« Sie bedachte mich mit einem tadelnden Blick, und als ich grinsend an ihr vorbeihuschte, schüttelte sie verständnislos den Kopf.

»Eure Gesichter waren zum Brüllen, Mum. Ehrlich.«

Zurück am Frühstückstisch wartete Dad schon auf mich. Er hatte die Arme überkreuzt und sah nicht unbedingt gut gelaunt aus. Aber das störte mich nicht, denn schließlich war ich ja diejenige, die sauer war. Mum und Nicky hatten wieder Platz genommen und sahen zum Präsidenten.

»Was sollte das Theater vorhin?«, fragte er mit ernster Stimme. »Deine Mutter und ich dachten, du würdest dich freuen, mit Jim nach London reisen zu können. Stimmt etwas nicht zwischen euch?«

»Das kann man wohl sagen, Dad. Das habe ich mich gestern auch gefragt. Seit wann lasst ihr mich mitten in der Wahlkampfzeit nach London? Und die Frage ist, warum? Ich soll sogar mein Studium deshalb unterbrechen? Ist das euer Ernst? Da steckt doch was dahinter!«

»Da steckt nichts dahinter, Pepper. Wir dachten, wir tun dir einen Gefallen. Wir glauben, dass dir eine Auszeit guttun wird. Das ist alles«, meinte Dad. Ich neigte den Kopf ein wenig und sah meine Eltern misstrauisch an. Instinktiv wusste ich, dass etwas im Busch war. Mums verunsicherter Blick und Dads mehrmaliges Schlucken waren ein deutliches Zeichen.

»Ich will, dass ihr mir die Wahrheit sagt«, beharrte ich mit fester Stimme.

Wieder sahen sie sich an, und diesmal war ich mir sicher, dass ich recht hatte.

»Na gut. Nicky, würdest du uns einen Moment entschuldigen?«

»Natürlich.« Sofort stand sie auf und ging zur Tür. »Ich warte in deinem Zimmer, Leni.« Dann verschwand sie.

~

»Okay, schieß los, Dad«, sagte ich, als Nicky gegangen war. Mum hatte sich in der Zwischenzeit eine weitere Tasse Kaffee eingeschenkt und hielt sie fest umklammert. Was war hier eigentlich los? Dad räusperte sich. »Also, deine Mutter und ich glauben, dass eine Auszeit in London für dich genau das Richtige wäre.«

»Mitten im Wahlkampf? Seit Wochen erzählt ihr mir, dass das eine wichtige Zeit ist, und jetzt soll ich fort?«, warf ich ein.

»Du siehst das falsch, Pepper. Es ist viel geschehen in den letzten Monaten; das Tape, das in deinem Zimmer gedreht wurde, die Drohungen des ominösen Mr. King, der Unfall der Kinder … Jim und du konntet nicht viel Zeit miteinander verbringen. Wir denken, es würde euch beiden guttun.«

Moment! Seit wann war es meinen Eltern wichtig, dass ich Zeit mit Jim verbrachte? Natürlich war er, wie alle anderen Hendersons, ein Teil unserer Familie, aber ich wurde das Gefühl nicht los, dass mehr dahintersteckte. »Jim und ich ...?«

»Sieh mal«, unterbrach mich Mum. »Es wäre auch eine gute Gelegenheit, um zu testen, ob du und Jim auch dauerhaft zusammenbleiben wollt.« Ich spießte sie mit meinem Blick auf. Sie dachten tatsächlich, dass Jim und ich ein Paar waren? Aber wieso? Es musste an dem Schnappschuss liegen, als man uns beim Knutschen abgelichtet hatte. Eine andere Erklärung fiel mir nicht ein.

»Außerdem«, fiel Dad meiner Mutter ins Wort, »glauben Mr. Murphy und der Chef vom FBI, dass sich die Bedrohungen gegen dich verringern könnten. George hat das Appartement in London gekauft, in dem ihr wohnen könnt, es ist alles vorbereitet. Und wer weiß, vielleicht stellt ihr beide ja fest, dass ihr eure Beziehung ... vertiefen und offiziell machen wollt?«

Sie hatten alles schon vorbereitet? Heiliger Bimbam! Das konnte doch nicht sein! Hatte ich denn überhaupt ein Mitspracherecht?

»Ehrlich gesagt, wundern wir uns ein wenig über deine Reaktion von vorhin. War es nicht immer das, was du dir gewünscht hast? Hier wegkommen, selbstständig sein?«, fragte er und schaute mich fragend an.

Mir klappte der Mund auf. Ich hatte alles verstanden, kapierte nur den Teil mit der Vertiefung und dem Bekanntgeben nicht. Deuteten sie etwa an, dass wir uns verloben sollten? »Ich weiß ja nicht, was ihr euch da ausgedacht habt, aber ... Jim und ich werden uns sicher nicht verloben.« Schweigen erfüllte das Esszimmer, und beide sahen mich verwirrt und nachdenklich an.

»Überstürze deine Entscheidung nicht. Denk in Ruhe darüber nach«, sagte Mum.

Es klopfte, und Mrs. Marga stand in der Tür. »Entschuldigen Sie bitte die Störung, aber Mr. Murphy und Mr. Bakerfield möchten Sie sprechen. Sie sagen, es sei äußerst dringend.«

»Nanu? Schicken Sie sie herein.«

Die beiden Männer betraten das Zimmer. Sie trugen dunkle Anzüge und frisch gebügelte Hemden. Das Haar von Mr. Murphy war noch nass von der Dusche. In seinen Händen hielt er einen braunen großen Umschlag. »Entschuldigen Sie die frühe Störung, Mr. President, aber diese Angelegenheit kann nicht länger warten.«

»Wo brennt es, Murphy?« Dad winkte die beiden herein.

»Heute Morgen erreichten uns diese Bilder, und wir glauben, Sie sollten sich das ansehen«, sagte er und übergab meinem Vater den Briefumschlag.

Mr. Murphy wie auch Mr. Bakerfield zeigten besorgte Gesichter. Dad wischte sich seinen Mund an der Serviette ab und nahm den Umschlag. Er öffnete ihn und zog Fotos heraus.

»Die Aufnahmen wurden gestern Abend auf der Party von Jim Henderson gemacht«, erklärte Mr. Bakerfield.

Nacheinander sah sich Dad den Inhalt an. »Und? Das sind doch nette Bilder von meiner Tochter.« Er schaute zu den Agents und seine typische Stirnfalte erschien, als er der Besorgnis seiner Leute nicht folgen konnte. Dad gab die Bilder einzeln an Mum weiter. Neugierig lehnte ich mich zu ihr hinüber. Tatsächlich war ich auf allen abgelichtet. Ich stand sozusagen im Mittelpunkt. Die Schnappschüsse zeigten, wie ich mich mit Freunden unterhielt, wie ich nachdenklich zu Jim sah, wie wir gerade in den Wintergarten liefen und wie er seinen Abschied verkündete. Was hatte das zu bedeuten?

»Drehen Sie mal die Fotos um, Mr. President«, forderte Mr. Bakerfield meinen Vater auf. Dad tat es, und als ich das Zeichen erkannte, stockte mir der Atem. Überall auf der Rückseite war die Krone abgebildet.

»Oh mein Gott«, platzte es aus Mum heraus. »War der Kerl etwa gestern Abend auch auf Jims Party?«

Im Geiste ging ich meine Erinnerung durch. Jims Gäste waren auch Bekannte und Freunde von mir, und ich konnte mich an keine fremde Person erinnern. Selbst die Kellner waren vertraute Gesichter.

»Ich kann Ihnen versichern, dass niemand anwesend war, der nicht auf unserer Gästeliste stand. Wir haben das Personal checken lassen, das machen wir ja immer.«

Mum war sichtlich geschockt. »Wie ist das dann möglich? Irgendjemand muss die Fotos ja geschossen haben! Oder denken Sie, es könnte einer von Jims Freunden sein?«

»Noch können wir dazu nichts sagen. Wir überprüfen jede Möglichkeit.«

»Jims Freunde? Das kann ich mir ehrlich gesagt nicht vorstellen. Die meisten kenne ich selbst sehr lange, und mir ist gestern Abend nichts aufgefallen«, gab ich zu bedenken.

»Einer unserer Mitarbeiter hat von einer weiteren Option gesprochen, die wir gerade untersuchen«, sagte Mr. Murphy.

Mr. Bakerfield schüttelte den Kopf. »Ich bin mir sicher, dass ihr Mann auf dem Holzweg ist, wir wertvolle Zeit vergeuden und abgesehen davon, ist es die Aufgabe des FBIs das herauszufinden. Wir hätten schon längst die Gäste befragen können.«

»Augenblick! Wovon reden Sie?« Dad war aufgestanden

und zog sein Jackett an.

Murphy war anzusehen, dass ihm der Einwand von Bakerfield nicht passte. »Mr. Bakerfield vermutet, dass unser Verdächtiger unter den Gästen zu suchen ist. Aber einer unserer Agents hat noch weitere Alternativen in Betracht gezogen. Deshalb habe ich ihm gestattet, dies zu überprüfen, bevor wir eine große Vorladung der gestrigen Gäste starten.«

»Was genau überprüft ihr jetzt?«, wollte Mum beunruhigt wissen.

»Mr. Carter ist der Meinung, es wäre ein Kinderspiel, die Überwachungskameras zu manipulieren und es so aussehen zu lassen, als wären die Fotos vor Ort geschossen worden, Ma'am. Mr. Bakerfield vertritt die Ansicht, dass das ausgeschlossen ist, weil ein FBI-Beamter ununterbrochen im Überwachungsraum von *Ben's Chili Bowls* war und alles völlig normal ablief. Mr. Carter hat darauf beharrt, dass wir einen speziellen Techniker ansetzen sollen. Dies habe ich heute früh veranlasst, und wir warten auf sein Ergebnis.«

»Carter?« Dad dachte nach. »Ist das nicht der ...«

»Ganz recht, Sir. Luke Carter. Sohn von Eric Carter, mein Vorgänger. Wir haben ihn vor kurzem eingestellt. Er ist Ms. Davis zugeteilt.«

Dad nickte wissend und ging nachdenklich auf und ab.

»Niemand kann sich in das Überwachungsprogramm von *Ben's Chili Bowls* hacken. Alle Aufnahmen, die dort von der Präsidentenfamilie aufgezeichnet werden, schickt die Software automatisch an die Sicherheitszentrale des Secret Service. Hätte sich jemand daran zu schaffen gemacht, wäre ein Alarm ausgelöst worden«, sagte Bakerfield und er klang schon fast beleidigt, weil Murphy anderer Meinung war. Deutlich war den Männern die Konkurrenz anzumerken.

»Egal, was Sie glauben, Bakerfield, wenn der junge Carter so eine talentierte Schnüffelnase ist, wie es sein Vater war, dann sollten Sie dem Agent eine Chance geben. Jedenfalls will ich über alles informiert werden, Murphy. Was die Gäste betrifft, möchte ich noch abwarten, was dieser Spezialist zu sagen hat, bevor wir die Sprösslinge der halben High Society polizeilich vorladen. Wir müssen jeden Skandal vermeiden«, befahl mein Vater, was Bakerfield mit zusammengebissenen Zähnen hinnahm.

»Natürlich, Sir.« Mit einem Nicken zogen sich die beiden Sicherheitsberater zurück. Eine Weile herrschte betretenes Schweigen, bis Mum mit dem Kopf schüttelte. »Wir müssen irgendwas unternehmen, das kann so nicht weitergehen, John. Egal was bei den Untersuchungen rauskommt, Leni ist in Gefahr. Was kommt als Nächstes? Ein Attentat oder eine Entführung?«

»Beruhige dich, Sophia. Wir werden diesen Verrückten schon finden.« Er tätschelte ihre Hand. »Denk nach, Pepper, ist dir gestern Abend irgendwas aufgefallen? Jede Kleinigkeit könnte wichtig sein.«

»Nein, überhaupt nichts. Es war wie immer; Leute, Musik und gutes Essen. Die einzige Sache war, dass Jim mir gesagt hat, dass er nach London abhaut, und die Party mehr oder weniger sein Abschied war.« Dass ich deswegen noch angesäuert war, verriet meine Stimme. Aber langsam verstand ich die Idee, die meine Eltern mit der Londonreise hatten. Sie glaubten, dass ich dort in Sicherheit wäre und sie mich so vor diesem King beschützen könnten. Ehrlich gesagt, hielt ich das für Quatsch, aber die Fotos, die gestern von mir gemacht worden waren, jagten mir einen eiskalten Schauer über den Rücken. »Haben Jim und du gestern gestritten?«

»Nein, Mum, aber ich bin sauer, weil ich ihr alle meine Zukunft plant, ohne sich mit mir abzusprechen.«

»Es sollte eine Überraschung sein, Liebes.«

Genervt stieß ich den Atem aus. Wieso kapierte sie nicht, was mich verletzt hatte? »Heiliger Bimbam, versteht ihr nicht?«, brauste ich auf. »Ihr alle habt über meinen Kopf hinweg Entscheidungen getroffen, ohne mich zu fragen, ob ich das überhaupt möchte. Überraschung hin oder her!«

»Aber auch nur, weil wir dich in Sicherheit wissen wollten. Wir wollen nur das Beste für dich, Pepper«, meinte Dad. »Egal wie die Dinge zwischen dir und Jim liegen, ich finde, du solltest trotzdem mit ihm nach London gehen. Vielleicht verliert dieser Mr. King das Interesse, oder aber er macht einen Fehler und wir können ihn endlich verhaften. ... Ich muss los, wir reden später weiter, in Ordnung?« Dad küsste Mum und mich auf die Wange und verließ das Esszimmer. Beim Hinausgehen kam Mrs. Moore klopfend herein. »Mrs. Davis, Ihr Termin wartet bereits«, sagte sie vorsichtig und lächelte mich an.

»Ich komme. Geben Sie mir noch eine Minute.« Mum stand auf, kam um den Tisch herum und setzte sich neben mich. »Tante Charly und ich wünschen uns nur, dass es euch gut geht und ihr glücklich seid. Denk nochmal darüber nach.

»Es wird kein Traumpaar Jim & Leni geben, Okay? Kriegt das endlich aus eurem Kopf.«

Mum seufzte. »Bis später.« Sie küsste mich und ging ebenfalls.

15

Leni

Je mehr ich über alles nachdachte, desto stärker rebellierte mein Magen. Ich verstand die Idee meiner Eltern. Sie hatten Angst um mich, wollten mich beschützen. Aber wer gab ihnen die Sicherheit, dass mir nicht auch in London etwas zustoßen könnte? In der heutigen Zeit war man nirgendwo mehr sicher. Was mich und Jim betraf, hatte ich es immer noch nicht geschafft, für klare Verhältnisse zu sorgen – weder bei meinen Eltern noch bei mir selbst. Ich hatte keine Ahnung, wie es weitergehen sollte und ob meine Gefühle für Jim ausreichen würden. Ich liebte ihn, doch würde das genügen? Die Angst, dass wir dadurch unsere Freundschaft aufs Spiel setzten, war so übermächtig, dass ich mich am liebsten in ein Schneckenhaus zurückgezogen hätte. Eine Entscheidung war fällig, die ich feige vor mir her schob. Eine innere Stimme flüsterte mir die Wahrheit zu, doch ich ignorierte sie, wollte sie nicht hören, ließ sie auf Sparflamme unter meiner Haut wummern. Zum Glück hatte ich Nicky. Bei ihr konnte ich mir alles von der Seele reden. Sie hörte mir geduldig zu.

Wie ich später erfuhr, hatte Luke voll ins Schwarze

getroffen. King hatte es tatsächlich geschafft, sich ins Sicherheitsprogramm zu hacken, was bisher als unmöglich gegolten hatte. So konnte er die Aufnahmen von mir machen und den Eindruck erwecken könne, er wäre persönlich auf Jims Party anwesend gewesen. Ein Schauer fuhr mir den Rücken herunter, wenn ich nur daran dachte, welchen Aufwand der Kerl aufbrachte, um mir ... Ja, was? Noch immer verstand niemand, was King damit bezweckte. Zum einen war ich erleichtert, dass der Spezialist ihm auf die Schliche gekommen war und Jims Freunde von der Verdächtigenliste gestrichen werden konnten und zum anderen verkomplizierte diese Entdeckung einiges.

Der Secret Service geriet mal wieder in Kritik. Deshalb hielten sie den ganzen Vormittag lange Sitzungen ab, berieten sich und suchten Lösungen, wie sie die Sicherheitsmaßnahmen im Weißen Haus erhöhen konnten. Für mich bedeutete dieses gefundene Leck, dass ich meinen Laptop und mein Handy für einen Sicherheitscheck abgeben musste. Immerhin bekam ich ein Ersatzhandy.

Gegen Mittag beschäftigten Nicky und ich uns mit unserem Studium, und es gelang mir wieder nicht, etwas aufs Papier zu bekommen. Meine Freundin half mir, so gut sie konnte, aber ich hatte keinen Kopf für Delikts-, Beteiligungsformen und Kapitaldelikte. Diese Themen waren einfach zu trocken.

Mein Handy summte. Auf dem Display erschien der Name der Kinderklinik. Das Herz rutschte mir in die Hose, als ich begriff, was dieser Anruf bedeuten könnte. Oh Gott! Ich schluckte und nahm ängstlich das Gespräch an. »Hallo?«

»Ms. Davis?«

»Ja?«

»Hier spricht Prof. Dr. Buxman.« Ich schloss die Augen und

kämpfte gegen die Übelkeit an, die sich ganz langsam in meinem Magen breitmachte. »Ich rufe Sie an, um Ihnen mitzuteilen, dass ...« Ein krächzender Husten unterbrach ihn. »Entschuldigen Sie bitte, Ms. Davis«, sagte er, als er sich wieder beruhigt hatte. »Also, weshalb ich anrufe, Sie wollten, dass wir Sie informieren, wenn sich an dem Gesundheitszustand des Jungen etwas ändert.«

»Ja, was ist mit ihm?« Mein Kloß im Hals schwoll an und ich hielt die Ungewissheit keine Sekunde länger aus. Heiliger Bimbam! Konnte er nicht endlich sagen, was los war?

»Also, ihm geht es gut, sehr gut, um genau zu sein. Er ist aus dem Koma aufgewacht. Er hat sogar schon nach Ihnen gefragt.« Deutlich hörte ich das Lächeln in seiner Stimme und sofort verzieh ich dem Professor seinen Hustenanfall. Ruckartig drehte ich mich zu Nicky, die neugierig von den Büchern aufsah. »Er ist aufgewacht und es geht ihm gut?« Ich strahlte übers ganze Gesicht und griff mir ans Herz.

»Ja, das grenzt an ein Wunder, aber der Knirps hat es tatsächlich geschafft. Wir müssen ihn natürlich noch eine Weile überwachen, er braucht auch einen längeren Rehaaufenthalt, aber ich denke, er hat gute Chancen wieder gesund zu werden.«

Diese Nachricht war das Tollste, was ich in letzter Zeit gehört hatte und setzte Unmengen an Glückshormone in mir frei. »Professor, das sind großartige Neuigkeiten.«

»Wir sind auch sehr erfreut über den Verlauf, Ms. Davis. Nachdem er zu sich gekommen ist, hat sich eine Dysarthrie gezeigt, aber ich bin sehr zuversichtlich, dass er mit der Zeit und mit verschiedenen Therapiemaßnahmen auch das trainieren kann.«

»Was bedeutet das?«

»Nun, sein Sprachzentrum ist gestört. Er spricht sehr langsam und undeutlich, manche Worte fallen ihm nicht ein, aber insgesamt hat er auf einige Tests gut reagiert. Sie können ihn gern besuchen, Ms. Davis.«

»Vielen Dank, Professor Buxmann«, rief ich fröhlich. »Ich komme.« Ich legte auf und tanzte beschwingt auf Nicky zu. Sofort stand sie auf und umarmte mich. »Oh Mann! Ich freue mich so«, sagte sie und verdrückte eine Freudenträne.

»Ich kann es auch kaum glauben. Ich muss ihn sehen. Jetzt. Gleich.«

»Ich komme mit.«

Nichts und niemand hielt mich mehr im Weißen Haus. Sie wussten alle, dass ich mich auf keine Sicherheitsdiskussion einlassen würde. So betrat ich dreißig Minuten später inkognito Nukas Zimmer. Er hatte abgenommen, aber seine Haut sah viel lebendiger und frischer aus als bei meinem letzten Besuch. Er lag in seinem Bett, immer noch an einigen Geräten angeschlossen und trug um seinen Kopf einen dicken Verband. Er lächelte, als er mich erblickte. Dieses Lächeln war so schön und wärmte mich, dass ich meine Tränen unterdrücken musste. »Hey, kleiner Kerl.«

»Le-ni!«, kam stotternd über seine Lippen. Langsam streckte er seine Hand nach mir aus. Sofort ergriff ich sie und drückte ihn behutsam an mich. Er roch nach Desinfektionsmittel und ich spürte, seinen dünnen Körper. In seinem Handgelenk steckte eine Infusionsnadel und eine der Maschinen piepste leise und zeichnete irgendwelche Daten von ihm auf. Aber seine Augen waren offen und schauten mich mit so viel Lebendigkeit an, das war mehr, als ich zu hoffen gewagt hatte.

Sachte löste ich mich von ihm und sah ihn an. »Ich kann dir

gar nicht sagen, wie glücklich ich bin, dass du aus deinem langen Schlaf endlich aufgewacht bist.«

Nicky klopfte an die Scheibe und winkte Nuka zu. Auch meine Bodyguards begrüßten ihn. Richie zog sogar zum Scherz seine Sonnenbrille auf und zeigte ihm einen Daumen hoch, dann lächelte er breit.

Nuka grinste und schaute wieder zu mir. »Du sie-hst wi-tz-ig«, stammelte er leise, musterte den grünen Kittel, die Haarhaube und den Mundschutz, die ich angezogen hatte. »Ma-rs-mä-nn-ch-en« Jetzt verstand ich, was der Professor mit dieser Dysarthrie gemeint hatte. Nuka redete sehr langsam, schwerfällig und manche Worte hörten sich verwaschen an. Ich konnte nur hoffen, dass Prof. Dr. Buxman recht behielt und Nuka weiter Fortschritte machen würde.

»Wer weiß, vielleicht bin ich vom Mars«, zwinkerte ich ihm zu. Ich setzte mich auf den Stuhl, der neben ihm am Bett stand. Liebevoll nahm ich seine Hand. »Du bist wirklich sehr tapfer. Es wird alles gut werden. Hast du Schmerzen?«

»Ne-in, mü-de.«

»Ich denke, das ist ganz normal. Du darfst nicht vergessen, dein Körper hat viel Kraft gebraucht, um aufzuwachen. Jetzt musst du ihm auch die Zeit geben, dass er sich erholen kann.« Der arme Kerl! Ich überlegte kurz, womit ich ihn aufmuntern konnte. »Wie wäre es mit einer Geschichte? Du magst doch Abenteuer oder?«

»Le-sen?« Er verzog leicht das Gesicht.

»Du liest nicht gern? Ich sag dir was, als ich noch in die Schule ging, fand ich die Bücher, die wir im Unterricht gelesen haben, auch total doof. Aber da gibt es eine Geschichte, die könnte dir gefallen und die gibt es auch als Hörbuch.« Neugierig schaute er mich an.

»Es geht um einen Jungen namens Harry Potter. Von ihm hast du bestimmt schon gehört oder?«

»Ja.«

»Seine Geschichte ist voller Magie, Geheimnisse und Abenteuer. Kennst du sie schon?«

»Ne-in.« Nuka sah mich immer noch skeptisch an.

»Ich bin mir sicher, du wirst staunen, was Harry alles erlebt.«

»Wie-alt-ist ...?«

Angestrengt dachte ich nach. »Ich glaube, er ist ein wenig älter als du. Er lebt bei seinem Onkel und seiner Tante. Dort muss er in einem Wandschrank unter der Treppe schlafen. Eines Tages bekommt er einen Brief von ...« Ich begann die Geschichte zu erzählen und es dauerte nicht lange, da hing Nuka an meinen Lippen. So verging die Zeit wie im Flug und erst als Nicky gegen die Scheibe klopfte, registrierte ich, dass es schon spät war und ich gehen musste. Als ich aufhörte, beschwerte er sich. »Wei-ter...! St-ei-gt Ha-rry ... ein?«, brabbelte er etwas verwaschen, aber ich verstand ihn. Ich lachte und freute mich, dass ich sein Interesse wecken konnte. »Ob er in den Zug steigt?« Gespielt grübelte ich. »Willst du das wirklich wissen?«

»Ja!«

»Na gut. Ja, das tut er und damit beginnt sein eigentliches Abenteuer.«

Er lächelte und gähnte gleich darauf. Müde rieb er sich die Augen. »wi-ll ni-cht sch-la-fen...«

Ich nahm seine Hand. »Wehr dich nicht dagegen, ein kleines Nickerchen wird dir guttun.« Liebevoll streichelte ich über seinen Handrücken und sah ihm beim Einschlafen zu. Ich war so dankbar und glücklich, konnte es nicht in Worten fassen.

Nach all den schlechten Prognosen, die die Ärzte Nuka gegeben hatten, hatte der kleine Kerl um sein Leben gekämpft und es tatsächlich geschafft. Gab es etwas Schöneres? Sanft gab ich ihm einen Kuss auf die Schläfe, als er eingeschlafen war, deckte ich ihn vorsichtig zu.

»Ich brauche dringend einen MP3-Player und alle Hörbücher von Harry Potter. Können wir das irgendwo auf dem Rückweg besorgen? Und könnt ihr ihm das vorbeibringen?«, wandte ich mich an meine Bodyguards, als wir das Krankenhaus verließen. »Nuka braucht eine Beschäftigung.«

»Natürlich, Miss«, meinte Richie. »Der Kleine hat wohl Lunte gerochen, wie?«

»Ja, das hoffe ich.« Mit einem breiten Grinsen stieg ich glücklich und zufrieden in den Wagen.

~

Zwei Stunden später saß Nicky auf meinem Bett und telefonierte mit Sandy. Sie konnte es kaum erwarten, dass wir nach Harvard zurückkamen. Sie und Fred hatten einen tollen Club entdeckt, den sie uns unbedingt zeigen wollten. Mit einem verzogenen Gesichtsausdruck signalisierte ich Nicky, dass mir im Moment nicht der Sinn nach Feiern stand. Das Chaos in meinem Kopf hatte von meiner Seele Besitz ergriffen. Ich fand einfach den Schalter nicht, mit dem ich das Gedankenkarussell anhalten konnte. Nuka war mein einziger Lichtblick in dem dunklen Tunnel.

Ich sah aus dem Fenster hinaus in den Lafayette Park. In der Ferne, direkt hinter dem Zaun, hatten sich Menschen mit Plakaten und selbstbemalten Leinentüchern versammelt. Sie waren zu weit entfernt, als dass ich die Aufschriften darauf hätte lesen können. Danny hatte diesen Zaun als Grenze zwischen der normalen und unserer Welt bezeichnet. Und es stimmte. Er erinnerte mich daran, dass es Menschen gab, denen es sehr viel schlechter ging als mir. Dad hatte einmal nach seiner Wahl zu mir gesagt: »*Sie wählen uns in der Hoffnung, dass wir mit unseren Entscheidungen das Leben für alle besser machen. Es ist unsere Pflicht, alles zu tun, damit das auch klappt, Pepper.*« Dad hatte recht, und ich konnte mein Jammern selbst nicht mehr ertragen. Meine Probleme kamen mir mit einem Mal so winzig vor im Vergleich zu denen auf der anderen Seite. Ich sollte mit dem Gezeter aufhören und ...

Meine Aufmerksamkeit wurde auf ein Fahrzeug gelenkt, das langsam am Rand des Parks auf das Weiße Haus zukam. Es war der Wagen der Hendersons. Sie hielten vor dem Haus und stiegen aus. Onkel George, Tante Charly und Jim. Fast hätte ich den Empfang am Abend vergessen.

Ein Stich durchfuhr mein Herz, als Jim in Richtung meines Zimmers schaute. Aber schon wandte er sich ab und folgte seinen Eltern zum Eingang, wo Mum und Dad sie empfingen. Angestellte trugen Kleiderhüllen und Taschen ins Weiße Haus, die die Hendersons für heute Abend benötigten.

»Jim ist da«, sagte ich zu Nicky, die ihr Gespräch mit Sandy beendete.

»Gut. Dann solltest du jetzt mit ihm reden.«

Wir gingen hinunter und begrüßten alle. Onkel George breitete die Arme aus, als er mich an der Eingangsschwelle sah. Er strahlte mich an. »Endlich bekomme ich dich auch mal wieder zu Gesicht.« Ich lief ihm lachend in die Arme. »Hallo Kleine.« Er umarmte mich herzlich und küsste mich auf den Scheitel. »Wie geht es dir? Du siehst müde aus.« Er musterte mich eindringlich. »Ihr jungen Leute solltet Schlaf nicht unterschätzen.« Jims Vater hatte dunkles Haar, das sich bereits am Hinterkopf lichtete, und hatte etwas an Gewicht zugelegt. Deutlich konnte man die Wölbung unter seinem Hemd sehen. Er war frisch rasiert und roch nach dem Rasierwasser, das ich schon als Kind gerne an ihm gerochen hatte. Aber am meisten mochte ich seine lebendigen und wachen Augen.

»Alles gut, Onkel George. Es war nur eine anstrengende Woche«, sagte ich lächelnd und umarmte Tante Charly. Sie kicherte vergnügt und hielt mein Gesicht zwischen ihren Händen. Ihr Blick sprach Bände, und ich war mir sicher, dass Mum ihr bereits von meinen Zweifeln wegen London berichtet hatte. Sie ließ sich nichts anmerken und war genauso herzlich wie immer. Dennoch spürten alle, dass etwas in der Luft lag. Um diesen unangenehmen Moment zu überspielen, stellte ich ihnen Nicky vor. Während alle in Small Talk verfielen, bemerkte ich Jims Blick im Rücken, was mich ein wenig nervös machte. Er trat auf mich zu. Ohne Scheu vor unseren Familien gab er mir einen federleichten Kuss auf den Mund, natürlich blieb es weder Mums noch Tante Charlys Augen verborgen.

»Hi«, flüsterte er.

»Hi«, antwortete ich genauso leise und fühlte, wie mir das Blut ins Gesicht schoss.

Peinliche Sekunden entstanden, die von Mum zum Glück unterbrochen wurden. »Ich schlage vor, wir gehen hinauf. Mrs. Marga hat einen Apfelkuchen gebacken. Das ganze Haus duftet danach«, sagte sie und führte unsere Gäste hinein. Dad und Onkel George waren wie üblich in irgendwelche Analysen von Wirtschaftsergebnissen vertieft. Tante Charly hakte sich bei Mum unter und sie gingen schnatternd hinein. Nicky gab mir ein Zeichen, dass ich jetzt die Gelegenheit nutzen sollte. Charmant wie er war, gab Jim mir mit einem Lächeln den Vortritt. Da hielt ich ihn am Arm fest. »Gehst du mit mir ein Stück spazieren?«

»Natürlich.« Er schien sich zu freuen, auch wenn ich in seinen Augen Unsicherheit aufflackern sah. Ich hakte mich bei Jim unter und wir steuerten den Jacqueline Kennedy Garden an. Die Stille zwischen uns war bedrückend, und keiner wusste, was er sagen sollte. Tausend Satzanfänge schossen mir durch den Kopf, aber ich verwarf sie alle. Erst recht, als ich drei Agents hinter uns entdeckte, die uns mit angemessenem Abstand folgten. Ich ignorierte sie und konzentrierte mich auf Jim. Schweigend liefen wir nebeneinander her. Der Himmel war bedeckt; das Grau schlug mir schon den ganzen Tag aufs Gemüt.

»Ich hoffe, ich habe dich mit meinem Geständnis nicht zu sehr überrumpelt«, begann Jim und führte mich zu einer Parkbank.

»Sogar sehr, aber ich gewöhne mich dran. Du hast mir nicht gesagt, wann du nach London aufbrechen willst.«

»Morgen.«

»Schon morgen? Ich dachte, uns würde noch ein wenig Zeit bleiben. Findest du nicht, du überstürzt diese Entscheidung? Ich hatte noch nicht mal Gelegenheit, darüber nachzudenken, was ich mitnehmen muss. Wieso willst du so schnell fort? Warum willst du überhaupt nach London?«

»In erster Linie geht es um Geschäfte unserer Firma, die ich übernehmen soll. Du weißt ja, wie es um Danny steht. Es geht ihm nicht besonders, und Dad braucht mich jetzt. Das ist meine Chance, ihm zu beweisen, dass ich etwas leisten kann.«

»Und warum gleich sechs Monate? Ich meine, das ist eine verdammt lange Zeit.«

Er lehnte sich zurück und stieß den Atem aus. »Ich habe Pläne, Pepper, denen ich Zeit geben muss.«

Angestrengt betrachtete ich ihn. Pläne? Seit wann hatte er die, und wieso wusste ich nichts davon? Er wirkte auf einmal so fremd, als wäre er ein völlig anderer. »Mit dir an meiner Seite wäre es leichter für mich.« Er schaute mich an und lächelte. »Wir hätten eine fantastische Zeit. In Europa wartet so vieles auf uns, wir müssen nur endlich damit anfangen.«

Wovon zum Teufel redete er? Er hatte Pläne? Früher hätten wir stundenlang darüber geredet, jedes Detail farblich ausgemalt und uns lustige Anekdoten dazu ausgedacht. Unsere Vorstellungskraft kannte keine Grenzen. Das war schon immer unsere Art zu träumen gewesen. Diesmal hatte er mich nicht daran teilhaben lassen und das tat weh.

»Und wenn ich nicht mitkomme?«, fragte ich vorsichtig.

Schmerz loderte in seinen Augen auf. Er sah mich lange an, bevor er antwortete. »Dann muss ich erst recht fort.« Seine Stimme klang belegt, als kämpfte er mit sich.

Ich runzelte die Stirn. »Wieso?«

Wieder zögerte er mit der Antwort, stützte seine Ellenbogen auf den Knien ab und vergrub seine Hände im Haar. Deutlich sah ich seine Verzweiflung. »Weil ich es sonst nicht ertrage, Pepper. Ich ... kann nicht länger in deiner Nähe sein, ohne ...« Er brach ab, stand auf, legte seine Hände in den Nacken und schaute in den Himmel.

Ich hielt den Atem an. Hatte er das gerade wirklich gesagt? Jetzt traf das ein, wovor ich mich so lange Zeit gefürchtet hatte. »Davor hatte ich immer Angst, Jim.« Tränen traten in meine Augen. »Du sagst, du kannst es nicht ertragen, ›nur‹

mit mir befreundet zu sein?« Ich erhob mich ebenfalls, hatte das Gefühl, mich bewegen zu müssen, damit mein Herz nicht stehen blieb.

Er trat auf mich zu. »Leni ... Du weißt nicht, wie es sich anfühlt, dich auf diese Weise zu lieben. Es bringt mich um, dir nicht noch näher zu sein, dich nicht haben zu können. Ich liebe dich und will, dass du mit mir nach London gehst. Kannst du nicht verstehen, wie schwer es mir fällt, dich zu verlassen? Seit Monaten kämpfe ich mit mir und sehe nur diese Möglichkeit.« Er nahm meine Hände in seine und lachte leise. »Schon komisch, oder? Wir beide kennen uns jetzt so lange, und doch ist es, als würden wir uns neu kennenlernen.«

Tränen liefen in kleinen Rinnsalen über meine Wangen. »Für mich wirst du immer mein bester Freund bleiben.«

Er schaute mir tief in die Augen. In seinem Blick loderte der gleiche Schmerz auf wie in meinem. »Das hört sich nach Abschied an, Pepper.«

Ich brachte kein Wort heraus, schloss stattdessen die Augen. Mit dem Daumen wischte er meine Tränen fort und zog mich in seine Arme. Die Entscheidung war gefallen.

Ich war nicht in der Lage, seine Gefühle zu erwidern, zumindest nicht so, wie er es sich wünschte – wie er es verdient hatte. Um seinen Schmerz zu überwinden, wollte er weit fort von mir. Lange Zeit würde er sich in Europa aufhalten, bis er mich vergessen, sich von mir befreit hatte. Ich war es ihm schuldig, ihn gehen zu lassen, durfte ihn nicht hindern. Es gab so vieles, was ich ihm erklären wollte, doch ich brachte keinen vernünftigen Satz zustande. »Es tut mir leid«, flüsterte ich schluchzend.

»Mir auch, Pepper.« Dann presste er seine Lippen auf meine. Es war nur ein kurzer Moment, dann umarmte er mich fest. Ich sog seinen Duft ein, wollte ihn niemals vergessen. Abrupt ließ er mich los und ging, ohne mich noch einmal anzusehen, mit eiligen Schritten davon. Ich wusste, dass dies unser Abschied gewesen war. Weinend sah ich ihm nach und mir wurde klar, dass ich soeben meinen besten Freund verloren hatte.

Noch eine Weile saß ich im Jacqueline Kennedy Garden und weinte. Ich war dem Himmel dankbar für die Tropfen, die immer stärker auf mich herabregneten. Ich hob mein heißes Gesicht gen Himmel, empfing den kalten Regen, ich fühlte mich schrecklich.

Ohne ein Wort hatte sich Jim von einem unserer Chauffeure nach Hause fahren lassen. Mum und Dad hatten meine Entscheidung akzeptiert, aber ich wusste, dass sie sich für Jim und mich einen anderen Ausgang gewünscht hätten. Ich war froh, dass Mum mich aus der Verpflichtung des Empfangs am Abend entließ und sich um Tante Charly kümmerte, die sich große Sorgen machte. Da alle davon ausgegangen waren, dass Jim und ich ein Paar waren, waren wir nun offiziell getrennt.

~

Am nächsten Tag flogen Nicky und ich zurück nach Harvard. Ständig sah ich auf mein Handy und hoffte, eine Nachricht von Jim zu bekommen, aber das Telefon blieb stumm. Während ich versuchte, mich in meinen Alltag zurückzuquälen, erfuhr ich von Mum, dass es Jim gut ging und er seine Arbeit in London angefangen hatte. Ich ließ sie in dem Glauben, dass ich von Liebeskummer geplagt war und es mir deshalb nicht besonders ging, was ja zum Teil auch stimmte.

Mein Appetit war mit Jim nach London geflogen, und an manchen Tagen sah ich aus wie ein Zombie. Ich war bleich, hatte tiefe Schatten unter den Augen und verlor an Gewicht, was Sandy und Nicky mit besorgten Mienen registrierten. Selbst meinen Bodyguards fiel die Veränderung auf – von Lukes düsteren Blicken ganz zu Schweigen.

Langsam hatte mich der Alltag wieder. Mein Studium verlangte viel und ich stürzte mich in die Arbeit. Ich schaffte es, die nächsten zwei Klausuren mit A+ abzuschließen, allerdings tat ich nichts anderes mehr, als zu lernen, was zu einigen Diskussionen mit meinen Freundinnen führte. Mir war klar, dass ich sie vernachlässigte, aber ich fand einfach nicht den Weg aus dieser Spirale. Auch Steven war mein neuer Lebensstil nicht ganz geheuer, der nur aus Lernen, Lernen und Lernen bestand. Nicht mal am Wochenende flog ich nach Hause, nur einmal schaffte ich es, Nuka zu besuchen. Ich telefonierte jeden Abend mit ihm und wir redeten die meiste Zeit über Harry Potter. Mittlerweile war er dem Potterwahn regelrecht verfallen. Meinen Eltern erklärte ich, dass ich hochkonzentriert arbeitete, über den Büchern brütete und mich von nichts stören lassen wollte. Sie nahmen es hin, doch ich wusste, dass sie sich Sorgen machten.

Zwei Wochen nach Jims Abreise wachte ich an einem Samstagmorgen allein im Penthouse auf. Nicky war übers Wochenende nach Hause geflogen, weil sie wieder Tante geworden war und diesmal sogar die Patenschaft für das Kind übernehmen durfte. Sie war völlig aus dem Häuschen und hatte mich mitnehmen wollen, doch das konnte ich geschickt abwiegeln. Dafür hatte sie mir Sandy als Gouvernante aufs Auge gedrückt, die mir schon prophezeit hatte, mich spätestens am Sonntag zu einem Spaziergang aus dem Haus zu zerren. Gähnend kuschelte ich mich noch einmal in meine Bettdecke. Es war gerade mal kurz nach sieben, also früh genug, um noch ein Schläfchen zu halten. Ich liebte die absolute Stille im Penthouse und beschloss, diese auch völlig auszunutzen. Eingemummelt in meine Decke wurde ich wieder schläfrig und dämmerte sanft ein. Es war fast wie schweben, und ich wünschte, es würde ewig anhalten.

Es klopfte, aber ich glitt immer tiefer in meinen Schlummer. Zumindest so lange, bis mich das zweite Klopfen an meiner Tür aufschrecken ließ. Kurz war ich orientierungslos. Dann war das penetrante Hämmern wieder zu hören – zu laut und zu deutlich. Verdammt! Da war aber jemand energisch. Derjenige, der mich endgültig aus dem Schlafmodus gerissen hatte, konnte was erleben. Schimpfend zog ich mir die Decke von den Beinen und sah mich nach meinem Morgenmantel um. Wo hatte ich ihn zuletzt liegen gelassen? Mein Magen rebellierte und das Poltern an der Tür wurde unmissverständlich.

»Ja, ja, ich komm ja schon«, rief ich meckernd und machte mich, nachdem der verflixte Frotteemantel verschwunden blieb, in meinem Slip und Spaghettiträger-Shirt auf den Weg zur Tür. Gereizt riss ich sie auf.

»Guten Morgen, ich wollte dich an deinen Termin erinnern.«

Ein frisch rasiertes Männergesicht und die schönsten blauen Augen musterten mich von oben bis unten. Mit Luke hatte ich überhaupt nicht gerechnet, weil er in letzter Zeit fast immer die Abend- und Nachtschichten hatte. Umso erstaunter war ich, dass er mich jetzt aus dem Bett holte.

»Termin?« Ich fuhr mir übers Gesicht und strich mein verwuscheltes und bestimmt unmöglich aussehendes Haar beiseite, während mein Magen total überreagierte. Mir wurde mit einem Mal speiübel. Hitze schoss meine Kehle hinauf. Oh nein!

So schnell ich konnte, rannte ich ins Badezimmer und übergab mich im letzten Augenblick über der Toilettenschüssel. Ich stülpte mein Inneres so sehr nach außen, dass ich mich nicht mehr auf den Beinen halten konnte. Wilde Wellen der Übelkeit erfassten mich erneut, und ich wusste nicht, wie mir geschah.

Sanft strich mir jemand das Haar aus dem Gesicht, als ich erschöpft den letzten Schwall von mir gab. Langsam beruhigte sich mein Atem und es ging mir besser. Der Wasserhahn wurde aufgedreht, und kurz darauf spürte ich etwas Kühles an meiner hitzigen Stirn.

»Geht es wieder?« Luke wischte behutsam mit einem nassen Tuch über meine Wangen. Ich nickte stumm. Schwerfällig versuchte ich aufzustehen und wankte. Sofort hielt er mich.

»Danke. Ich bin nur noch etwas schwach.«

»Bist du krank? Soll ich einen Arzt rufen?« Ehrliche Besorgnis lag in seinem Gesicht.

»Nein. Keine Ahnung, was das war. Mir war plötzlich übel.«

Er hob eine Braue. »Nachdem du mich vor deiner Tür gesehen hast? Nette Begrüßung.«

Kurz lachte ich. Er wollte witzig sein und schaffte es, mir ein Lächeln abzuringen. Ich wusch mich und putzte mir die Zähne. Während ich die Zahncreme im Mund verteilte, beobachtete er mich.

»Wu kasch erne eiben un mia bei de Morgeudine usauen«, versuchte ich, mit der dicken Bürste und dem Zahnpastaschaum im Mund zu sagen.

Er räusperte sich verlegen. »Entschuldige, ich verschwinde und warte draußen.« Kopfschüttelnd ließ er mich allein. Was war das eben gewesen? Vielleicht hatte ich in letzter Zeit wirklich zu wenig gegessen. Ich schaute in den Spiegel. Meine pinkfarbene Haarsträhne war ausgeblichen, meine Haut wirkte fahl und meine Augenringe konnte ich mit so viel Concealer zukleistern, wie ich wollte, doch sie verschwanden nicht. Schnell band ich mein stumpfes Haar zu einem unordentlichen Dutt zusammen und ging hinaus. Wie versprochen, hielt Luke vor der Tür Wache.

»Siehst du, alles wieder gut«, sagte ich grinsend und huschte in mein Schlafzimmer, um mir eine Jeans und Strickjacke anzuziehen. Als ich zurückkam, war Luke verschwunden, aber ich hörte Geräusche aus der Küche. Luke hatte sein Jackett ausgezogen und über eine Stuhllehne im Essbereich gehängt. Er stand am Herd und hantierte mit einer Pfanne. Von hinten sah er unglaublich attraktiv aus, breit gebaut, und seine Muskeln schimmerten durch das weiße Hemd. Während mein Blick über seinen Rücken hinunter zu seinem Hintern wanderte, kribbelte es in meinem Schritt. Heiliger Bimbam! Und das am frühen Morgen! Neugierig trat ich näher. »Was tust du da?«

»Wonach sieht es denn aus. Ich mache dir Frühstück.«

Ich lehnte mich gegen die Arbeitsplatte. Er schaute kurz zu mir, aber da war kein freundliches Lächeln und kein Blick, der mich wie sonst immer verschlang. Im Gegenteil, er wirkte irgendwie ... angesäuert.

»Das brauchst du nicht, ich kann mir später selbst ...«

»Hast du schon mal in den Spiegel geschaut? Seit Tagen läufst du wie eine ...« Er unterbrach sich, biss sich auf die Lippen und trat zum Toaster, aus dem zwei köstlich duftende Scheiben gesprungen waren, und legte sie auf einen Teller. Als würde er sich auskennen, nahm er aus dem Kühlschrank die Eierschachtel, Schinken, eine Paprika und etwas Käse und machte sich daran, ein Omelett zu braten.

Wieso redete er nicht weiter? »Wie laufe ich denn herum?«, wollte ich wissen, nahm einen Toast und hüpfte mit meinem Hintern auf die Arbeitsfläche neben ihm. Während ich an dem Brot knabberte, sah ich dabei zu, wie er geschickt die rote Schote und den Schinken kleinschnitt und in der Pfanne anbriet. Ein herrlicher Duft erfüllte die Küche und mein Magen knurrte vor Hunger.

»Wie ein Schatten deiner selbst. Um ehrlich zu sein, du siehst schrecklich aus, Leni, und ich würde vorschlagen, du gehst zu einem Arzt.«

Ich verdrehte die Augen. »Ich brauche keinen Arzt.«

»Das sehe ich anders. Was ist eigentlich mit dir los?« Sein Tonfall war ungewöhnlich streng, nur einmal am Flughafen hatte er so mit mir geredet.

»Was soll sein? Ich ... hatte nur etwas Stress in letzter Zeit«, wich ich ihm aus.

Er schöpfte das fertige Omelett auf den Teller, nahm eine Gabel aus der Schublade und reichte mir beides.

»Iss, und zwar alles«, befahl er.

Was war denn nur mit ihm los? »Hey Mr. Bodyguard, nicht so streng, ja?«, tadelte ich ihn, aber darauf ließ er sich nicht ein. Ohne ihn aus den Augen zu lassen, rutschte ich von der Arbeitsfläche und setzte mich in den angrenzenden Essbereich. Es schmeckte vorzüglich. Mit einem Mal war mein Appetit wieder da. Keine Ahnung, wo der so plötzlich herkam, aber kaum hatte ich etwas im Mund, fühlte sich mein Magen wie ausgehungert an. Ich konnte gar nicht schnell genug alles in mich hineinstopfen. Ich biss gleich zweimal von meinem Toast ab und schob zwei Gabeln Omelett hinterher. »Iss langsam, sonst kommt alles wieder hoch«, rief er mich zur Ordnung und schenkte mir eine Tasse Tee ein. Kopfschüttelnd überkreuzte er die Arme und sah mir dabei zu, wie ich sein köstliches Frühstück in Nullkommanichts vertilgte. Erst als ich jeden Krümel vernichtet hatte, lehnte ich mich satt und zufrieden zurück und nippte an meinem Tee. »Daran könnte ich mich glatt gewöhnen«, sagte ich zufrieden.

Er nahm den Teller und ging in die Küche, wo er mit dem Abspülen begann.

»Ich wusste gar nicht, dass du kochen kannst.«

»Du weißt vieles nicht«, gab er knapp von sich.

Da musste ich ihm recht geben. Ich wusste wirklich nicht viel über ihn, aber meine Neugier hatte er ja schon länger geweckt. »Das könnte man ja ändern, oder nicht?« Kaum hatte ich das ausgesprochen, wurde mir die Bedeutung bewusst. Peinlich berührt verzog ich das Gesicht.

»Du bist die Tochter des Präsidenten. Ich weiß bereits alles, was ich wissen muss, und ich bin dein Bodyguard. Du brauchst gar nichts von mir zu wissen, und das ist auch gut so.«

Ich stand von meinem Platz auf. »Ich dachte, wir sind Freunde.« Unmittelbar neben ihm blieb ich stehen und stupste ihm in die Seite. »Hey Luke, was ist eigentlich los?«

Er schien wütend über irgendetwas zu sein, aber ich konnte mir keinen Reim darauf machen.

16

Luke

Vielleicht lag es am Stress oder daran, dass ich gereizt, übermüdet und überarbeitet war und mir der Kopf brummte. Seit Tagen hatte ich kaum mehr als vier Stunden Schlaf am Stück gehabt, und das nur, weil ich ihr aus dem Weg gehen musste. Ich hatte alle Nachtschichten geschoben, nur um ihren Reizen nicht länger ausgeliefert zu sein. Noch zögerte ich, meine Versetzung einzureichen, da ich immer noch die Hoffnung hegte, mit der Situation klarzukommen.

Als sie mir bleich und verschlafen die Tür geöffnet hatte, war ich schwach geworden. Sie sah fertig aus, und das nur, weil sie Liebeskummer wegen diesem Idioten Jim hatte. Wie man sich wegen einem Kerl so gehenlassen konnte, würde ich wohl nie verstehen. Das war auch der Punkt, der mich wütend machte.

Ich pfefferte das Geschirrtuch auf den Herd.

»Was los ist?«, funkelte ich sie an. »Ich ...« Aufgebracht fuhr ich mir durchs Haar, konnte nicht fassen, dass ich tatsächlich im Begriff war, ihr all das zu sagen. »Als Freund sage ich dir, dass du aufhören musst, ihm nachzutrauern.

Wahrscheinlich vögelt er schon eine andere, während du nachts immer noch in die Kissen heulst. Du solltest besser auf deine Gesundheit achten, dich anständig ernähren und ...« Ich hielt inne. Das hätte ich nicht sagen dürfen. Es stand mir nicht zu, aber endlich fühlte ich mich besser.

Ihr klappte der Mund auf. »Du denkst, dass Jim und ich Schluss gemacht haben und ich deshalb eine Krise habe?« Sie lachte. »Du hast keine Ahnung, Luke. Nur weil wir einmal im Bett waren, heißt das nicht, dass du mich kennst, okay?«

Wütend blitzten wir uns an, und erst, als der Schatten im Essbereich sich räusperte, nahmen wir den Zuhörer wahr.

»Entschuldigt, ich wollte nicht stören.« Steven hob abwehrend beide Arme. »Ich komme einfach später wieder.«

Fuck! Wie viel hatte er von unserem Gespräch mitbekommen? »Nein, nein, ist schon okay. Wir waren sowieso fertig.« Ich warf ihr einen kurzen Blick zu und folgte ihm hinaus. Steven schloss die Tür hinter sich und sah mich nachdenklich an. »Ist es wahr? Du und sie?«

Seufzend warf ich den Kopf in den Nacken. Es hatte keinen Sinn es abzustreiten, also nickte ich.

»Bist du verrückt geworden? Hast du vergessen, wer sie ist?«

Ich hatte seine Standpauke mehr als verdient und ließ ihn sagen, was er zu sagen hatte. Er redete und redete, aber meine Gedanken schweiften schon wieder zu ihr ab. Was hatte sie damit gemeint, ob ich auch glauben würde, dass sie Liebeskummer hätte? Hatte sie den etwa nicht? Warum verhielt sie sich dann so sonderbar? Die Spuren ihres Seelenzustandes waren mehr als deutlich, und ihr Körper hatte ihr sogar heute Morgen gezeigt, dass ihr momentaner Lebensstil einfach Gift für sie war.

»Luke? Sag mal, hörst du mir überhaupt zu?«

»Was? Entschuldige, ich ...«

Steven stöhnte und rief über Funk nach Richie. »Kannst du mit mir die Schicht tauschen? Ich muss was erledigen.« Er ließ seinen Ärmel sinken und wandte sich wieder an mich. »Komm, wir müssen reden.«

Fünf Minuten später lehnte ich an seiner Küchenzeile und nahm den Kaffeebecher, den er mir entgegenstreckte. Eigentlich war ich mir sicher, dass wir nun das letzte Gespräch führen würden und ich danach meine Sachen packen konnte.

»Also, was läuft da genau zwischen dir und ihr? Und erzähl mir nicht, dass da nichts ist. Ich bin nicht blöd, Mann.«

Es fiel mir nicht leicht, darüber zu reden, aber bisher hatte sich Steven mir gegenüber immer korrekt verhalten. Er hatte die Wahrheit verdient. »Es war nur eine Nacht. Ich weiß auch nicht, was über mich gekommen ist, aber wir haben beide beschlossen, dass es dabei bleiben wird.«

»Und weiter? Was war das vorhin? Wieso habt ihr euch gestritten?«

Ich nahm einen Schluck vom Kaffee. »Sie war ein wenig angepisst, weil ich ihr meine Meinung gesagt habe. Heute Morgen, als ich sie an ihren Termin in der Bibliothek erinnern wollte, hat sie sich übergeben. Du hast ja gesehen, wie sie zurzeit aussieht. Sie macht sich wegen ihrem Typen fertig, und das ging mir gegen den Strich, weil ... ich sie mag.«

»Du magst sie?«

»Ja, ich ...«

»Komm schon, Luke. Ich sehe es dir an, und das schon seit deinem ersten Tag bei uns. Du bist total verknallt in sie!« Ein wissendes Grinsen drängte sich in sein Gesicht.

Verständnislos kniff ich die Augen zusammen. »So ist es nicht. Ich gebe zu, sie übt einen gewissen Reiz auf mich aus, aber ich habe es im Griff.«

Er lachte höhnisch. »Genau, deshalb glaubst du, dich mit Nachtschichten beschäftigen zu müssen. Das ist echt armselig.«

Er lachte immer noch, und ich ärgerte mich, weil er mich durchschaut hatte. Steven McLane kannte mich gut, das musste ich ihm lassen.

»Um ehrlich zu sein, ich weiß nicht, was ich jetzt tun soll. Nachdem du wegen King den richtigen Riecher hattest, ich sowieso nicht genug Leute habe und dich sogar verstehen kann, kann ich dich nicht rauswerfen.«

»Du kannst mich verstehen? Wieso?«

»Weil ich selbst einmal in ein Mädchen verliebt war und die Finger nicht von ihr lassen konnte. Damals sind wir sogar durchgebrannt, haben das Konto ihres Vaters geplündert und uns drei schöne Tage in einem Motel gemacht. Das Dumme war nur, ihr Dad war der Polizeichef.« Er grinste, während er erzählte. »Wenn ich heute daran zurückdenke, dann habe ich nur schöne Erinnerungen daran, bis ...«

»Bis …?«, wollte ich wissen.

»Ihr Vater hat uns natürlich damals gefunden. Er hat ihr verboten, mich jemals wiederzusehen, und sie in ein Internat gesteckt, wo sie sich das Leben genommen hat.« Sein Gesicht wirkte steinern.

»Das tut mir leid.«

»Ist einige Jahre her, aber ich war mindestens genauso verschossen wie du.«

»Ich bin nicht verschossen, es ist nur ... da ist etwas. Ich habe keine Ahnung, was, aber ich will sie – immer, ständig.

Ich denke, es geht ihr ähnlich.«

»Glaubst du das? Oder bildest du dir das nur ein?«

»Ich weiß es«, sagte ich voller Überzeugung.

~

Seit zwei Stunden befand ich mich auf dem Weg zu meiner Familie. Nach unserem Gespräch hatte Steven mir zwei Tage Urlaub genehmigt, obwohl er personellen Engpass hatte. Er würde das schon hinbekommen, hatte er gemeint.

Mittlerweile betrachtete ich ihn als Freund. Er war wirklich schwer in Ordnung. In den letzten Tagen hatten wir das eine oder andere Feierabendbier getrunken, gingen regelmäßig zusammen zum Sport, und nun hatte ich ihm sogar bereitwillig von meinem Dilemma mit Leni Davis erzählt. Irgendwie hatte ich das Gefühl, ich verweichlichte beim Secret Service. Ich mutierte immer mehr zum Softie.

Als ich am Ortsschild von Bowling Green vorbeifuhr, wurden meine Gedanken ernster. Ich hatte keinen Plan, wie ich Caroline helfen sollte, doch Fakt war, wenn Dad sich wirklich so entwickelt hatte, dann brauchte er dringend Hilfe. Im Ortskern herrschte reges Treiben. Es war früher Vormittag und die kleine Stadt schien schon lange ausgeschlafen zu haben. Hier war ich geboren worden und hatte meine ganze Jugend verbracht. Ich mochte diesen Ort, er war mir so vertraut, aber ich freute mich auch, wenn ich ihm den Rücken kehren konnte. Caroline war da schon immer anders gewesen. Für sie würde eine Großstadt wie Washington, D.C. nie infrage kommen. Genau wie Mum liebte sie das Stadtrandleben, wo jeder jeden kannte und es nur ausgeplauderte Geheimnisse gab, die im Grunde keine waren.

Ich bog in die verkehrsberuhigte Spielstraße, die ich schon unzählige Male als Kind mit dem Skateboard entlanggefahren war. Rechts und links säumten hübsche Vorgärten mit schicken Häusern die Straße. Unser Haus lag mittendrin, zwischen den Browns und den Nashvilles.

Ich fuhr den Wagen direkt vor die Garage. Das Tor stand offen, weil Caroline wie immer ihr Fahrrad dort abgestellt hatte. Dads alter Aston Martin parkte eingestaubt daneben. Früher hatte er, wenn er mal nicht arbeitete, jede freie Minuten an dem Wagen verbracht, seinen Aston Martin DB5 gehegt und gepflegt. Doch diese Zeiten schienen lange vorbei zu sein.

Ich stieg aus und trat die sieben Stufen hinauf. Noch bevor ich klingeln konnte, riss Caroline die schwere Holztür auf und warf sich mir um den Hals. »Luke! Luke! Endlich!« Sie war einen ganzen Kopf kleiner als ich und musste auf Zehenspitzen stehen, um mich zu umarmen.

Freudestrahlend schlang ich meine Arme um sie und hob sie hoch. »Ich hab doch gesagt, ich komme, so schnell ich kann.« Sachte stellte ich sie wieder auf die Füße. Die Erschöpfung und der Stress standen ihr ins Gesicht geschrieben. Sie hatte abgenommen. Ihr Haar war länger geworden, und wie immer trug sie es zu einem Pferdeschwanz. Sie wohnte zwar nicht weit von Dad entfernt, aber es war bestimmt nicht einfach, alles unter einen Hut zu bekommen.

»Wo ist der kleine Rabauke?«

»Klein? Er wächst wie der Teufel, und wenn es so weitergeht, futtert er mir noch die Haare vom Kopf. Milo schläft übers Wochenende bei einem Freund.«

Enttäuscht schob ich meine Unterlippe vor und schmollte.

»Schau nicht so! Wenn er erfährt, dass du da warst und er

dich nicht zu Gesicht bekommen hat, macht er mir sowieso die Hölle heiß«, lachte sie. Caroline war alleinerziehende Mutter. Das Arschloch von Erzeuger hatte sie sitzengelassen, nachdem er erfahren hatte, dass sie ein Kind von ihm erwartete. Deshalb wuchs Milo ohne Vater auf.

»Komm rein. So wie ich dich kenne, hast du Hunger.«

Enttäuscht, den kleinen Racker nicht zu Gesicht zu bekommen, folgte ich ihr in unser Elternhaus, was sofort tausend Erinnerungen in mir wachstieß. Das Hochzeitsfoto von Mum und Dad hing immer noch über der Kommode in unserem Eingangsbereich. Mum hatte stets Wert darauf gelegt, dass in ihrer Lieblingsvase frische Blumen steckten, und genau das führte Caroline weiter. Ich ging zu ihr in die Küche. Auch hier sah es aus, als wäre Mum nur eben zum Einkaufen gefahren.

Alles blitzte sauber. Nichts deutete darauf hin, dass sie schon lange nicht mehr bei uns war. Bevor der Schmerz sich ausbreiten konnte, setzte ich mich und stibitzte mir ein Stück Kuchen, den Caroline gerade aufgeschnitten hatte. »Luke Carter, nimm dir gefälligst einen Teller, du krümelst mir den Boden voll. Ich habe heute Morgen erst gewischt«, ermahnte sie mich.

Inzwischen hatte Caroline das Regiment im Haus übernommen, und so, wie ich sie einschätzte, recht gut, auch wenn man ihr deutlich ansah, dass sie müde war.

»Wo ist er?«, fragte ich mit vollem Mund und beobachtete, wie sie Kaffee aufsetzte und mir anschließend einen Teller reichte.

»Er schläft, und ich hoffe, das wird er noch 'ne Weile.« Seufzend setzte sie sich zu mir.

»Ich habe mir Gedanken gemacht«, begann ich, über unser

Problem zu sprechen. »Wir könnten eine Haushaltshilfe oder eine Pflegerin einstellen.«

Sie schüttelte den Kopf. »Das ist nicht das Problem, Luke. Er selbst ist es. Wir haben seit Mums Tod mehr als drei Helferinnen eingestellt, und alle hat er vergrault. Er muss eine Therapie machen. Die müssen ihm klar machen, dass das Leben weitergeht.«

»Konntest du wenigsten die Sache mit deinem Job regeln?«

»Ich habe eine Abmahnung erhalten. Wenn ich das nächste Mal zu spät komme, schmeißt der Direktor mich garantiert raus.« Sie starrte in ihre Kaffeetasse und schien tief in Gedanken versunken zu sein. Shit! Die Sorgen meiner Schwester wuchsen ihr wirklich über den Kopf, und mir fiel nichts ein, wie ich ihr das Leben erträglicher machen konnte.

Caroline war Lehrerin und arbeitete in der Grundschule, die auch wir damals besucht hatten. Die Tatsache, dass sie Milo allein großzog, war schon nicht einfach, aber sie sorgte nebenher noch für unseren Vater. Das war verdammt hart!

»Wir müssen ihn überzeugen, dass er in diese Klinik geht, die Dr. Miles empfohlen hat. Solange er das nicht freiwillig macht, wird es schwierig werden.« Sie sah auf ihre Armbanduhr und zuckte zusammen. »Oh nein! Jetzt hätte ich beinahe Dads Tabletten vergessen.« Eilig schob sie den Stuhl zurück. »Luke, ich bin gleich wieder da, okay? Ich hol sie nur eben schnell.« Halb in Panik rannte sie in den Flur.

»Caroline«, rief ich sie zurück, kramte aus meiner Jeans meinen Autoschlüssel heraus und warf ihn ihr zu. Sie fing ihn auf und lächelte dankbar. »Bin in ein paar Minuten zurück, Bruderherz. Dann will ich alles über das Weiße Haus und die Menschen, die darin leben, erfahren. Also, so weit wie du erzählen darfst.« Kurz darauf hörte ich den Motor meines

Wagens aufheulen.

Ich genehmigte mir noch ein zweites Stück Kuchen und dachte darüber nach, wie Caroline ihr Leben wieder zurückbekommen könnte. Ich konnte sie nicht mit all den Problemen allein lassen. Es musste eine Möglichkeit geben, meinen alten Herrn irgendwie zu erreichen. Zugegeben, Dad und ich hatten noch nie ein besonders herzliches Verhältnis gehabt, aber irgendjemand sollte ihn zur Vernunft bringen.

Ich hielt die Stille im Haus nicht aus und beschloss, nach oben in mein altes Zimmer zu gehen. Fast hätte ich vergessen, dass einige der Holzstufen knarzten, wenn man auf sie trat. Ich wollte Dad auf keinen Fall wecken und überlegte kurz. Schnell fiel mir wieder ein, auf welche Stellen ich nicht treten durfte, damit ich geräuschlos hinaufkam. Früher hatte ich sie im Schlaf gekannt.

Ich hielt mitten in der Bewegung inne. Aus dem Arbeitszimmer meines Vaters drangen Geräusche. »Du hast wohl vergessen, wer ich bin. Niemand sagt mir, was ich zu tun oder zu lassen habe, verstanden? Wenn ich dir etwas befehle, dann folgst du genau meinen Anweisungen, ist das klar?«

Mit wem zum Teufel redete er? Zumindest war das der Ton, in dem er früher mit seinen Leuten beim Secret Service geredet hatte. Das war mein Vater, wie ich ihn kannte – streng und eisern. Neugierig trat ich an die Tür, horchte und drückte leise die Klinke hinunter. Sie war verschlossen.

»Du kannst froh sein, dass ich dir diesen Job besorgt habe, sonst wärst du längst im ...« Er hatte mich gehört und stockte. »Caroline, geh weg von meiner Tür, verdammt«, brüllte er barsch. »Ich habe dir schon hundertmal gesagt, dass du hier nichts verloren hast.«

»Dad? Ich bin's, Luke.«

Stille. Dann hörte ich hektisches Rascheln, Poltern, und wie er weiter vor sich hin fluchte. Was trieb er nur da drinnen?

Schließlich schloss er auf. Sein Anblick erschreckte mich. Er war barfuß, seine Wangen eingefallen, seine Haut grau und fahl. Es schien, als hätte er in den letzten Monaten keinen Haarschnitt, geschweige denn eine Rasur gehabt. Er trug einen verwaschenen Jogginganzug, mit ekligen Flecken. Ich wollte nicht wissen, was das genau war. Der sonst so penibel gepflegte Mann war ein Schatten seiner selbst. »Gut, dass du kommst, Junge. Hast du Informationen für mich?«

Das war mal wieder typisch – keine Regung, keine Freude, mich zu sehen. Er kam gleich zur Sache. »Hallo Dad, ich freu mich auch, dich zu sehen«, sagte ich zynisch und marschierte in sein Arbeitszimmer. Ich sah mich um und wunderte mich. Nicht nur die äußere Erscheinung meines Vaters litt, sondern auch sein Büro, in dem er immer pingelige Ordnung gehalten hatte. Auf dem Schreibtisch türmten sich Stapel von Papieren, dazwischen Schrauben, Muttern und anderes Werkzeug, das er sonst in der Garage aufbewahrte. Überall auf dem Boden lagen Schmutzkleidung, Weinflaschen, Bücher und Unrat, auf den Möbeln lag eine dicke Staubschicht. In einer Ecke am Boden entdeckte ich sogar seine Ehrungen, die er im Laufe seiner Karriere erhalten hatte. Aus der Wand, an der sie früher hingen, traten nur noch die Nägel hervor. Es herrschte das pure Chaos.

»Was ist hier passiert?«, platzte es aus mir heraus.

Dad überhörte meine Frage, aber ich kannte ihn. Es war ihm unangenehm, und er wollte darüber nicht sprechen. »Wo ist die Karte und hast du mir was zu berichten?«, drängte er stattdessen und ging hinüber zu seinem Schreibtisch.

Kleidung lag auf seinem Chefsessel, die er achtlos beiseite warf und sich setzte. Das alles war so bizarr. Sah er denn das Durcheinander nicht, in dem er hauste? Wie war es möglich, dass er sich so verändert hatte? Er wartete darauf, dass ich mit meinem Bericht begann. Ich wusste, wenn ich ihn jetzt mit den Informationen versorgte, auf die er so sehr brannte, dann hätte ich die Chance vertan, ein ernstes Gespräch mit ihm zu führen. »Bevor ich dir das sage, Dad, müssen wir reden. Ich will wissen, was mit dir los ist.« Bestimmt überkreuzte ich die Arme.

Seine Augen wurden zu kleinen Schlitzen. Ich spürte, wie er krampfhaft versuchte, einen Wutausbruch zu kontrollieren. Er wirkte verärgert. Seine Brust hob und senkte sich schnell, und mit seinem Blick erdolchte er mich. »Was hat deine Schwester erzählt?«, keifte er.

»Genug um zu wissen, dass du Hilfe brauchst.«

»Jetzt fang du nicht auch noch damit an. Mir geht es gut, ich will nur meine Ruhe.«

»Wieso sieht es hier dann so aus?«, wollte ich mit einer ausladenden Handbewegung wissen. »Was ist mit dir los?«

»Mit mir ist gar nichts los. Ich brauche nichts und niemanden.«

Wir wussten beide, dass das nicht stimmte.

»Niemand tut dir etwas«, warf ich ein.

»Ihr wollt mich alle loswerden, mich in ein dreckiges Loch stecken, wo ich elendig verrecke, aber das werdet ihr nicht schaffen«, schrie er plötzlich. »Und jetzt sag mir endlich, ob du sie im Weißen Haus gefunden hast.«

~

Fassungslos starrte ich ihn an. Früher hätte er mich eingeschüchtert mit seinem Gebrüll, doch ich war kein kleiner Junge mehr, der zitterte, wenn er die gewünschte Leistung nicht erfüllte. Sein kalter Blick prallte an mir ab, und gleichgültig hielt ich ihm stand. »Weißt du, Dad, spätestens morgen bin ich wieder weg. Das heißt, wenn du nicht kooperierst, werde ich dir nichts über die aktuellen Arbeitsweisen des Secret Service und der Karte erzählen. Ach ja, bevor ich es vergesse, untersteh dich, mich deswegen noch einmal anzurufen. Du weißt genau, dass alles topsecret ist und ich dir eigentlich weniger als Null anvertrauen darf. Also sag mir, was zum Henker dein Problem ist.«

Lange sah er mich schweigend an, sog tief und langsam den Atem ein. Nach einer gefühlten Ewigkeit machte er endlich den Mund auf. »Ich ... Der Secret Service war mein Leben, Junge«, sagte er ruhig. »Du weißt nicht, wie das ist, von heute auf morgen nichts mehr damit zu tun zu haben. Sie haben mich ausrangiert wie einen alten Stiefel, dabei bin ich derjenige, dem sie das Sicherheitssystem, die Technik und die Abläufe zu verdanken haben. Ich habe den Secret Service zu dem gemacht, was er heute ist.«

»Dafür genießt du noch heute Bewunderung und großes Ansehen.« Ich ging zu den Ehrungen in der Ecke und hob eines der vielen Abzeichen auf. »Darauf warst du doch immer stolz.« Ich lief zu ihm und legte es vor ihm auf den Tisch. »Du bist jetzt im Ruhestand, und ich kann dir sagen, sie haben dich nicht vergessen.«

»Aber ich bin nicht mehr dabei«, sagte er in Gedanken mit dem Blick auf die kleine Anstecknadel mit der Plakette. »Ich bin nutzlos für sie, habe keinen Wert mehr. Murphy hat bestimmt alle meine Entwicklungen ausgetauscht und sie durch andere, vielleicht sogar fehlerhafte, ersetzt und was ist jetzt mit der Generalkarte?«

»Verdammt, Dad! Was willst du mit dieser beschissenen Karte?«

»Ich will sie als Andenken an meine Dienstzeit. Ich habe dieses Sicherheitsprogramm entwickelt. Ich will sie einfach haben, sie bedeutet mir viel.«

Erstaunt schaute ich ihn an. War das mein Vater? Ging es ihm nur darum, dass er sich nach seiner alten Arbeit sehnte, neidisch auf seinen Nachfolger Murphy war? Mitleid schwemmte durch meine Brust, und am liebsten hätte ich ihm gesagt, dass sich nicht viel geändert hatte, Murphy sogar ein Portrait meines Vaters neben dem des Präsidenten in seinem Büro hängen hatte. Fehlten ihm nur Anerkennung und Wertschätzung? »Wenn dir das alles fehlt, warum bist du dann frühzeitig in den Ruhestand gegangen?«

Er antwortete nicht.

»Mit wem hast du eben telefoniert?«, versuchte ich es weiter.

»Mit niemandem.«

»Luke? Ich bin wieder da!«, hallte die Stimme meiner Schwester von unten zu uns herauf.

»Ich bin oben bei Dad im Arbeitszimmer«, rief ich ihr zu, wandte mich aber wieder an ihn. Ich hörte, wie Caroline mit schnellen Schritten die Stufen hinaufkam.

»Wie bist du hier ...?« Sie betrat den Raum mit offenem Mund. Ihr Blick wanderte fassungslos durchs Zimmer. »Oh. Mein. Gott!« Sie presste sich eine Hand auf den Mund.

Dad schaute noch immer nicht auf. Es war, als wäre ihm jetzt alles egal. Er saß wie ein Häufchen Elend in seinem Chefsessel und sah aus dem Fenster. Ob er mitbekommen hatte, dass Caroline hier war?

Besorgt ging sie auf ihn zu. »Dad? Wieso hast du nichts gesagt?«

»Ach, das«, winkte er ab. »Und jetzt raus hier, ich habe zu tun.«

Mein Vater war krank, das wurde mir nun deutlich bewusst. Ich war schockiert über seine Wesensveränderung und seine aggressive Art. Er schien in seiner eigenen Welt zu sein. Aber wann hatte das angefangen?

»Ich sagte, ihr sollt verschwinden«, brüllte er.

Bevor die Situation eskalieren konnte, zog ich Caroline sanft am Arm und führte sie hinaus.

»Siehst du, ich habe dir gesagt, dass wir etwas unternehmen müssen«, flüsterte sie leise und stand kurz davor, in Tränen auszubrechen. Ihre Stimme war brüchig und sie hatte rote Wangen, die sie immer bekam, wenn sie aufgeregt war. Dennoch hatte sie recht, etwas musste geschehen. Aber letztlich konnten wir ihn ja nicht zwingen oder einweisen lassen. Er war ein verbitterter alter Mann, der sich überflüssig vorkam. Ich zog Caroline in meine Arme. Vielleicht kann er uns helfen.

»Weißt du, es ist nicht nur seine Wesensveränderung. Er tut auch merkwürdige Dinge.«

Ich runzelte die Stirn. »Was meinst du?«

»Er schließt sich im Arbeitszimmer ein und telefoniert oft stundenlang. Wenn ich ihn danach frage, dann sagt er, es würde mich nichts angehen. Letztens hat er einen Haufen Werkzeug mit ins Haus geschleppt und war tagelang mit irgendwas beschäftigt. Einmal hat es im Haus sogar nach Qualm gestunken. Es macht mir einfach Angst, Luke.«

Dad war schon immer ein Tüftler gewesen. In seiner

wenigen Freizeit hatte er oft den ganzen Tag in der kleinen Werkstatt verbracht. Er liebte es, an seinem Auto zu schrauben oder sich die Zeit mit anderem technischen Kram zu vertreiben. »Irgendwas muss er ja tun. Du weißt, wie sehr er das Tüfteln braucht. Ich glaube, er fühlt sich zu nichts zu gebrauchen und vermisst seinen Job. Vielleicht sollten wir wirklich mal mit Dr. Miles sprechen.«

Sie nickte nachdenklich.

Leider konnten wir unseren langjährigen Hausarzt nicht erreichen, und so kam es, dass meiner Schwester und mir nichts anderes übrig blieb, als zu warten. Caroline und ich redeten stundenlang über verschiedene Diagnosen, die bei unserem Vater infrage kamen, während sie das Abendessen zubereitete. Sie warf sogar den Gedanken in den Raum, ihn entmündigen zu lassen, damit wir ihn zwangseisweisen könnten. Aber das dürfte nicht so einfach werden.

Immerhin kam Dad zum Essen in die Küche und setzte sich schweigend an den Tisch. Er war immer noch barfuß und hatte die alten Klamotten an.

»Dad, zieh dir wenigstens ein paar Socken an«, mahnte Caroline. Er überhörte sie und fing an, sein Steak zu schneiden. Sie seufzte und verzog genervt das Gesicht. »Auch gut. Dann erzähl mal, Luke, wie ist es, für die White House Princess zu arbeiten? Ist sie wirklich so ein Partygirl?«

Sofort tauchte vor meinen Augen das Bild der Frau auf, an die ich ausnahmsweise einmal in den letzten Stunden nicht gedacht hatte. Ich grinste, hatte gewusst, dass die Frage irgendwann kommen würde. »Ganz im Gegenteil. Sie kann einen schon zur Weißglut treiben, aber als verwöhntes Partygirl würde ich sie nicht bezeichnen. Sie ist eigentlich eine normale junge Frau mit einem Hang zu ...

Verrücktheiten. In letzter Zeit ging es ihr nicht so gut.«

»Sie war schon immer sehr naiv«, brummte Dad plötzlich dazwischen. Er sah noch nicht einmal auf. »Ist sie immer noch auf Kriegsfuß mit euch?« Er lachte, und ich sah etwas Schadenfrohes in seinen Zügen. Zugegeben, er hatte nicht ganz unrecht, was ihre Naivität betraf, aber in mir drängte sich der Instinkt in den Vordergrund, Leni zu verteidigen. »Es ist richtig, dass sie ihren eigenen Kopf hat, aber ...«

»Sie ist 'ne verwöhnte Göre, Luke, die ihren Vater um den kleinen Finger wickelt«, sagte er und schob seinen Teller von sich. »Sie an der Uni zu bewachen, ist eine Herausforderung. Murphy hat bestimmt alle Hände voll zu tun.«

Na schön, er war darauf aus, mich zu provozieren, wollte mich dazu kriegen, dass ich vielleicht etwas ausplauderte, aber diesen Gefallen tat ich ihm nicht. »Wie sagst du immer? Organisation ist alles.«

Während des restlichen Abendessens schwiegen wir, und es wunderte mich, dass er nicht noch einen Versuch startete, mir Informationen zu entlocken. Hoffnung kam in mir auf, dass unser kurzes Gespräch in seinem Arbeitszimmer ihm vielleicht doch einen Denkanstoß gegeben hatte.

»Wie lange kannst du bleiben?«, wollte Caroline wissen, während wir gemeinsam die Küche aufräumten. Ohne ein Wort hatte Dad sich zurückgezogen, und wir ließen ihm den Freiraum.

»Morgen muss ich wieder zurück.«

Caroline nickte traurig und wischte den Tisch sauber. »Schade, ich hatte gehofft, wir hätten Zeit. Ich hätte doch gern mehr erfahren über dein Umfeld.«

»Was willst du denn wissen?«

Sie grinste. »Na ja, du arbeitest für die First Family. Du

bekommst viel mehr mit als all die Journalisten.«

»Du willst Klatsch und Tratsch hören.« Grinsend schüttelte ich den Kopf. »Aber da muss ich dich leider enttäuschen. Die Davis´ sind eine nette Familie. Und auch Leni ist nicht so, wie die Presse über sie berichtet.«

»Ehrlich? Und wie ist sie wirklich?« Für Caroline war es faszinierend, dass sie endlich jemanden hatte, der ihr etwas über den Glamour und die High Society erzählen konnte. Dad hatte nie ein Wort über seine Arbeit verloren, egal wie sehr Mum oder sie ihn gelöchert hatten.

»Sie ist einfühlsam und sensibel. Manchmal geht es mit ihr durch, dann braucht sie ihren Freiraum.«

»Och komm, erzählst du mir jetzt die Geschichte vom armen Mädchen im goldenen Käfig? Ich meine, sie hat alles, was man sich wünschen kann; sie führt ein Luxusleben, muss sich über nichts Sorgen machen, alles wird ihr abgenommen.«

»Das, was sie nicht hat, ist ein Privatleben. Als freiheitsliebender Mensch ist das schwer für sie. Ich denke, deshalb trickst sie uns hin und wieder aus. Außerdem halte ich sie für sehr intelligent und mutig. Sie hat 'ne freche Klappe und sagt, was sie denkt.«

»Meine Güte, du schwärmst ja!« Caroline betrachtete mich. »Und deine Augen leuchten. Sag mal, Bruderherz, bist du verknallt in sie?«

»Was redest du? Sie ist mein Job, nichts weiter. Es gehört eben dazu, dass ich meinen Schützling kenne und gut einschätzen kann.« Ich wusste, dass die Ausrede mehr als lahm war. Damit sie mich nicht ganz entlarvte, ging ich zum Kühlschrank und nahm mir ein Bier.

»Also, ich habe da ein Glitzern gesehen.«

»Was du immer alles siehst«, zog ich sie auf und beendete

das Thema.

»Gut, dann geh ich jetzt nach Hause. Kommst du allein zurecht?«

»Natürlich. Ich fahr dich; lass dein Fahrrad über Nacht hier. Morgen, wenn du ausgeschlafen hast, hole ich dich.« Endlich sah ich ein Strahlen in Carolines sonst so sorgenvollem Gesicht. Sie brauchte dringend einen Mann an ihrer Seite, so viel stand fest. »Wie sieht es eigentlich bei dir aus? Gibt es da jemanden?«

»Scherzkeks! Wann sollte ich denn jemanden kennenlernen?«, meinte sie, als wir auf dem Weg zum Auto waren. »Solange ich so eingespannt bin, brauche ich jede Energie für Milo und Dad.«

»Dann sorgen wir dafür, dass du deine Energien noch in andere Bahnen lenken kannst. Uns fällt schon etwas ein«, entgegnete ich zuversichtlich, obwohl mir mein Bauchgefühl etwas anderes sagte.

»Morgen haben wir zwar nicht viel Zeit zum Reden, weil ich früh los muss, aber ich mache mir Gedanken, wie wir das in den Griff bekommen.«

17

Leni

Es war bereits nach Mitternacht und an Schlaf nicht zu denken. Stattdessen geisterte ich durch das Penthouse und tippte zum x-ten Mal eine Nachricht an Jim in mein Handy, löschte sie aber wieder. Lukes Worte hatten Wirkung gezeigt – so langsam wurde ich zornig.

Wieso schrieb Jim mir nicht? War das seine Liebe? Auch wenn ich seine Gefühle nicht erwiderte, waren wir doch immer noch Freunde. Oder etwa nicht? Es machte mich rasend, dass er mich so behandelte. Und seit wann war ich zu feige, eine läppische Nachricht abzuschicken? Wütend legte ich das Handy auf die Küchentheke und beschloss, einen Kuchen zu backen. Ich schmiss die Zutaten zusammen und rührte sie mit dem Mixer. Das Teil war so laut, dass die Schlafmütze vor meiner Tür bestimmt wach wurde.

Luke war wirklich süß gewesen heute Morgen. Er hatte mein Haar gehalten, während ich mir die Seele aus dem Leib gekotzt hatte, Frühstück für mich gemacht und dafür gesorgt, dass mein Appetit zurückgekommen war. Und das, obwohl er aus irgendeinem Grund sauer auf mich war. Nachdem er mich so stehen gelassen hatte, konnte ich nur spekulieren, warum er so reagierte.

Den fertigen Teig gab ich in eine Backform und stellte diese in den Ofen. Erst als ich die Schüssel ausgeschleckt und die Spuren meiner nächtlichen Backaktion beseitigt hatte, sah ich, dass mein Handy aufleuchtete. Ich wischte mit dem Finger darüber.

0.39 Uhr Unbekannt: *Noch wach? L.*

Ich las die Nachricht dreimal und ging im Geiste die Leute durch, die mich um diese Zeit noch anschreiben würden, aber alle hatte ich namentlich abgespeichert. Mir wurde flau im Magen. Was, wenn dieser verrückte King irgendwie an meine Handynummer gekommen war? Doch dann würde er sich sicher nicht ›L‹ nennen. L stand für ... Luke?

0.58 Uhr Leni: *Luke, bist du das?*

Unsicher drückte ich auf Senden. Keine Sekunde später summte es erneut.

0.58 Uhr Unbekannt: *Woher weißt du das? Was hat mich verraten? :) L.*

0.59 Uhr Leni: *Mann, hast du mich erschreckt! Dachte, du bist ... Bin am Backen. Sag mal, stalkst du mich?*

Grinsend speicherte ich seine Nummer.

1.00 Uhr Stalker: *Vielleicht ... Wollte mich bei dir für*

	heute Morgen entschuldigen. Wieso backst du um diese Zeit? L.
1.02 Uhr Leni:	*Entschuldigung angenommen, aber mich würde interessieren, warum du so pissig warst. Mir war gerade danach, einen Kuchen zu backen. Hab dich übrigens jetzt als ›Stalker‹ gespeichert. Und warum bist du noch wach?*
1.03 Uhr Stalker:	*Okay, dann stehst du als ›kleine Hexe‹ in meiner Liste. Erklärung, warum ich ›pissig‹ war, bekommst du bei Gelegenheit. Habe viel im Kopf, werde aber jetzt die Augen zumachen. Gute Nacht, kleine Hexe. Ich erwarte ein Stück Kuchen, wenn ich wiederkomme.*

Für einen Moment war ich über die vertraute Art echt sprachlos, aber es gefiel mir. Immer mehr rutschte der Gedanke in den Hintergrund, dass Luke ein Angestellter war. Ich beschloss, keine Antwort zu schreiben, und packte ihm lächelnd ein Stück Kuchen auf die Seite. Ich gönnte mir selbst zwei mit einem Glas Milch. Knapp eine Stunde später war ich meine innere Unruhe, die mich wachgehalten hatte, losgeworden und schlummerte ein.

Auch am Sonntagmorgen ging es mir nicht besonders. Mein Magen rebellierte, war wahrscheinlich durch die vielen Tage, an denen ich kaum etwas zu mir genommen hatte, überreizt. Wenigstens verflog die Übelkeit nach einem Frühstück.

Am Nachmittag ging es mir besser und ich freute mich

darauf, mich mit Sandy im Park zu treffen. Es war Ende Mai, und endlich stiegen die Temperaturen, was auch die anderen Studenten aus ihren Löchern lockte. Mit ganzen sechs Mann machte ich mich auf den Weg. Es war schon etwas übertrieben, aber Dad bestand darauf nach dem letzten Vorfall mit King. Damit fiel ich in der Öffentlichkeit noch mehr auf als sonst, aber ich fügte mich dem Wunsch meines Vaters. Schließlich taten die Jungs nur ihren Job.

Schon als ich Sandy von weitem sah, wusste ich, dass es ihr nicht gut ging. Gedankenverloren blickte sie in die Ferne und nahm mich erst wahr, als ich ihr direkt gegenüberstand. Ihre Augen waren gerötet, und mit einem Taschentuch wischte sie sich immer wieder darüber.

»Was ist denn mit dir passiert?«, wollte ich gleich wissen.

Sie sah mitgenommen aus, schob ihre Sonnenbrille vor die Augen und hakte sich bei mir unter. »Nichts.«

»Jetzt komm schon! Entweder leidest du unter einer Pollenallergie oder du hast geweint.«

Sie erwiderte nichts, aber ich merkte ihr an, dass etwas nicht stimmte. Ich blieb stehen. »Ist was los im Paradies?«

Sie zögerte, bis ihre Unterlippe bebte und eine Träne über ihre Wange lief.

»Hey, Süße!« Ich legte meinen Arm um sie. »Was ist passiert?«

»Fred und ich haben uns gestern Abend gestritten. Er antwortet nicht auf meine Nachrichten und ... ich weiß nicht, was los ist.« Sie schluchzte und ließ sich von mir trösten.

»Hast du ihn mal angerufen?«

»Ja, aber er geht nicht ran.«

»Komm, wir gehen einen Kaffee trinken, und dann erzählst du mir in Ruhe, was los ist. Okay?«

Ich informierte Richie, und wir wurden ins *Dolce Vita* gefahren, ein Café, in dem wir uns schon öfters die Zeit vertrieben hatten. Wir setzten uns in die hinterste Ecke, die durch einige Pflanzen ein wenig mehr Privatsphäre bot, und gaben unsere Bestellung auf. Dann erzählte mir Sandy, was zwischen ihnen vorgefallen war. Aufmerksam hörte ich ihr zu.

»Ich weiß einfach nicht, was in letzter Zeit mit ihm los ist. Er ist so verändert. Manchmal glaube ich, er liebt mich nicht mehr.«

»Wieso das?«

»Weil wir eigentlich fast jede freie Minute miteinander verbracht haben, und seit neuestem sagt er mir kurz vorher ab, weil er sich mit Freunden zum Dartspielen trifft.«

»Aber das ist doch nicht schlimm. Vielleicht braucht er etwas Abstand und ...«

»Er belügt mich und hat Geheimnisse. Ich glaube, er hat eine andere«, unterbrach sie mich tonlos und rührte gedankenvoll in ihrem Cappuccino.

»Fred und eine andere? Das kann ich mir nicht vorstellen.« Jeder wusste, wie sehr er Sandy vergötterte. Aber man konnte schließlich nicht in die Köpfe der Männer hineinschauen. »Hast du mit ihm darüber geredet?«

»Natürlich. Seit neustem geht er mit seinem Handy zur Toilette, und wenn er zurückkommt, erklärt er, dass er zu Ben oder Teddy geht. Vor ein paar Tagen habe ich Teddy getroffen und ihn auf einen solchen Abend angesprochen. Er wusste von nichts, erzählte mir sogar, dass er an diesem Abend mit seiner Mutter essen war. Als ich Fred damit konfrontierte, hat er alles abgestritten und machte mir Vorwürfe, ich würde ihn kontrollieren und Gespenster sehen

– das Übliche eben.«

Ich dachte nach. Das hörte sich tatsächlich nicht gut an. Vielleicht war es aber wirklich so, dass Fred mehr Zeit mit seinen Freunden verbringen wollte. Er war schließlich im Eishockey-Team.

»Bist du dir sicher, dass er genau Teddy gemeint hat? Oder verwechselst du was? Weil ... das passt nicht zu Fred. Ich weiß, dass er dich liebt, und kann mir nicht vorstellen, dass er dich betrügt. Da muss was anderes dahinterstecken.«

»Ich habe keine Ahnung, was ich denken soll«, jammerte sie und stützte ihr Gesicht mit den Händen ab. »Es ist merkwürdig geworden, wenn wir zusammen sind. Es ist, als wäre er immer in Gedanken, als würde ihn etwas bedrücken. Er ist abwesend, hört mir nicht richtig zu, und wenn ich ihn frage, was los ist, dann weicht er mir aus oder wird sauer.«

»Das ist wirklich seltsam.«

Wir rührten beide nachdenklich in unseren Cappuccinos und dachten über Fred nach. Eigentlich hatte ich Sandys Beziehung mit Fred, immer mit der meiner Eltern verglichen. Mum und Dad waren ebenfalls seit der Uni ein Paar und mittlerweile eine halbe Ewigkeit zusammen. Damals wie heute liebten sie sich, zeigten das auch durch kleine Gesten, was mir mit sechzehn sogar zu viel geworden war. Mum erzählte mal, dass ihre Freundinnen immer neidisch auf sie waren, weil Dad und sie eine so tolle Beziehung hatten. Bei Fred und Sandy war das ähnlich, und jeder wusste das. Sandy und Fred, das war die ganz große Liebe. Ich konnte beobachten, wie andere Studenten ihnen lächelnd hinterhersahen, wenn sie händchenhaltend und innig verliebt über den Campus liefen.

»Mach dir nicht so viele Sorgen, Sandy. Du wirst sehen, es

wird sich alles regeln. Gib ihm Zeit.« Etwas Besseres fiel mir nicht ein, aber Fred war nicht der typische Fremdgeher. Ich war mir ziemlich sicher, dass Sandy die einzige Frau in seinem Leben war.

»Meinst du? Ich verstehe ihn einfach nicht.«

Ich lachte. »Es ist schwer, die männlichen Hirnwindungen und Drähte, die sich darin verknoten, zu kapieren, aber vielleicht macht sein Vater auch wieder Stress. Oder aber er weiß tatsächlich nicht, wie er dir sagen soll, dass er Zeit mit seinen Kumpels verbringen will.«

»Ich hätte auch absolut kein Problem damit, er braucht es doch nur zu sagen.«

»Dann sag ihm das.«

Sie nickte und ein winziges Lächeln erschien. »Es tut gut, dass ich mich bei dir ausweinen kann.«

»Hey, dafür sind wir doch Freundinnen. Wie geht es dir sonst? Wir haben uns schon eine ganze Weile nicht gesehen.«

»Ja, du bist ja auch ständig weg.« Sie erzählte mir viel über den neuen Club, die dort auftretenden DJs und das Publikum. Sie war so begeistert, dass ich mich von ihr anstecken ließ und Lust bekam, mich mal wieder unter die Leute zu mischen. Ich war schon lange nicht mehr tanzen gewesen.

»Wenn Nicky wieder da ist, müssen wir unbedingt ...« Sie stockte und ihr Körper versteifte sich sofort. Sie schaute starr aus dem großen Panoramafenster. Ich folgte ihrem Blick, sah aber nur die vorbeiströmenden Leute.

»Was ist los?«

»Da war er. Fred.« Sie sprang auf und rannte aus dem Café.

~

Es dauerte eine Weile, bis ich ihr mit ein paar Gorillas folgen konnte. Draußen auf der Straße vor dem Café sah ich mich nach ihr um. Ich ging ein paar Meter und fand sie schließlich nicht weit vom Café entfernt, wie sie sich in der Nische eines Eingangs versteckte und verstohlen in eine Richtung schaute.

»Da bist du ja«, sagte ich, stellte mich neben sie und folgte ihrem Blick. »Hast du ihn gefunden?«

Stumm streckte sie ihren Zeigefinger aus. In circa hundert Meter Entfernung entdeckte ich tatsächlich Fred, der unruhig vor einem türkischen Obst- und Gemüseladen stand. Ich erkannte ihn an seiner Sportjacke mit dem Namen seiner Mannschaft und seiner Statur. Ungeduldig sah er immer wieder auf seine Armbanduhr.

»Es sieht ganz so aus, als würde er auf jemanden warten«, sagte ich leise zu ihr.

»Ja, das denke ich auch.« Deutlich hörte ich Wut aus ihrem Unterton heraus und hoffte inständig, dass Fred sich nicht mit einer anderen Frau traf. Das hätte Sandy den Boden unter den Füßen weggezogen.

Meine sechs Männer in ihren Anzügen und dunklen Sonnenbrillen, pressten sich in den engen Eingang. Ich rollte mit den Augen. Wir gaben ein merkwürdiges Bild ab, fielen so schon genug auf, zumal die Gefahr bestand, dass Fred auch auf uns aufmerksam wurde. »Könnt ihr euch ein wenig unsichtbar machen?«, flüsterte ich den Männern zu. »Bitte«, sagte ich nachdrücklich.

Mit einem leichten Nicken zogen sie sich nacheinander etwas zurück und mischten sich unter die Passanten. Fred wartete immer noch ungeduldig. Er schaute sogar ein paarmal in unsere Richtung, doch zum Glück bemerkte er Sandy und mich nicht.

Es vergingen einige Minuten, und endlich tauchte jemand auf. Verwundert tauschten Sandy und ich einen Blick aus. Er traf sich mit einem Mann?

Der Fremde trug eine Soldatenuniform. Es war schwer, ihn aus der Entfernung genau zu beschreiben, aber ich fragte mich, was Fred mit einem Soldaten am Hut hatte. Auch der Typ sah sich mehrmals um. Fred griff in die Innentasche seiner Jacke, zog einen großen weißen Umschlag heraus und gab ihn dem Kerl. Sie unterhielten sich noch kurz, dann verschwanden beide in gegensätzliche Richtungen. Das Ganze war wirklich seltsam.

»Wer war das?«

In Sandys Gesicht arbeitete es. Sie schwankte zwischen Erleichterung und Sorge. »Ich habe keine Ahnung, und irgendwie habe ich kein gutes Gefühl.«

Das konnte ich ihr nicht verdenken. Auch ich fand das alles merkwürdig. Hatte Fred vielleicht vor, zur Armee zu gehen?

Für Sandy musste das alles schlimm sein. Wenn Fred ihr etwas verheimlichte und sie im Unklaren ließ, war das wirklich enttäuschend. Sie tat mir leid, wie sie so dastand, sich an die Betonwand lehnte und die Welt nicht mehr verstand.

»Komm, wir gehen zu mir. Dort mache ich dir einen Tee und wir können in Ruhe über alles sprechen.«

»Nein, ich muss nach Hause. Vielleicht geht Fred jetzt zu mir.«

»Na gut, aber ruf mich sofort an, wenn das nicht der Fall ist.«

»Versprochen.«

Wir fuhren Sandy zum Wohnheim zurück.

»Sollen wir uns einschalten, Ms. Davis?«, fragte Richie, als wir auf dem Rückweg zum Penthouse waren. »Wir können dem Jungen diskret auf den Zahn fühlen, wenn Sie das wünschen.«

Kurz dachte ich nach. Sollte ich mich einmischen? Was, wenn sich hinter dieser Geschichte etwas völlig Harmloses versteckte? »Nein, schon gut. Es wird sich alles aufklären. Danke für das Angebot.«

»Wie Sie wünschen, Ms. Davis.«

Den restlichen Nachmittag langweilte ich mich. Gerade hatte ich es mir vor der Glotze mit einer lockeren Pumphose, einem Top und einem Stück Kuchen bequem gemacht und zappte durch die Kanäle, als mir das strahlende Gesicht von Jim vom Bildschirm entgegenlachte und die VIP-News verlesen wurden:

»London News: Jim Henderson, der begehrteste Junggeselle der USA, ist in der Stadt, und wie man hört, ohne Dauerfreundin Leni Davis. Gerüchten zufolge sind die beiden getrennt. Jim scheint die Trennung gut wegzustecken, wie man am Abend der MTV Europe Music Awards *zu sehen bekam. Hollywoodschnuckelchen Zelda und Supermodel Lexi Powers vergnügten sich prächtig.«*

Bilder von Jim, wie er sich mit den beiden Berühmtheiten auf der Aftershow-Party amüsierte, wurden eingeblendet. Mit einem befremdlichen Gefühl zappte ich weiter, sagte mir, dass das der Party-Jim war, den er öffentlich zeigte. Ich konnte nicht abstreiten, dass es zwar nicht wehtat, ihn so zu sehen, ich es ihm aber übelnahm, weil er mir keine Nachricht mehr geschrieben hatte, seit er fort war. Wahrscheinlich hatte er mich schon vergessen.

Später telefonierte ich noch mit Sandy. Sie meinte, dass alles wieder in Ordnung wäre, doch leider konnte sie nicht genauer darauf eingehen, da Fred bei ihr saß. Das beruhigte mich, jedoch hätte ich gern erfahren, was los gewesen war. Vielleicht würde sich demnächst eine Möglichkeit ergeben, sie danach zu fragen. Kaum hatte ich das Gespräch mit Sandy beendet, rief meine Mum an, die natürlich alles von Jim aus der Presse mitbekommen hatte. Nachdem ich ihr mehrmals versichern musste, dass ich nicht unter Herzschmerz litt und es mir wirklich gut ging, legte ich genervt auf und beschloss, verbotenerweise auf die Dachterrasse zu gehen.

Ich nahm eine Decke, ein Buch und mein transportables Radio und ging hinauf. Ich wusste genau, wo ich, geschützt vor den Überwachungskameras, meine Decke ausbreiten konnte, und machte es mir auf der Rückseite des Gebäudes zwischen zwei Lüftungsschächten gemütlich. Ein Jammer, dass ich den Pool und die Liegen nicht verwenden durfte.

Die Luft war angenehm warm und die letzten Sonnenstrahlen leuchteten in zartem Lila. Die Farbe erinnerte mich an die Nacht mit Luke, als ich dieses Wahnsinnserlebnis mit ihm gehabt hatte. Sofort zog es verführerisch in meinem Schritt und eine Gänsehaut bildete sich auf meinen Armen. Ich saß an die Schachtwand gelehnt da und reckte mein Gesicht der untergehenden Sonne entgegen. In meinem Kopf tauchten Bilder auf, die ich seither verdrängt hatte, die aber jetzt die Herrschaft übernahmen. Deutlich spürte ich Lukes Berührungen und seine Lippen überall, und das sehnsüchtige Ziehen wurde stärker. Zweifel, ob ich noch normal im Kopf war, ließen meine Erinnerungen unscharf werden, aber diese schob ich schnell beiseite und genoss das Prickeln auf meiner Haut. In meiner Vorstellung gab es nur Luke und Leni, Leni und Luke. Es war total verrückt, aber irgendwie ergab es Sinn. Ich baute meine Fantasien aus und ...

»Sie sind wirklich die unmöglichste Person, die mir je untergekommen ist, aber dennoch unfassbar schön in diesem Licht.«

Ich zuckte zusammen und blinzelte. Die Sonne stand so tief, dass ich meine Augen mit der Hand abschirmen musste, um etwas erkennen zu können. Ich sah nur einen riesigen dunklen Schatten direkt vor mir stehen, aber seine Stimme hatte diese unverwechselbare Tonlage. Luke.

Lässig stand er in seinem schwarzen Anzug vor mir, hatte die Sonnenbrille auf die Nase gezogen und schaute mich schief grinsend an. Er sah zum Anbeißen aus.

Die unterschiedlichsten Gefühle durchzogen mich wie ein Blitz. Verlegenheit und Freude hatten den größten Anteil, dicht gefolgt von dem Dämpfer, gleich eine Diskussion führen zu müssen. Zu meiner Überraschung trat dies nicht ein.

Ich war so verwundert, dass ich ihn mit hochgezogenen Brauen ansehen musste. Er war wieder da, und am liebsten wäre ich ihm um den Hals gefallen. Armselig, das wusste ich!

Ich stand auf und deutete mit der Hand auf die Kamera über uns. Zum Glück stand er an der äußeren Grenze des toten Punktes, aber wahrscheinlich hatten die Leute in der Zentrale mich schon entdeckt und Luke zu mir heraufgeschickt. »Jetzt hast du mich wieder erwischt. Haben sie dich geschickt?«

»Ich habe die Kameras manipuliert. Uns sieht niemand.«

Was? Mir klappte der Mund auf. Wie hatte er das geschafft? Und wieso? Der Kerl steckte voller Überraschungen.

Sein Lächeln verschwand, dafür tauchte dieser Blick auf, der auf mich wie Hypnose wirkte. Er kam auf mich zu. Mein Gott! Automatisch ging ich einen Schritt rückwärts, bis ich die Wand im Rücken spürte. Sein typischer Duft, der mich immer mehr in diesen verrückten, aber zuckersüßen Zustand versetzte, wehte mir um die Nase. Durch die verspiegelten Brillengläser konnte ich seine Augen nicht sehen, und ich widerstand dem Drang, sie ihm einfach abzuziehen.

»Niemand hat dich gesehen. Du hast die Tür zur Terrasse unten offengelassen.«

Ich schluckte. »Dann weiß keiner, dass wir hier oben sind?«

Langsam schüttelte er den Kopf.

Erleichtert stieß ich meinen Atem aus. »Dann kennst du jetzt ein weiteres Geheimnis.«

»Wenn du so weitermachst, kenne ich dich bald besser als deine Mutter.«

Kichernd wollte ich mir eine Haarsträhne hinters Ohr streichen, doch Luke hinderte mich daran. Sachte hielt er meine Hand. Die kurze, aber intensive Berührung fühlte sich wie ein Stromschlag an, der die Schmetterlinge in meinem Bauch zum Leben erweckte.

»Nicht! Es sieht schön aus so.« Das spöttische schiefe Grinsen, das er eben noch auf den Lippen gehabt hatte, war verschwunden.

Ich spürte deutlich, wie er mein Gesicht scannte. Sein Blick war wie ein Streicheln und sog mich immer tiefer in seinen Bann. Wie schaffte es dieser Mann bloß, dass mein Körper so stark auf ihn reagierte? Sehnsucht, die ich kaum unter Kontrolle brachte, überschwemmte mich. Mit zittrigen Fingern zog ich ihm die Sonnenbrille von der Nase.

»Leni ... Ich ...«, flüsterte er und schloss die Augen. »Es tut mir leid, wie ich gestern mit dir geredet habe, ich ...«

Schnell legte ich meinen Zeigefinger auf seine Lippen. »Schsch ..., das ist nicht wichtig.«

Er schaute mich an, und im nächsten Moment hauchte er einen zarten Kuss auf meinen Finger. Damit steckte er mich endgültig in Brand, peitschte das zurückgehaltene Verlangen in mir an.

~

Ich war wieder in dieser lila Blase gefangen, aus der ich niemals herauswollte. Es war, als wäre ich genau dort, wo ich hingehörte – so absurd das auch klingen mochte. Ich schloss die Augen. Es war leicht und schwer, süß und ein wenig bitter, mit nichts zu vergleichen, was ich jemals empfunden hatte.

»Wir wissen beide, dass wir das nicht dürfen, aber ich ... Lange habe ich mich zurückgehalten, alles Mögliche versucht, um dir aus dem Weg zu gehen. Dabei will ich in deiner Nähe sein. Ich weiß nicht, wie das enden wird, aber wenn du ... Fuck!« Fluchend fuhr er sich durchs Haar. Deutlich war ihm anzusehen, wie er mit sich kämpfte.

Ich hätte ihn aufhalten und nicht weitersprechen lassen sollen, doch alles in mir wollte wissen, was in seinem Kopf vorging, was ihn beschäftigte. »... Wenn ich was?«

Seine Augen fanden meine. »Ich will dich einfach, Leni – ständig und immer.« Er trat an mich heran und nahm meine pinkfarbene Strähne zwischen seine Finger. »Ich weiß nicht wieso, aber du tust etwas mit mir, was ich schon lange verloren geglaubt habe.«

Ergriffen von seinem Geständnis, brachte ich keinen Satz heraus, legte aber mutig meine Hand auf seine Brust. Sein Herz hatte einen wilden Rhythmus, den nur ich verstand – genau wie meines. Er trat noch näher, so nah, dass ich seine

Erektion an meinem Bauch spürte. Mir entfuhr ein leises Keuchen.

»Das passiert ständig, wenn ich an dich denke«, brummte er. Dann küsste er mich. Nichts an diesem Kuss war sanft oder zurückhaltend. Es war intensiv, geprägt von seiner Leidenschaft und davon, wie gut ich mich dabei fühlte. Als würde er meine tiefsten Sehnsüchte verstehen, legte er in mir einen Hebel um. Es gab kein Halten mehr, ich presste meine Lippen auf seine und durchwühlte mit den Händen sein Haar.

Er hob mich hoch, und automatisch umschlangen meine Beine seine Mitte. Wieder entfachte er diese unbändige Lust in mir, die nur er zähmen konnte. Es war großartig.

Außer Atem beendete er unseren Kuss und stellte mich auf den Boden. Keuchend sahen wir uns an, wussten beide, dass wir nicht die Finger voneinander lassen konnten. Ich öffnete den Knopf seiner Hose und zog den Reißverschluss hinunter. Er hielt den Atem an, als das Sirren zu hören war und meine Hand in seinen Boxershorts verschwand. Seine Augen funkelten dunkel. Mit den Fingern umschloss ich seinen Schwanz und begann ihn zu reiben. Scharf sog Luke die Luft ein und warf den Kopf in den Nacken. Ein leises Knurren drang aus seiner Kehle. Das Geräusch stellte seltsame Dinge mit meinen Nerven an und eine Gänsehaut überzog meinen Körper. Sekunden später unterbrach er meinen Rhythmus.

»Leni, Babe, das halte ich nicht lange aus.« Sanft schob er mich wieder gegen die Wand und küsste mich. Seine Hand wanderte dabei unter mein Top und fand die Knospen, die sich ihm bereitwillig entgegenreckten. Als er hineinkniff, hätte ich fast geschrien. Ich war verrückt vor Verlangen, konnte kaum einen klaren Gedanken fassen. Eilig befreite ich mich von meiner Hose und ignorierte sein Grinsen. Er wusste genau, was ich wollte, zog ein Kondom aus seiner Tasche und riss mit den Zähnen das Päckchen auf. Als wäre ich leicht wie einer Feder, hob er mich wieder hoch, so dass ich meine Beine um seine Hüften schlingen konnte. Ich spürte das Metall im Rücken. Endlich drang er tief in mich ein.

»Heilige Scheiße«, stöhnte er und biss die Zähne zusammen. Er füllte mich völlig aus, und ich brauchte eine Weile, bis ich mich an seine Größe gewöhnt hatte. »Alles klar?«, flüsterte er mit zittriger Stimme.

Ich war nicht fähig zu sprechen, nickte mit geschlossenen Augen und biss auf meine Unterlippe. Hitze überrollte mich, als er mit festen, harten Stößen immer wieder in mich eindrang. Mein Herz raste, mein Puls galoppierte, und ein riesiger Druck baute sich schnell in mir auf. Es war wie in einem Sog, gegen den ich machtlos war. Sein Atem strömte über mein Gesicht, und er hauchte mir schmutzige Dinge zu, die mich noch heißer werden ließen. Meine Muskeln spannten sich an, und plötzlich brach die erste Welle über mich herein. Lukes Stöhnen heizte mich weiter an, und mit der zweiten fegte der lila Schauer über uns beide hinweg, wirbelte unsere Seelen durcheinander, um sie dann wieder zu vereinen. Das musste der Himmel sein!

Müde und erschöpft ließ ich meine Stirn gegen seine Schulter sinken. Luke war immer noch in mir, brauchte genau wie ich einen Augenblick, um zu Atem zu kommen. Federleicht küsste er meine Schläfe, trug mich zur Decke und legte mich vorsichtig ab. Behutsam zog er sich aus mir zurück, behielt mich aber in seinem Arm. Seine Hand lag auf meiner Hüfte und wir sahen uns schweigend an. Innerlich zitterte ich, war völlig aufgewühlt. Sex hatte mir immer Spaß gemacht, aber das hier war anders – überwältigend, absoluter

Wahnsinn. Erst küsste er sanft meine Wange, dann spürte ich eine leichte Berührung auf meiner Nasenspitze, bevor seine Zunge liebevoll meine Lippen berührten. Es war ein zärtlicher, inniger Kuss, der mich tiefer traf als alles andere. Verliebte ich mich gerade in ihn? Ich horchte in mich hinein, und dort begegnete ich der Antwort, die ich nicht wahrhaben wollte: Es bestand die Möglichkeit, dass ich mich bereits Hals über Kopf in ihn verliebt hatte. Heiliger Bimbam! Das war ein Schock. Diese Erkenntnis sickerte langsam in mein Bewusstsein, begleitet von einer intensiven Wärme.

»An was denkst du?«, fragte er leise.

»Das willst du nicht wissen.«

»Und ob.« Ich schwieg, doch er ließ nicht locker. »Komm schon, sag es mir. Egal, was es ist.«

»*Das* sicher nicht. Es verstößt gegen deine Prinzipien.«

Er stutzte. »Raus damit.«

»Ich traue mich aber nicht«, flüsterte ich ein wenig verschüchtert.

»Wo ist Leni Davis mit der großen Klappe, die kein Blatt vor den Mund nimmt, geblieben?«

Hin und hergerissen überlegte ich, ob ich ihm das wirklich sagen konnte, doch andererseits, warum nicht? Er sollte ruhig wissen, wie es in mir aussah. »Na gut, aber ich ...« Ich biss auf meine Unterlippe. »Ich glaube, ich verliebe mich in dich, Luke Carter, und gerade habe ich festgestellt, dass ich nichts dagegen tun kann.« Neugierig musterte ich sein Gesicht und war gespannt, wie er auf mein Geständnis reagieren würde.

Es folgte ein langer Blick. »Tu das nicht, Leni.« Er rollte sich auf den Rücken und starrte in den Himmel.

Wie sollte ich das anstellen? Ich konnte die Gefühle ja nicht einfach fortpusten – er selbst ja auch nicht. Ich verstand, dass das zwischen uns kompliziert war, aber er selbst hatte vorhin gesagt, dass er mich wollte – immer und ständig. Wir beide konnten uns der Anziehungskraft nicht entziehen. Ich schaute ebenfalls hinauf zu den Sternen und versuchte mit der Enttäuschung klarzukommen, die sich in meiner Brust breitmachte.

»Ich will mich nicht verlieben, Leni. Das ist ein aussichtsloser Kampf und endet mit tiefem Schmerz.«

»Woher willst du das wissen?«

»Du bist die Tochter des Präsidenten. Mädchen deines Standes sind nicht mit Männern wie mir liiert.«

»So ein Quatsch! Ich bin erwachsen genug, um selbst zu entscheiden, mit wem ich zusammen bin. Das hat mit dem Job meines Vaters nichts zu tun.«

»Ich glaube, deine Eltern sehen das anders.«

»Das denke ich nicht. Wir leben ja schließlich nicht mehr im Mittelalter. Wie kommst du nur auf so was?«

»Erfahrung.«

»Und was glaubst du, was das zwischen uns ist? Was meinst du damit: ›*Das ist ein aussichtsloser Kampf und endet mit tiefem Schmerz*‹? Oder gibt es da jemanden?«

Er drehte sein Gesicht zu mir, hob eine Hand und streichelte mein Haar. »Ja, da gibt es jemanden.«

18

Leni

Erst lähmte mich ein Stich am Weiteratmen, dann schoss Wut durch meinen Bauch und schreckte mich auf. »Scheiße! Du hast sie mit mir betrogen?«, fuhr ich ihn an und richtete mich sofort auf.

Er grinste nur, und ich fragte mich, ob er wirklich so ein Arschloch war. »Beruhige dich, es ist nicht so, wie du denkst.«

»Ach, und wie ist es dann?«

»Ich erzähle es dir erst, wenn du mich nicht mehr mit so entsetzten Augen ansiehst.«

Der Kerl hatte echt Nerven, aber ich tat ihm den Gefallen, vergrub meine Ablehnung, senkte den Blick und überkreuzte meine Arme.

»Das Problem ist, Leni, dass ich mich seit Jahren auf keine Beziehung einlasse, weil ich keine Zweierkiste führen kann. Ich würde dir wehtun, dir das Herz brechen, weil ich etwas liebe, gegen das du keine Chance hast.«

Wovon zum Teufel redete er da bloß? Misstrauisch blinzelte ich. »Kenn ich sie?«

Er lachte, und ich entdeckte ein süßes Grübchen an seinem

Mundwinkel. »Natürlich, du kennst ihn – sogar gut. Er würde immer zwischen uns stehen.«

ER? Ich riss die Augen auf. Musste ich mir Luke Carter auch noch mit einem Mann teilen? »Könntest du bitte aufhören, in Rätseln zu sprechen.«

Sein Grinsen wurde noch breiter, weil er genau wusste, worüber ich nachdachte. »Es ist mein Job, Babe.«

»Dein Job! Okay, wie soll ich das verstehen?«

»Ich weiß nicht, ob ich in der Lage bin, jemanden mehr zu lieben als meinen Job. Er steht an erster Stelle.«

Ich hatte schon mitbekommen, wie zielstrebig Luke arbeitete. Sein Ruf als Ausnahmetalent beim Secret Service eilte ihm voraus, dennoch wollte mein Herz nicht hören, was er da gerade gesagt hatte. Andere Agents hatten doch auch Freundinnen, gründeten sogar Familien. Auch wenn ich wusste, dass meine Gorillas wenig Zeit für Privates hatten.

Er wirkte nachdenklich, und je länger ich ihn von der Seite betrachtete, desto deutlicher spürte ich, dass mehr dahinterstecken musste. »Erzähl es mir, Luke.«

Er schaute auf seine Hände, und es dauerte eine Weile, bis er zu reden begann. »Schon als kleiner Junge träumte ich davon, eines Tages ein Bodyguard beim Secret Service zu sein. Ich wollte schon immer an die Spitze – den Präsidenten selbst bewachen. Für dieses Ziel habe ich mein ganzes Leben gearbeitet, alles aufgegeben, auch wenn es noch so hart war. Sie hieß Mary und lebte mit ihrer Familie in Bowling Green, wo ich aufgewachsen bin. Sie war mein Mädchen, und jeder wusste es. Wir schmiedeten Pläne, wollten zusammenziehen und vielleicht sogar irgendwann heiraten und Kinder kriegen. Durch meine Ausbildung war ich viel unterwegs, manchmal haben wir uns wochenlang nicht gesehen. Das war schwierig, aber wir glaubten, wir würden das schon hinkriegen. Als ich dann das Angebot erhielt, zum Secret Service zu wechseln, erfüllte sich mein Traum. Aber ich hatte Gewissensbisse, weil ich wusste, dass ich noch weniger Zeit mit Mary verbringen konnte, was unsere Beziehung auf Dauer sehr belasten würde.« Er machte eine kleine Pause und setzte sich auf. »Ich war so verliebt in sie, dass ich tatsächlich darüber nachdachte, den Job sausen zu lassen. Ich wollte Mary auf keinen Fall verlieren. Es gab ein paar Diskussionen, die mir klarmachten, dass ich mich früher oder später entscheiden musste. Sie warf mir vor, ich würde meinen Job mehr lieben als sie. Also musste ich beweisen, wie viel sie mir bedeutete, und fasste einen Entschluss. Ich kündigte, flog nach Hause und wollte sie bitten, meine Frau zu werden.«

»Und?«

Er fuhr sich übers Kinn. »Ich war so ein verdammter Idiot ... Als ich zurückkam, habe ich sie mit einem anderen Kerl im Bett erwischt.«

»Oh Shit«, entfuhr es mir.

»All die Monate hatte sie eine Affäre, und ich Trottel hatte nicht mal einen Verdacht. Ich war wie vor den Kopf gestoßen, konnte nicht glauben, dass meine Mary ...« Er brach ab, und man sah ihm deutlich an, wie sehr ihn das damals verletzt haben musste. Er räusperte sich. »Aber letztlich habe ich daraus gelernt, dass mein Job an erster Stelle steht, mir Sicherheit gibt und mich erfüllt – mehr als alles andere. Ich war in eine Illusion verliebt gewesen. Mein Job ist für mich die einzige Wahrheit, verstehst du? Ich weiß nicht, ob ich je in der Lage sein werde, ein Mädchen zu lieben und ihm das bieten kann, was es verdient.«

Der Stachel saß, tief sogar, aber ich ließ es mir nicht

anmerken. Ich verstand ihn, weigerte mich aber, zu glauben, dass er nicht beides haben konnte. »Und wenn du eines Tages feststellst, dass du dich ernsthaft und unsterblich in ein Mädchen verliebt hast?«

»Das wird nicht passieren, auch wenn ich zugeben muss, dass«, er griff um meine Hüften und zog mich, als wäre ich leicht wie eine Feder, zwischen seine Beine, »da etwas ist zwischen uns, was mich hungrig nach dir werden lässt. Versteh mich nicht falsch, ich will dir nicht wehtun, aber ich weiß nicht, ob das ausreicht.« Er sah mir tief in die Augen.

Die Schmetterlinge in meinem Bauch trauten sich und lugten aus ihren Puppen hervor. Ich verstand ihn, sah in seiner Geschichte, dass er Angst hatte, verletzt zu werden. Wer hätte gedacht, dass hinter so einer harten Schale ein weicher Kern saß. »Du hast Schiss, Luke, weil sie dich betrogen hat und du wegen ihr bereit warst, deinen Traum aufzugeben. Das macht sie für mich zu einer dämlichen Kuh.«

Er lachte. »Ja, das kommt hin.«

»Und wie soll es jetzt zwischen uns weitergehen? Ich meine ...«

Schon fühlte ich seine Finger unter dem Saum meines Tops. »Fürs Erste hätte ich da eine Idee«, grinste er und zog es mir über den Kopf.

Er umfasste meine Brüste und begann sie leicht zu kneten. Mir entfuhr ein leises Seufzen. Ich spürte, wie er binnen Sekunden die Macht über meinen Körper hatte. Er küsste mich, und ich war meinen Hormonen vollkommen ausgeliefert.

Von dieser Nacht an verband mich mit Luke ein Geheimnis: Wir trafen uns fast jeden Abend auf der Dachterrasse und verbrachten viel Zeit miteinander, bevor er mich ins Bett schickte, damit ich ausgeschlafen und fit für die Uni war. Er hielt sich an den Deal, den wir im Park vereinbart hatten und schuf mir mit den Stunden auf dem Dach einen Freiraum, den ich mir gewünscht hatte. Ich lernte einen Luke kennen, der so völlig anders war als die meisten Typen, mit denen ich zu tun hatte. Neben dem fantastischen Sex entdeckte ich Facetten an ihm, die ich nicht erwartet hatte. Luke war gebildet, hatte zu jedem Thema eine Meinung. Wir konnten uns stundenlang über Gott und die Welt unterhalten. Ich fing an, ihm einige meiner Zaubertricks beizubringen. Sein Gesicht war unbeschreiblich süß, als er es das erste Mal schaffte, Nicky, unsere Verbündete, mit einem Trick zu verblüffen. Ich mochte Lukes Humor; er brachte mich oft zum Lachen. Wir vertrieben uns die Zeit mit einem Erotikbuch und lasen uns gegenseitig vor. Während er vorlas, hatte ich meinen Kopf in seinen Schoß gebettet und hörte ihm amüsiert zu, wenn er die weibliche Stimme der Protagonistin viel zu hoch und mit lustigen Grimassen und Gesten nachahmte.

Es waren unsere Stunden, und nichts war für mich wichtiger. Aber es gab auch Momente, in denen wir unseren Gedanken nachhingen, schweigend nebeneinander auf dem Dach saßen und den Sonnenuntergang oder die Sterne beobachteten.

Meine Enttäuschung wegen Jim verflog mehr und mehr, mit jedem Abend, den ich mit Luke verbrachte. Aus der Presse erfuhr ich, dass er seinem Ruf als Playboy gerecht wurde und sein Singleleben in vollen Zügen genoss. Aber irgendwie glaubte ich immer noch daran, dass das alles nur Show war, deshalb gab ich nichts auf den Klatsch und Tratsch, der über die Medien verbreitet wurde. Vielleicht brauchte Jim einfach nur Zeit.

Was Sandy und ihr Problem mit Fred betraf: Seit dem

Vorfall schienen sich die Wogen zwischen den beiden geglättet zu haben. Angeblich hatten sich ihre Probleme in Luft aufgelöst, aber so ganz nahm ich es ihnen nicht ab. Sandy war seither distanzierter und seltsam zurückhaltend, während wir unsere Mittagspausen in der Mensa verbrachten. Auch ihre Blicke gaben mir das Gefühl, dass irgendetwas nicht stimmte. Genau konnte ich es nicht benennen, und Nicky meinte, ich würde Gespenster sehen. Hoffentlich hatte sie recht. Mehrmals war es jetzt vorgekommen, dass sie unsere Treffen in der Mensa sogar abgesagt hatten. Ich machte mir Sorgen, deshalb beschloss ich Sandy einfach anzurufen. Sie nahm gleich beim ersten Klingeln ab.

»Hi Sandy, ich bin´s.«

»Hi Leni. Was gibts?«

»Ich weiß, dass Fred unterwegs ist. Da dachte ich, es wäre eine gute Gelegenheit mal wieder zu telefonieren. Du weißt schon, von Frau zu Frau. Oder hast du gerade keine Zeit.«

»Ich? ... Äh ... nein, alles gut.«

»Um ehrlich zu sein, ... ich mache mir Sorgen um dich.«

»Um mich? Wieso?«

Ihre Frage irritierte mich. Konnte sie sich nicht denken, dass wir es seltsam fanden, wenn sie nicht mehr in die Mensa kamen? Und überhaupt, wollte ich doch endlich wissen, warum sich Fred so seltsam verhalten hatte. »Na, wir haben uns schon eine Weile nicht mehr gesehen.«

»Ja, ich weiß, und das tut mir leid, aber im Moment haben Fred und ich ziemlich viel Stress wegen den Klausuren.«

»Okay, das verstehe ich. Und zwischen euch ist auch alles geklärt? Hast du ihn zur Rede gestellt? Wer war der Typ, mit dem er sich getroffen hatte?«

»Ach so, ... das meinst du. Ja, das ist längst Schnee von

gestern. Der Kerl war ein Cousin. Er ist erst vor kurzem nach Cambridge gezogen, Fred hat ihm beim Umzug geholfen und bei dem Treffen vor dem Gemüseladen, hat er ihm lediglich Geld geliehen. Das ist alles.«

Ich runzelte die Stirn. »Das ist alles?«

»Ja.«

Für mich erklärte das nichts; im Gegenteil, es warf noch mehr Fragen auf. »Und warum hat er dann daraus so ein Geheimnis gemacht?«

»Das ... lag an seinem Cousin. Er hat seine Heimatstadt verlassen und wollte neu anfangen. Niemand sollte wissen, wo er jetzt wohnt.«

Ich stutzte. Und mit dieser schwammigen Erklärung gab sie sich zufrieden? »Ich weiß nicht. Findest du das nicht seltsam?«

»Wieso?«

»Ich meine, er hätte dir das doch erzählen können.«

Sie seufzte. »Ich weiß, aber manchmal ist Fred eben so. Es ist wirklich alles wieder gut.«

Ich sollte nicht länger darauf herumreiten. Vielleicht gab es auch eine plausible Erklärung, die Sandy mir nicht sagen wollte. Schließlich ging mich das ja auch nichts an. »Tut mir leid, ich habe mir einfach nur Sorgen gemacht.«

»Das brauchst du nicht. Wenn die Klausuren vorbei sind, werden wir uns auch wieder öfter sehen. Sag mal ... wie geht es eigentlich dem kleinen Jungen. Nuka hieß er, glaub ich, oder?«

»Es geht ihm gut. Er ist vor ein paar Tagen in eine Reha-Klinik gefahren und macht täglich Fortschritte. Wir telefonieren alle paar Tage.«

»Das ist schön und wie planst du jetzt die Princess Night?

Soll die überhaupt noch stattfinden?« Ich erzählte ihr von meinen Überlegungen und schnell war eine Stunde vorbei. Ich hatte gehofft, mehr aus Sandy herauszubekommen, aber sie hatte geschickt das Thema gewechselt. Und irgendwie hatte ich das Gefühl, dass sie es mir krummnahm, dass ich Zweifel gegenüber Fred geäußert hatte. Ich beschloss, sie zu einem anderen Zeitpunkt nochmals darauf anzusprechen.

~

Der nächste öffentliche Auftritt stand an. Die Rotunde des Kapitols in Washington wurde von dem weltbekannten Restaurator Nigel Crytol restauriert. Die Arbeiten hatten zwei Jahre gedauert, und heute Abend sollte die Einweihung sein. Ein großes Spektakel mit jeder Menge Prominenz und einem riesigen Aufgebot an Sicherheitskräften vom Secret Service und FBI. Noch am Abend vorher hatte Luke mich inständig gebeten, mich unter allen Umständen genau an das vorgegebene Protokoll zu halten.

Es war Samstagmorgen und ich saß mit meinen Eltern beim Frühstück. Dad hatte wie immer seine Nase tief in die Zeitung gesteckt, während Mum mir fragende Blicke zuwarf. Ich ignorierte sie. Bestimmt machte sie sich mal wieder Sorgen, dabei gab es dafür keinen Anlass. Von King gab es seit Wochen keine Briefe mehr und die Lage hatte sich insgesamt beruhigt. Im Gegenteil, ich war glücklich wie noch nie zuvor in meinem Leben. Dennoch betrachtete sie mich nachdenklich, und irgendetwas schien ihr nicht zu gefallen.

»Okay, ich kann mir vorstellen, wie unangenehm es für dich sein wird, wenn die Presse dich heute Abend wegen Jim aushorchen und alle Welt dich genau beobachten wird.

Virginia hat dir zwar ein paar passende Antworten aufgeschrieben, aber ich denke, die Situation wird nicht einfach für dich. Dein Vater und ich fänden es deshalb gut, wenn deine Freundin Nicky an deiner Seite wäre. Wir sind natürlich auch da, aber du weißt ja, wie das ist. Wir werden kaum Zeit füreinander haben.«

Erstaunt sah ich zu ihr und fand die Idee genial. »Oh ja, Mum, wie lieb von dir. Sie war bestimmt noch nie auf so einem Event. Ich werde sie gleich fragen.«

»Wenn du möchtest, kann ich euch am Nachmittag zu Mr. Mangoo begleiten.«

»Das brauchst du nicht, ehrlich. Du hast doch vorher noch diese Sitzung. Willst du die etwa sausen lassen?«

Selbst Dad schaute interessiert auf und legte seine Zeitung beiseite.

»Ich möchte, dass du dich wohlfühlst, und was die Sitzung betrifft, meine Güte, die kann man auch verschieben.«

»Sophia, das Komitee erwartet den Bericht über deine Hilfsorganisationen so schnell wie möglich. Wenn du ihn nicht rechtzeitig vorlegst, riskierst du, dass die Gelder in andere Projekte fließen«, mischte sich Dad ein.

Mum rollte mit den Augen. »Wir werden die Unterlagen ja noch einreichen, aber ich will unsere Tochter moralisch unterstützen, John.«

»Also Moment, ich schaffe das schon allein, Mum. Mir geht es gut. Abgesehen davon, ist mir die Presse so ziemlich egal.« Ich seufzte. »Vielleicht sollte ich euch endlich die Wahrheit sagen über Jim und mich, dann könnt ihr aufhören, euch ständig Sorgen zu machen. Endlich wäre Ruhe im Karton.«

Mum und Dad sahen mich an, als hätte ich mir gerade einen Honigtopf über dem Kopf ausgeleert.

»Welche Wahrheit, Pepper?«

Na gut, das würde jetzt ein paar Illusionen meiner Eltern zerstören, aber irgendwann mussten sie es ja schließlich erfahren. Ich seufzte. »Die Wahrheit ist, Jim und ich waren und werden nie ein Paar sein.« Endlich war es raus.

Mum runzelte die Stirn. »Was redest du denn da? Wir haben doch gesehen, wie verliebt ihr wart, und dieses Foto damals in der Presse hat euch klar und deutlich beim Küssen erwischt«, wandte sie mit leichtem Kopfschütteln ein.

Ich senkte den Blick. Es tat mir leid, dass ich sie so lange in dem Glauben gelassen hatte. Ich erzählte ihnen, wie das Knutschfoto entstanden war, dass Jim und ich nie etwas anderes gewesen waren als beste Freunde. Ich beichtete auch den Alkoholmissbrauch an diesem Abend, der uns irgendwie dazu gebracht hatte, und hoffte, sie würden nicht gleich ausflippen.

»Wie bitte? Du warst betrunken? Und die ganze Zeit über hast du uns vorgemacht, du wärst verliebt in Jim?« Mum war entsetzt, und auch Dad zog entgeistert seine Brauen hoch.

Abwehrend hob ich meine Hände. »Also, ich habe nie behauptet, dass ich in Jim verliebt bin. Es hat sich einfach ergeben, dass ich euch nie richtig darüber aufklären konnte. Was die Party betrifft«, ich rollte mit den Augen und lenkte ein, »ja, ich habe getrunken, aber das tun schließlich alle in meinem Alter.«

Wütend schlug Dad mit der Hand auf den Tisch, und ich zuckte zusammen. »Verdammt, Pepper! Du weißt, wie die Aasgeier von der Presse sind, und hättest diesen Schlamassel verhindern können.«

»Also ehrlich, John, du regst dich über den Alkohol auf, dabei finde ich es viel schlimmer, dass Jim uns ganz offensichtlich eine Lüge aufgetischt hat.«

»Merkst du denn nicht, Sophia, dass wir eigentlich gar nichts Genaues wissen?«

Ich runzelte die Stirn und wurde hellhörig. »Moment! Was für eine Lüge?«

Beide schauten sich schweigend an. Ich spürte, dass es um mehr ging, als sie eigentlich sagen wollten.

»Ihr verschweigt mir etwas«, sagte ich laut und versuchte, in ihren Gesichtern zu lesen.

»Wir sollten das nicht jetzt besprechen. Ich muss ins Oval Office«, wich Dad aus und machte Anstalten zu gehen.

»Stopp! Ihr sagt mir jetzt sofort, was hier los ist.«

»Ich wusste von Anfang an, dass irgendetwas an der Geschichte nicht stimmt«, sagte Dad zu Mum. Er seufzte schwer und setzte sich wieder an den Tisch. Mehrmals fuhr er sich durchs Haar, während ich wartete. »Jim kam vor ein paar Wochen zu uns und ...« Er zögerte und suchte nach den richtigen Worten. »Ich weiß, das hört sich jetzt veraltet an, aber er hielt mehr oder weniger um deine Hand an. Er erzählte uns, dass das zwischen euch die ganz große Liebe sei, und wollte sich in London mit dir verloben, so dass wir mit einer Hochzeit im Frühjahr rechnen könnten.«

»Er hat was?« Völlig entgeistert starrte ich ihn an.

»Na ja, so abwegig war das Ganze ja auch nicht. Charly, George und wir wussten, dass es eine Frage der Zeit war, bis ihr es offiziell machen würdet. Die Hochzeit wäre auch ein guter Zeitpunkt, gerade im Hinblick auf die Wahlen. Deshalb stimmten wir zu.«

Wie von der Tarantel gestochen, stand ich auf. »Ihr habt was?« Ich ballte die Fäuste und kämpfte gegen einen Wutanfall an.

»Zugegeben, wir haben mitbekommen, dass ihr zwei ein paar Probleme hattet«, warf Mum ein, »aber Jim versicherte uns, dass du dir das auch wünschen würdest.«

»Das glaube ich jetzt einfach nicht. Seid ihr verrückt geworden? Ihr könnt doch nicht meine Hochzeit planen, nur weil das gut für dein Image und dein Wahlergebnis ist«, platzte es aus mir heraus.

»Schatz, versteh uns bitte nicht falsch. Wir stimmten diesem Plan zu, weil wir davon ausgingen, dass du Jim liebst und ihr so oder so eines Tages heiraten würdet. Aber du kannst dich darauf verlassen, ich werde mir Jim vorknöpfen. Er ist für die Gala heute Abend aus London angereist. Spätestens morgen werden dein Vater und ich ihn bei George und Charly sehen, und da muss er uns ein paar Fragen beantworten.«

Jim war hier? In Washington? Irritiert fasste ich mir ans Herz. »Seit wann ist er da?«

»Du wusstest das nicht?«, wollte Dad verwundert wissen.

»Nein.«

»Seit gestern.«

Okay, ich kam damit klar, dass er mich seit seiner Abreise ignoriert hatte. Ich kam auch damit klar, dass er gekränkt war, weil ich ihm einen Korb gegeben hatte. Aber dass er meine Eltern, und keine Ahnung wem noch alles, diese Lüge aufgetischt hatte, traf mich. Seine verschwiegene Rückkehr drückte den Giftstachel noch tiefer in meine Brust. Was spielte er für ein Spiel? Und wieso? Er war so anders; ich erkannte ihn einfach nicht mehr wieder.

Ich schob diese Gedanken beiseite und wandte mich an Dad. »Was hat dein Wahlkampf mit mir zu tun, Dad? Ich dachte immer, du würdest niemals ein Mitglied deiner Familie für die Präsidentschaft opfern.« Enttäuschung und Trauer wallten in mir auf. Mein eigener Vater hätte mich für seine Karriere verkauft? »Würdest du mich auch gegen zehn Kamele tauschen, wenn du dafür zum zweiten Mal Präsident werden könntest?« Wütend funkelte ich ihn an und ließ ihn einfach stehen. Dabei gab ich der Tür einen solchen Stoß, dass man den Knall bestimmt im ganzen Weißen Haus gehört hatte. Scheiß drauf.

~

Verärgert und mit einer Menge Wut im Bauch stieß ich die Tür zu meinem Zimmer auf. Blind vor Tränen ging ich auf und ab, bis mir ganz schlecht wurde. Ich rannte ins Badezimmer und übergab mich. Außer ein bisschen Kaffee hatte ich noch nichts im Bauch, aber diesmal wollte das schummrige Gefühl nicht verschwinden, auch nachdem ich meinen Magen entleert hatte. Erschöpft setzte ich mich auf den Boden.

Jim hatte mich hintergangen und Dad hatte mich verscherbelt. Diese Tatsachen erschütterten mich bis ins Mark. Jetzt verstand ich auch die Reaktion von Tante Charly neulich beim Empfang. Gott, wie hatte ich nur so blind sein können?! Was hatte dieser Mistkerl seinen und meinen Eltern nur alles erzählt?

Ich rappelte mich auf, wusch mich und nahm mein Handy zur Hand. Sauer tippte ich eine Nachricht an Jim, schrieb ihm mein ganzes Repertoire an schmutzigen Schimpfwörtern – und das waren einige –, doch dann hielt ich inne. War das vielleicht der Grund, warum Jim sich nicht gemeldet hatte? Ahnte er bereits, dass ich hinter seine Lügengeschichte gekommen war? Ich löschte alles wieder, wobei ich fand, dass er all die schmutzigen ›Nettigkeiten‹ verdient hatte. Achtlos warf ich mein Handy aufs Bett.

Ich war immer noch wütend, und meine Brust zog sich zusammen. Die Hitze in meinem Bauch stieg mir zu Kopf – ich brauchte dringend frische Luft. Ich schnappte meine Sonnenbrille und Cap und verließ unseren Wohnbereich. Als ich am Esszimmer vorbeilief, hörte ich meine Eltern immer noch diskutieren, aber ich achtete nicht darauf und fuhr mit dem Aufzug hinunter. Zum Glück hatte ich heute Vormittag keine Termine, so würde mich erst mal niemand vermissen. Um diese Zeit war es nicht besonders schwierig, sich aus dem Haus zu stehlen. Unten angekommen, zog ich meine Mütze tief ins Gesicht und schob den Putzwagen von Otilia, einer netten Putzfrau, bis vor den Hinterausgang.

»Hey!«, protestierte sie, als sie das Fehlen ihres Wagens bemerkte, und ging mir nach. Kurz gab ich mich zu erkennen und bat sie mit einer Geste, mich nicht zu verraten. Sie lächelte und nickte. Ich winkte ihr zu, schaute mich noch einmal um und trat ins Freie.

Die Luft war noch kühl, aber der azurblaue Himmel deutete auf einen schönen Tag hin. Ich ging die wenigen Stufen hinab und lief über die Wiese. Es tat gut, sich die Beine zu vertreten. Tief atmete ich die klare Luft ein und versuchte runterzukommen.

Mein Blick wanderte am Weißen Haus entlang zu einem der Treppenaufgänge, die aus dem Untergeschoss führten. Luke, Steven und Mr. Murphy kamen gerade die Stufen hinauf. Die drei blieben oben stehen und unterhielten sich.

Shit! Wenn Murphy mich entdeckte, könnte es Ärger geben. Schon hatte mich Luke gesichtet, aber ich hatte Glück im Unglück; der Chef des Secret Service schüttelte den Jungs die Hand und verschwand dann im Weißen Haus. Sofort kamen Luke und Steven auf mich zu.

»Was machst du denn schon wieder alleine hier draußen?« Luke wollte gerade weitermeckern, als er bemerkte, dass es mir nicht gut ging. »Scheiße, was ist passiert?«

Wie immer in Stevens Gegenwart hielt er sich zurück, zeigte nichts von der Zärtlichkeit, die er mir jeden Abend schenkte. Ich sehnte mich nach einer Umarmung und seinem Duft. Auf ein Lila-Glitzer-Feuerwerk wagte ich heute nicht zu hoffen.

»Ich muss mit dir reden, hast du kurz Zeit?« Fragend warf ich einen Blick zu Steven. Okay, es war mehr ein flehender Blick, aber Steven war für mich kein normaler Bodyguard, sondern so etwas wie ein Freund, und nach allem, was Luke mir erzählt hatte, wusste er halbwegs über uns Bescheid.

»Okay, ich schlage vor, ihr geht in die Bibliothek, dort seid ihr ungestört. Ich warte vor der Tür.«

»Danke, Mann«, sagte Luke nickend.

Wir machten uns auf den Weg. Mit den Männern im Schlepptau durfte ich mich frei bewegen, und niemand würde sich darüber wundern. Wir gingen ins Gebäude. Steven hatte gerade die schwere alte Holztür zur Bibliothek geschlossen, da musterte Luke fragend mein Gesicht. »Was ist los? Hast du etwa geweint?«

Ich schluckte und senkte den Blick. In dem Augenblick fühlte ich mich so elend. »Kannst du mich in den Arm nehmen? Nur kurz, ich ... habe das Gefühl ...«, weiter kam ich nicht, hatte einen riesigen Kloß im Hals und kämpfte gegen die Tränen an. Seit wann war ich denn so sensibel?

Sofort zog er mich in die Arme. »Babe? Was ist los? Ist etwas passiert?«

Ich liebte es, wenn er mich ›Babe‹ nannte. Jedes Mal fühlte es sich so an, als würde ich ihm gehören. Tief sog ich seinen Duft ein, der sich wie beruhigender Balsam auf meine Seele legte. Dann erzählte ich ihm alles und war froh, dass ich nicht wie eine Heulsuse angefangen hatte zu weinen. Er streichelte eine verirrte Haarsträhne aus meinem Gesicht und hörte mir aufmerksam zu.

»Ich bin so wütend und enttäuscht.«

»Das kann ich verstehen. Ich hatte bei Henderson von Anfang an kein gutes Gefühl, auch wenn ihr mal beste Freunde wart. Dass dein Vater aber so weit gehen würde, hätte ich nicht gedacht. Wollen sie denn immer noch, dass du ihn heiratest?

»Keine Ahnung. Das ist mir auch herzlich egal. Ich bin doch nicht für sein Image zuständig.«

Er ließ mich los und ging ein paar Schritte zum Fenster. »Dann würden sie es dennoch begrüßen, wenn du Henderson dein Jawort gibst, oder?«

»Ich denke schon.«

Lange schaute er mich an. Eine Sorgenfalte erschien auf seiner Stirn, doch dann wurde sein Ausdruck sanft und er zog mich an meinem Hosenbund näher zu sich. »Dann wirst du dem Henderson-Jungen leider eine weitere Absage erteilen müssen. Ich teile nicht gern.« Er lächelte schief und ein Schauer fuhr mir den Rücken hinunter. Er senkte seine Lippen auf meine und besiegelte damit seinen Besitzanspruch. Für ein paar Sekunden vergaß ich all meine Probleme und ließ mich bereitwillig von Luke in unsere Blase entführen.

»Entschuldigt, aber es wird Zeit.« Wir hatten nicht mitbekommen, dass Steven in der Tür stand. Luke löste sich von mir, aber er achtete nicht auf seinen Vorgesetzten. Diesmal hatte er jegliche Scheu vor Steven verloren und sah mich unentwegt an. Seine unergründlich blauen Augen waren voller Wärme, und am liebsten wäre ich jetzt mit ihm alleine und weit fort von allem gewesen.

»Du siehst aus, als könntest du einen Ausflug vertragen«, sagte Luke und zwinkerte mir zu.

»Einen Ausflug?« Es dauerte eine Weile, bis ich begriff, aber dann erhellte sich mein Gesicht und ich verliebte mich noch mehr in meinen Bodyguard. Ich freute mich. »Ist es möglich, dass wir ein wenig durch die Stadt fahren? Vielleicht mit einem Wagen, der nicht so auffällig ist?«, fragte ich Steven.

Er dachte nach. »Natürlich. Wann?«

»Am besten sofort.«

»Kein Problem, Ms. Davis«, sagte er und sprach die Anweisungen in seinen Ärmel. Keine halbe Stunde später saß ich in einem SUV, hatte die Fensterscheibe heruntergelassen und steckte meine Nase in den Fahrtwind. Luke, der den Wagen fuhr, schaute immer wieder leicht lächelnd in den Rückspiegel, und Steven redete leise über Funk mit dem kleinen Team, welches uns gesondert hinterherfuhr.

19

Luke

Ich hatte Scheiße gebaut und saß mächtig in der Tinte. Nicht nur, dass Steven nun über meine Beziehung zu Leni Bescheid wusste, ich hatte auch zugelassen, dass dieses Mädchen mir mehr bedeutete, als gut für mich war. Dabei hatte ich genau das unter allen Umständen verhindern wollen. Verdammt!

Ich wusste doch, worauf ich mich eingelassen hatte. Wieso konnte ich diesmal nicht einfach mein Ding durchziehen und nur meinen Spaß haben? Stattdessen hatte ich eine Scheißangst, sie an diesen Lackaffen zu verlieren. Ich war ein Secret Service-Agent, für den es in ihrer Welt keinen Platz gab. Dieser Gedanke quälte mich und ließ mich nicht mehr los.

Fest umgriffen meine Hände das Lenkrad, so dass meine Knöchel weiß hervortraten. Innerlich brüllte ich mich an, musste mich zusammenreißen, denn im Augenblick ging es ihr nicht gut. Ich warf einen Blick in den Rückspiegel, und schon beruhigte sich der Sturm in mir. Jedes Mal war ich fasziniert davon, welche Macht sie über mich hatte.

Wir hielten an einer Tankstelle. Leni blieb im Wagen,

während Steven ihr einen Kaffee und einen Donut besorgte.

»Was wird Steven jetzt tun, nachdem er weiß, dass du und ich ...«, begann sie leise.

»Mach dir keine Sorgen, ich werde das mit ihm regeln.« Mittlerweile konnte ich ihn einschätzen. Er würde es zwar nicht gutheißen, aber er hatte schon einige Male den Mund gehalten. Steven kam zurück und brachte ihr das Frühstück. Genau in dem Augenblick, als sie in ihren Donut biss, bretterte ein Sportwagen an uns vorbei. Es war ein gelber Lamborghini, der mächtig viel Lärm machte und eine Staubwolke hinterließ.

»WOW!«, entfuhr es ihr, während sie kaute. Sie reckte den Hals, um dem Wagen hinterherzusehen. »So einen würde ich auch gerne mal fahren.«

»Das wäre doch für deinen Daddy kein Problem, oder?« Ich zündete den SUV.

»Scherzkeks! Ich hab nicht mal eine Fahrerlaubnis.«

»Wieso nicht?« Ich war überrascht. Normalerweise ließen es sich die Sprösslinge reicher Leute nicht nehmen, mit den schicksten und teuersten Schlitten die Straßen unsicher zu machen, sobald sie sechzehn waren.

»Weil ... keine Ahnung«, sagte sie kauend. »Ich wollte den Führerschein zwar machen, aber irgendwie kam es nie dazu. Dad hat es immer wieder verschoben, dann kam der Wahlkampf, da waren wir viel auf Reisen, und letztlich wurde ich ja ständig chauffiert.« Sie schaute aus dem Fenster.

Also ich hatte es damals nicht erwarten können, bis ich endlich fahren durfte. Einmal hatte ich sogar heimlich den heißgeliebten Aston Martin meines Vaters aus der Garage geklaut und bei den Jungs natürlich mächtig angegeben.

Wir führten unsere Spazierfahrt weiter, und ich steuerte den

Wagen auf den Highway. Nach zwanzig Minuten erreichten wir einen stillgelegten Flughafen. Ich hielt an und Steven warf mir einen fragenden Blick zu. Ich grinste und nickte leicht zum Lenkrad. Er verstand sofort und rollte mit den Augen.

»Na gut, aber nicht lange«, lenkte er ein und stieg aus.

»Was ist los? Was machen wir hier?« Leni schaute Steven nach, wie er zum hinteren Wagen lief, wo die anderen Leibwächter warteten.

»Also, ich finde, es geht überhaupt nicht, dass die Tochter des amtierenden Präsidenten der Vereinigten Staaten noch nie in ihrem Leben Auto gefahren ist. Das werden wir jetzt ändern. Los, komm nach vorn. Ich zeig dir, wie man fährt.« Ich rutschte auf den Beifahrerplatz.

»Das ist nicht dein Ernst.« Ihre Augen begannen zu leuchten. Ich hätte sie stundenlang nur ansehen können.

»Ich hoffe, du weißt, was du tust, Luke. Sie ist blutige Anfängerin. Ihr Vater wird uns lynchen, wenn sie den Wagen zusammenfaltet«, knackste es in meinem Knopf im Ohr. Ich antwortete nicht, denn Jeff war einfach nur ein Miesepeter.

Leni stieg ein, und ich bemerkte, wie aufgeregt und unsicher sie war. »Sei unbesorgt. Du kannst das.«

Sie nickte, schaute stur geradeaus und strich sich mit beiden Händen ihr Haar hinters Ohr. »Okay«, sagte sie flüsternd mit leicht zitternder Stimme.

»Schnall dich an. Mit diesem Knopf hier kannst du den Sitz nach hinten oder vorne verschieben.« Sie drückte ihn, und der Fahrersitz begann sich zu bewegen. Ich zeigte ihr noch alle anderen Justierungen, bis sie fahrbereit war.

»Gut, das hier ist die Bremse, und hier das Gaspedal.« Ich deutete in den Fußraum. »Der Wagen fährt mit Automatik.

Tritt auf die Bremse und starte mit diesem Knopf den Motor.«

Das Auto schnurrte wie ein Kätzchen. »Jetzt kannst du den Schaltknüppel auf D schieben.«

Mit viel Kraftaufwand versuchte sie, den Knauf zu verstellen. Lachend nahm ich ihre Hand und führte einen Finger an den Knopf, den sie zusätzlich drücken musste, damit der Hebel sich bewegte. Unsicher griff sie mit beiden Händen ans Lenkrad. Sie wirkte ein wenig verkrampft.

»Du brauchst keine Angst haben, es ist ganz leicht – versprochen. Jetzt geh langsam von der Bremse runter und gib vorsichtig Gas.«

Zögerlich bewegte sich der Wagen ein paar Millimeter. »Gut so, ein wenig mehr.«

Sie tat es, und in Schrittgeschwindigkeit fuhren wir die stillgelegte Fahrbahn entlang.

»Ahhh, ich fahre! Luke! Ich fahre Auto«, rief sie hingerissen.

»Ja, das tust du, Babe. Und es ist gar nicht so schwer, oder?«

»Nein.«

Auch wenn wir mit sehr niedriger Geschwindigkeit fuhren, war es faszinierend zu beobachten, wie begeistert sie war. »Jetzt kannst du mal ein bisschen mehr Gas geben.«

»Luke, wir schieben Kohldampf, und gleich da drüben im alten Tower ist ein Diner«, funkte Steven dazwischen. »Wir haben euch von dort im Blick.«

»In Ordnung«, antwortete ich und konzentrierte mich wieder auf Leni.

Langsam entspannte sie sich. »Danke, dass du mir das ermöglichst.« Sie lächelte mir zu, und weil sie zu lange herüberlinste, deutete ich ihr mit tadelndem Blick, dass sie auf die Fahrbahn schauen sollte. »Ich dachte, das bringt dich auf andere Gedanken.«

»Dafür könnte ich dich knutschen«, lachte sie.

Sofort hatte ich Bilder im Kopf und es zuckte in meinen Lenden. Ich schaute zurück zum Diner. Die anderen waren ein ganzes Stück von uns entfernt. Niemand würde sehen, was wir taten. Ich hielt es nicht länger aus, brauchte das Gefühl ihrer Nähe – dringend.

»Halt an, Babe.«

Sie bremste, der Wagen kam zum Stehen und ich stellte den Schalter auf Parken. Als der Motor verstummte, wäre ich am liebsten über sie hergefallen, doch ich riss mich zusammen und zog sie zu mir herüber, so dass sie auf meinen Schoss klettern musste.

»Luke!«, kicherte sie. »Wenn die anderen uns sehen …«

»Das will ich schon die ganze Zeit tun.« Gierig küsste ich sie, und genauso lüstern erwiderte sie meinen Kuss. Mein Schwanz wurde hart und schmerzte. Eilig schob ich ihr Shirt hoch und zog den BH hinunter. Fuck! Sie hatte die süßesten Brüste, die ich je gekostet hatte. Sie waren einfach perfekt. Voller Verlangen nahm ich eine ihrer Knospen in den Mund, biss sanft hinein und saugte daran. Sie warf ihren Kopf in den Nacken und stöhnte laut auf. »Luke, verdammt!«

Sie rieb sich an mir, und schnell kam ich an einen Punkt, an dem ich mich tief in ihr vergraben wollte. Ich machte mich umständlich an ihrer Hose zu schaffen. Unser Atem ging keuchend. Mit fiebrigen Fingern übernahm sie die Arbeit und stieg mit einem Bein aus ihrer Hose und ihrem Slip, während ich ungeduldig meinen Schwanz befreite. Ich zog ein Kondom aus meiner Tasche und stülpte es über. Wir konnten es kaum erwarten, und als ich ihre Nässe durch den Gummi spürte, wäre ich beinahe gekommen.

Langsam nahm sie mich auf. Ich weitete sie und rang um Beherrschung, biss mir auf die Lippe. Als ich sie völlig ausfüllte und sie sich zu mir beugte, um mich zu küssen, sahen wir uns einen Augenblick in die Augen. Sie war so wunderschön. Schmerzlich wurde mir bewusst, dass ich jede Sekunde mit ihr genießen sollte.

Bald fanden wir einen Rhythmus und trieben einem schnellen Höhepunkt entgegen. Ich fühlte, wie ihr Inneres anschwoll und sie kurz davor stand. Mit den Händen stützte sie sich an der Decke des Wagens ab und warf ihren Kopf hin und her. Heilige Scheiße, sie war so heiß!

Leni kam und sah wundervoll dabei aus. Ich liebte diesen Anblick und wusste, dass auch ich gleich so weit war. Als sie meinen Namen schrie, ergoss ich mich lang und intensiv in ihr. Erschöpft sank sie zusammen, lehnte ihre Stirn an meine. Unser Atem vermischte sich und wir gaben uns gegenseitig einen Moment.

Sie hielt ihre Augen geschlossen, während sich ihre Brust hob und senkte. »Ich liebe dich, Luke«, murmelte sie.

Nur zwei Sekunden später riss sie die Augen auf und schien begriffen zu haben, was sie da gerade gesagt hatte. Ich schluckte und war wie erstarrt. Wir sahen uns an. Ungefiltert drangen diese drei Worte in mein Bewusstsein, lösten in mir die wirren Knoten und sprengten die letzten Ketten, bis nichts mehr übrig war, bis auf mein vernarbtes, nacktes Herz, das ich immer zu beschützen versucht hatte. Ich stand unter Schock, war nicht in der Lage, etwas zu sagen, und je länger ich schwieg, desto mehr sah ich die Enttäuschung in ihren Augen. Es quälte mich und ich fühlte mich wie ein

Gefangener in meiner eigenen Starre.

Fast zu spät schaffte ich es, mich von ihrem Blick zu lösen, und schaute in den Außenspiegel. Das Verfolgerfahrzeug näherte sich. »Sie kommen«, sagte ich benommen. Doch Leni zog sich eilig aus mir zurück und beeilte sich, in ihre Hose zu schlüpfen. Es tat mir leid, nichts erwidert zu haben, aber ich stand zu sehr unter Schock. Aber irgendetwas sollte ich sagen. »Hey, es ... tut mir leid«, versuchte ich es, hielt sie am Arm fest. »Ich ....« Fuck! Mein Hirn war wie ausgelöscht, als wäre Sprache nie vorhanden gewesen.

»Alles gut, Luke«, lächelte sie kurz und es wirkte aufgesetzt. Sie war verletzt. Es war eben nicht alles gut. Deutlich sah ich ihr an, wie enttäuscht sie war.

Der SUV der anderen kam neben uns zum Stehen. Leni nahm auf den Rücksitz Platz und ihre Miene war undurchschaubar. Ich war so ein verdammter Idiot!

~

Wir fuhren zurück ins Weiße Haus. Zum Glück hatten die anderen nichts von der heißen Nummer bemerkt. Nur Steven waren Lenis erhitzte Wangen und mein unordentlicher Hemdkragen aufgefallen. Stumm wies er mich mit einer Handbewegung darauf hin und ich faltete meinen Kragen ordentlich. Doch das war mein kleinstes Problem. Viel mehr beschäftigte mich, dass ich Leni offensichtlich verletzt hatte. Aber was hätte ich sagen sollen? Immer wieder schielte ich in den Rückspiegel, aber ihr Blick war ausdrucklos aus dem Fenster gerichtet. Fuck! Ich musste dringend mit ihr sprechen.

Nach den Kontrollen am Weißen Haus steuerte ich in die

Tiefgarage und parkte neben den anderen Limousinen. Steven öffnete Leni die Wagentür, und ohne sich noch einmal nach mir umzusehen, verschwand sie mit den Agents.

Sie war sauer. Oh Mann! Während Steven unsere Spazierfahrt protokollierte, schrieb ich ihr eine Nachricht.

11.39 Uhr Ich: *Hey Babe, niemand hat unseren Quickie bemerkt. Du kannst beruhigt sein. Ich muss dich sehen. Gib mir die Chance, dir zu erklären, was mit mir nach deinem Geständnis los war. Komm in einer Stunde in die Bibliothek. Ich muss mit dir sprechen. L.*

Leni hatte die Nachricht gelesen, aber sie antwortete nicht. Ich hoffte, sie würde an unserem Treffpunkt auftauchen. Steven trat an mich heran und legte kameradschaftlich einen Arm um meine Schulter.

»Luke, ich will mich nicht einmischen und ich kann dich verstehen, aber du musst wissen, was du tust«, begann er leise, so dass niemand uns hören konnte. »Ich mache dir, was sie betrifft, keine Vorschriften, aber dir sollte klar sein, dass du mit dem Feuer spielst.«

Ich nickte, wusste, dass er recht hatte. Egal was zwischen mir und Leni war, es könnte alles zerstören, wofür ich gearbeitet hatte. Das Problem war nur: Sobald ich mich in ihrer Nähe befand, erschien mir meine Karriere nicht mehr so wichtig.

»Früher oder später musst du eine Entscheidung treffen, und ehrlich gesagt, will ich nicht in deiner Haut stecken. ... Ach, bevor ich es vergesse, deine angeforderte Liste mit den aus- und eingegangenen Telefonaten von eurem Anschluss zu Hause ist eingetroffen. Du kannst sie in der Zentrale einsehen.«

»Oh, daran habe ich gar nicht mehr gedacht. Gut. Können wir jetzt gleich gehen?«

»Klar.«

Wir gingen in den Trakt des Secret Service, direkt durch zwei Sicherheitsschleusen in das Herzstück und dem ganzen Stolz des Geheimdienstes des Weißen Hauses. Das Überwachungszentrum befand sich unterhalb des Oval Office. Unzählige Bildschirme flimmerten, Schalttafeln mit bunten Knöpfen blinkten, und aus einer Ecke ratterten kontinuierlich mehrere Drucker. Hier liefen alle Daten zusammen. Der Secret Service war mit der neusten Technik und den brillantesten Computerprogrammen ausgestattet – natürlich war hier alles topsecret.

»Luke? Luke Carter?« Ein älterer Mann mit weißem Haar und dunklem Anzug mit Namensschild kam auf uns zu. Ich kannte ihn, brauchte aber ein paar Sekunden bis ich ihn zuordnen konnte.

»Ted Milford«, sagte ich freundlich. Er war ein ehemaliger Kollege meines Vaters, und ich hatte ihn nicht mehr gesehen, seit mein alter Herr in den Ruhestand gegangen war. Er umarmte mich und klopfte mir auf den Rücken. »Ich hab schon gehört, dass der Spross vom großen Carter in seine Fußstapfen tritt.«

»Ja, bisher hatte ich noch nicht viel hier in der Zentrale zu tun. Wie geht es Ihnen? Wie geht es Maria?« Ich hatte Maria, seine Frau, als sehr warmherzige Person in Erinnerung, die Caroline und mir Süßigkeiten mitbrachte, wenn sie uns besuchte. Unsere letzte Begegnung war bei der Beerdigung von Mum gewesen.

»Oh, es geht ihr gut, danke. Wie geht es deinem Vater? Hält er immer noch den Rekord im Fliegenfischen?«

Ich lachte. »Ja, einige Männer weigern sich mit ihm rauszufahren, weil er sowieso unschlagbar ist.«

»Das ist so typisch für ihn. Dann richte ihm Grüße aus, sobald du ihn wiedersiehst. Ich habe mehrmals versucht ihn anzurufen, aber er scheint ein vielbeschäftigter Mann zu sein, den man schlechter erreichen kann als den Papst.«

Merkwürdig, dabei war Dad doch immer zu Hause. »Ich werde es ihm ausrichten.«

Wir verabschiedeten uns, und Steven führte mich durch das Großraumbüro. Im hinteren Bereich setzte er sich an den letzten Schreibtisch und schaltete den PC ein. Nur wenige Klicks später erschien die versprochene Liste.

»Hier«, sagte er und überließ mir den Platz.

»Okay, was haben wir denn da?«, murmelte ich und ging die Daten durch. Hauptsächlich hatte er in den letzten Monaten mit acht Anschlüssen telefoniert. Davon waren zwei mir Unbekannte dabei. Eigentlich nichts Ungewöhnliches, da viele Leute meinen Vater kannten, aber mir ging das Telefongespräch nicht aus dem Kopf, das ich zufällig mitbekommen hatte.

»Du hast wohl vergessen, wer ich bin. Niemand sagt mir, was ich zu tun und zu lassen habe, verstanden? Wenn ich dir etwas befehle, dann folgst du genau meinen Anweisungen, ist das klar?« ... »Du kannst froh sein, dass ich dir diesen Job besorgt habe, sonst wärst du längst schon im ...«

Die Art, wie er gesprochen hatte, und sein herrischer Ton hörten sich genauso an wie früher, als er noch gearbeitet hatte. Mein Instinkt sagte mir, dass ich weitersuchen sollte, auch wenn ich ihm vielleicht unrecht tat und in seine Privatsphäre eindrang. Ich konnte nicht anders; ich schuldete es Caroline. Dad war krank, wir mussten ihm helfen.

Der Computer spuckte die Namen und Adressen aus. Leute, zu denen er schon früher Kontakt gehabt hatte, aber auch Personen, die ich nicht kannte. Nur bei einer Nummer stutzte ich. Sie enthielt keinen Namen, sondern lediglich eine Adresse. Ich gab die Straße ein und wartete, bis das Satellitenbild aufgebaut wurde.

»Eine Ruine? Wie kann das sein?«, murmelte ich.

»Probleme?« Kurz schaute ich zu Steven. Ich war so vertieft gewesen, dass ich ihn völlig vergessen hatte.

»Wie kann ein Telefonanschluss in einer Ruine angezeigt werden, wenn es da nichts weiter gibt als Bauschutt und Müll? Dort gibt es noch nicht einmal Strom, geschweige denn einen funktionsfähigen Anschluss.«

Steven stutzte. »Merkwürdig ... Ich weiß von unseren Spezialisten, dass man die Verbindung manipulieren kann, wenn man nicht entdeckt werden will. Aber in diesem Fall ist das höchst unplausibel.«

»Davon habe ich schon gehört, aber das macht keinen Sinn. Es muss einen anderen Grund geben.«

»Oder aber der Anschlussnehmer hat früher dort gewohnt, ist umgezogen, hat seinen Anschluss mitgenommen und die Adresse noch nicht geändert«, meinte Steven. »Wir können das noch mal überprüfen lassen.«

Ich nickte einverstanden und schaute auf die Uhr. Genau jetzt war mein Treffen mit Leni. Fuck! Ich hatte durch die Recherche völlig die Zeit vergessen und würde zu spät kommen. Ich hasste Unpünktlichkeit.

»Gut, dann ... Wenn du mich jetzt nicht mehr brauchst, würde ich gern Pause machen und mich vor der Gala heute Abend aufs Ohr legen.«

»Natürlich. Wir sehen uns später zur Einsatzbesprechung.« Steven schlug mir auf die Schulter, und wir verließen den Secret Service-Trakt.

Es war jede Menge los im Weißen Haus. Touristenströme mit ihren Führern blockierten die Center Hall, und es dauerte ewig, bis ich am Aufzug ankam.

Zehn Minuten zu spät kam ich endlich im oberen Stockwerk an. Es war menschenleer. Ich klopfte leise an der Bibliothekstür und ging hinein. Ich stockte, als ich die First Lady am Fenster stehen sah. Sie hatte mir den Rücken zugekehrt. Fuck! Mein Blick suchte den Raum nach Leni ab. Fehlanzeige! Kurz überlegte ich, ob sie mich überhaupt bemerkt hatte oder ich mich vielleicht ungesehen zurückziehen könnte, doch da sprach sie mich schon an.

»Kommen Sie herein, Mr. Carter.« Sie drehte sich zu mir um, und ich wusste, dass sie die Wahrheit kannte.

~

»Schließen Sie bitte die Tür hinter sich. Was wir zu besprechen haben, ist nicht für Dritte bestimmt«, sagte die First Lady mit sicherer Stimme. Kurz zögerte ich, doch dann tat ich, was sie von mir verlangte. Sie schlenderte zu einem der antiken Lesesessel in der Mitte des Raumes und nahm Platz. Ich versuchte ihre Stimmung einzuschätzen, aber sie lächelte freundlich und wirkte völlig ruhig. Mein Gefühl sagte mir, dass ich dennoch – oder gerade deshalb – auf der Hut sein sollte. Mit einer Handbewegung bedeutete sie mir, mich ebenfalls zu setzen. Ich trat näher, blieb aber stehen.

Sie faltete ihre Hände und senkte ihren Blick. »Seit wann haben Sie ein Verhältnis mit meiner Tochter, Mr. Carter?«

Meine Kiefer mahlten. Eigentlich war ich nicht bereit, intime Details meiner Beziehung zu Leni zu verraten, auch wenn sie die Gattin des Präsidenten war. Ein großer Teil von mir wollte ihr trotzen, aber mir wurde klar, dass sie mich in der Hand hatte.

»Seit einiger Zeit.«

Sie schüttelte den Kopf. »Sie sind ein ausgezeichneter Agent, Mr. Carter. Wieso setzen Sie Ihre Karriere aufs Spiel? Sie sind noch jung, gehören jetzt schon zur Top-Elite des Secret Service. Das begreife ich nicht. Sind Sie wirklich bereit, das alles für ein Abenteuer mit meiner Tochter zu verlieren?«

Diese Frage hatte ich mir schon tausendmal gestellt, aber die Antwort war schwierig. Ich verstand es ja selbst nicht, außerdem war das Wort ›Abenteuer‹ mehr als unpassend. Längst war ich emotional an Leni gebunden, und darüber hinaus gab es viel mehr – unendlich mehr.

»Meine Tochter ist in letzter Zeit etwas durcheinander. Sie haben bestimmt mitbekommen, wie kompliziert die Situation gerade ist. Sie hätte eigentlich mit Mr. Henderson nach London gehen sollen und hat sich dagegen entschieden. Hatte das etwas mit Ihnen zu tun?«

»Nein, Ma'am, das denke ich nicht.«

»Sehen Sie, Mr. Carter, ich kenne Leni und weiß, dass sie leicht zu beeinflussen ist. Sie mag zwar in vielen Dingen ihren eigenen Kopf haben, dennoch lässt sie sich gerne vom Wesentlichen ablenken.«

»Was wollen Sie, Mrs. Davis?«, fragte ich kühl und mit

beherrschter Stimmer.

Sie machte eine nachdenkliche Pause. »Ich will nur meine Tochter beschützen, Mr. Carter.«

»Das will ich auch. Ich würde niemals zulassen, dass ...«, erwiderte ich grimmig.

»Luke, verstehen Sie mich bitte nicht falsch. Im Grunde ist es mir egal, mit wem Leni zusammen ist, auch wenn ich glaube, dass Jim am besten zu ihr passt. Aber stellen Sie sich mal den Skandal vor, wenn die Presse in Ihrer Vergangenheit wühlt und herausfindet, warum Ihr Vater wirklich in den Ruhestand gegangen ist. Das würde nicht nur Ihre Karriere zerstören, sondern auch meine Tochter.«

Ich runzelte die Stirn. Was meinte sie damit? »Mein Vater? Wovon reden Sie?«

Sie war verunsichert. »Kennen Sie den wahren Grund nicht?«

Ich neigte den Kopf. »Anscheinend nicht.«

Sie legte ihre Hand auf den Mund. »Oh Gott, ich bin davon ausgegangen, Sie wüssten ...« Mitleidig sah sie mich an. »Ich habe einen Fehler gemacht. Ich dachte, Sie kennen den Grund.«

»Es scheint, dass ich nur die offizielle Version kenne.«

Sie seufzte, stand auf und trat zu mir. »Er hat es Ihnen nicht erzählt? Es tut mir leid, dass ich diejenige bin, die Sie jetzt darauf stößt.« Mitfühlend berührte sie meinen Ärmel, als würde das etwas ändern. »Sie sollten das von Ihrem Vater erfahren, nicht von mir.«

Was war hier los? Mein Vater, der Mensch, der so perfektionistisch war, der sich nie Schwäche eingestand, der immer alles richtig machte, hatte etwas getan, wofür er in den Ruhestand beordert wurde? Ungläubig schüttelte ich den

Kopf. »Sind Sie sicher, dass Sie meinen Vater meinen?«

»Ja, ich spreche vom Ex-Chef des Secret Service, Eric Carter. Man ermöglichte ihm einen skandalfreien Austritt. ... Bitte Luke, versuchen Sie nicht, mehr aus mir herauszubekommen.«

»Wie viele Leute wissen davon?«, knurrte ich.

»Nur sehr wenige Personen. Das alles ist natürlich topsecret. Eigentlich darf keiner der Wissenden etwas erzählen, aber wenn meine Tochter und Sie ein Paar bleiben, könnte einer schwach werden und die Story für viel Geld an die Presse verkaufen. Verstehen Sie? Wenn diese Affäre ans Licht kommt, wird das einen ganzen Rattenschwanz an Skandalen nach sich ziehen und euer beider Leben zerstören.«

Ich antwortete nicht und konnte immer noch nicht glauben, dass Dad uns alle belogen hatte. Ging es vielleicht um Alkohol? Dad hatte nie wirklich viel getrunken, aber als ich mich an die leeren Flaschen im Arbeitszimmer erinnerte, könnte da etwas dran sein. Ich musste mit meinem Vater sprechen. »Ich werde das mit ihm klären.«

Vehement schüttelte sie den Kopf. »Wenn er bisher kein Wort gesagt hat, wird er das wahrscheinlich auch jetzt nicht tun. Am besten vergessen Sie das Ganze und beenden die Affäre mit meiner Tochter.«

Ich war verwirrt und gleichzeitig erstaunt über das Geheimnis meines Vaters. Und wenn ich an Leni dachte, überraschte es mich, wie sehr der Gedanke an Trennung mich schmerzte. Es war, als würde ich etwas verlieren, wonach ich lange gesucht hatte. Das Bild von ihr und dem Henderson-Jungen zerriss mich fast, und doch wusste ich, dass ich keine andere Wahl hatte. Es ging schon lange nicht mehr nur um meine Karriere. Ich hatte mich von meinen Emotionen treiben lassen, alles Logische und Erklärbare aus meinem Kopf verbannt, und jetzt ging es darum, dass ich sie schützen musste.

Was auch immer das Rätsel von Dads vorzeitigem Ruhestand war, niemals würde ich zulassen, dass Leni deswegen Schaden davontrug. Jetzt konnte ich die Beweggründe der First Lady, die für ihre Tochter kämpfte, verstehen.

Sie wartete auf eine Antwort. Nickend erwiderte ich ihren Blick, und endlich sickerte ihre Botschaft genau dahin, wo ich all meine Entscheidungen normalerweise fällte – in meinen Verstand.

Sie wandte sich zur Tür. »Ich kann verstehen, wenn Sie sich versetzen lassen wollen. Vielleicht ist das für alle Beteiligten eine gute Lösung. Ich werde dafür sorgen, dass Sie das beste Empfehlungsschreiben bekommen.« Sie verließ die Bibliothek.

Es war so weit. Ich musste Leni aus meinem Kopf und meinem Herzen verbannen und diese Sache mit meinem Vater erst einmal verdauen.

20

Leni

Dieser Tag konnte nicht schlimmer werden. Erst die Wahrheit über Jim, dann der Streit mit meinen Eltern. Zu allem Überfluss hatte ich Luke auch noch vergrault, indem ich ihm verraten hatte, wie es um mein Herz wirklich stand. Das alles wäre irgendwie zu ertragen, wenn seine Reaktion darauf nicht so erschreckend gewesen wäre. Es hat wehgetan, wie sich seine Muskeln angespannt hatten, er bleich geworden war und keinen Ton dazu sagen konnte. Beim Erblicken des Zweitwagens hatte ihn wohl das schlechte Gewissen gepackt und mit seinem typischen schiefen Grinsen und seinem: *»Hey, es ... tut mir leid«,* hatte er versucht, es herunterzuspielen. Aber so einfach war das nicht – zumindest für mich nicht.

Keine Ahnung, warum ich es ihm verraten hatte. Es war so aus mir herausgeplatzt, genau in dem Moment, als das Lila-Glitzer-Feuerwerk in mir abgeebbt war, ich mich geborgen und angekommen fühlte. Niemals zuvor hatte ich so tiefe und intensive Gefühle empfunden. Das war mit nichts zu vergleichen. Ich liebte Luke Carter auf eine Weise, die mir Angst einjagte, und gleichzeitig wusste ich, dass er genau der

Richtige für mich war. Niemand sonst konnte das in mir auslösen. Zu wissen, dass er diese Liebe nicht erwiderte, ließ meinen Kopf, mein Herz und meinen Magen völlig verrücktspielen.

Als ich zurück ins Weiße Haus kam, wurde ich schon von Nicky empfangen. Ich hatte sie zwar erst zwei Stunden später erwartet, war aber froh, dass sie es früher geschafft hatte. Wir standen gerade vor dem Aufzug, als mich wieder diese Übelkeit befiel.

»Leni, du bist kreidebleich!« Kaum hatte Nicky das ausgesprochen, rannte ich auch schon zur Personaltoilette direkt gegenüber vom Aufzug und kübelte mir die Seele aus dem Leib.

Nicky folgte mir. »Leni? Was ist denn los? Bist du krank?«

Als ich nichts mehr in mir hatte, betätigte ich die Spülung und schleppte mich erschöpft zum Waschbecken. Meine Güte, schon wieder? Langsam ließ das mulmige Gefühl nach. »Nein, es geht gleich wieder«, sagte ich und spülte mir den Mund aus.

Nicky klappte den Toilettendeckel herunter und sah mich besorgt an. »Du hast in letzter Zeit öfter schlecht ausgesehen. ... Du bist schwanger?«

»Quatsch«, winkte ich ab, aber dann dachte ich nach. Schwanger! Es durchfuhr mich wie ein Blitz. Oh. Mein. Gott. Sofort begann mein Hirn fieberhaft zu rechnen. Ich zählte, zählte noch mal von vorne, und dann noch mal. Jedes Mal kam ich zum gleichen Ergebnis. HEILIGER BIMBAM, NEIN! »Das ist ausgeschlossen – wir haben Kondome benutzt.«

Mitleidig sah sie mich an. »Meine Schwestern sind auch mit Kondom und Pille schwanger geworden, das ist alles möglich.« Scheiße! Scheiße! Scheiße! Ich versuchte, mein Herz zu beruhigen und wollte nicht in Panik verfallen.

»Ich bin mir sicher, dass du schwanger bist, Leni.«

Ich schloss die Augen, wollte es nicht wahrhaben. Aber das würde die Übelkeit erklären. Wieso war ich nicht gleich darauf gekommen? Vor Nervosität hatte ich ganz rote Wangen und konnte überhaupt nicht klar denken.

»Da gibt es nur eins: Wir brauchen einen Schwangerschaftstest«, meinte Nicky und wir machten uns auf in Richtung meines Zimmers. Den ganzen Weg versuchte Nicky mit besänftigenden Worten auf mich einzureden. »Jetzt mach dich nicht verrückt. Ich gehe gleich los und kaufe dir einen Test. Vielleicht ist es auch falscher Alarm.«

»Ich sag den Gorillas Bescheid, dass du etwas besorgen musst.« Ich suchte in meiner Handtasche nach meinem Handy, fand es aber nicht.

»Hier, wie wäre es damit?« Nicky nahm es von meinem Bett und warf es mir zu. Ich schaltete es ein und wunderte mich, dass ›Stalkers‹ Chatverlauf nicht mehr gelistet war. Ich stutzte, dachte erst, ich hätte ihn übersehen, doch auch über die Suchleiste war er unauffindbar. »Wie ist das möglich? Luke ist in meiner Namensliste nicht mehr vorhanden.«

»Wie kann das sein? Hast du ihn aus Versehen blockiert?«

»Nein, ich hatte das Handy noch nicht einmal dabei.«

»Merkwürdig.«

Hatte er mich gelöscht? Technisch hatte Luke einiges auf dem Kasten, das wäre sicherlich im Bereich seiner Möglichkeiten. Vielleicht war ihm die Sache zu heiß oder wir waren entdeckt worden. Außer den Anrufen in Abwesenheit, die von Mum und Dad eingegangen waren, gab es keine Nachrichten. Über die Kurzwahltaste rief ich Steven an, und vierzig Minuten später kam Nicky mit einer braunen Tüte und hochroten Wangen zurück. »Ich habe gleich mehrere gekauft. Da gibt es ganz unterschiedliche.« Sie leerte die Tüte auf meinem Bett aus. Die länglichen Schachteln fielen auf meine Bettdecke. »Ich dachte, falls einer nicht funktioniert, verwendest du lieber mehrere. Die Mehrheit spricht die Wahrheit.« Sie nahm die sechs Packungen und ging ins Badezimmer. »Na, komm schon! Oder hast du etwa Angst?«

Und *wie* ich Angst hatte! Ich hatte die Hosen gestrichen voll. Zögerlich folgte ich ihr ins Bad und sah dabei zu, wie sie nacheinander die Tests vorbereitete. Sie wusste genau, was zu tun war, und legte die weißen Stäbe neben das Waschbecken.

»Hast du das schon mal gemacht?« Daraus, wie sicher und zielstrebig sie mit den Dingern umging, schloss ich, dass sie Erfahrungen damit hatte.

»Ich kenne die von meinen Schwestern. Sie brauchen sie ständig. So, hier, du pinkelst in diesen Plastikbecher, ziehst die Kappe ab und tauchst die Streifen darin ein. Dann Deckel drauf und warten, was das Schicksal dir bringt. In ein paar Minuten wissen wir mehr.« Sie ging hinaus und ließ mich allein.

Zaghaft nahm ich den Becher und tat alles, was Nicky mir erklärt hatte. Keinen Blick schenkte ich den Streifen, aus Angst, etwas entdecken zu können. Stattdessen legte ich meine Hände auf meinen Bauch und versuchte in mich hineinzuhören. War da was? Und wenn ja, konnte es meine Stimme wahrnehmen? Ich schaute in den Spiegel und fragte mich, ob das mein Weg war.

»Leni? Alles klar da drinnen?«, klopfte Nicky.

»Ja, du kannst reinkommen.«

»Und?« Sie war genauso in Sorge, wusste, welches Fiasko eine Schwangerschaft verursachen würde.

»Keine Ahnung, ich habe nicht geschaut.«

Sie lehnte sich über die Teststreifen und wandte sich dann mit offenem Mund zu mir um. »Scheiße. Positiv, und zwar alle. Das ist mehr als eindeutig.« Sie redete zwar weiter, aber in meinem Kopf vernebelte sich alles und ich sank zu Boden. Ein winziges Leben wuchs in mir heran. Sofort legte ich schützend meine Hände an meinen Bauch. Ein Kind. Ich bekam ein Kind. Von Luke, meinem Bodyguard, dem Mann, den ich liebte. Und er? Er erwiderte meine Liebe nicht, hatte nur gesagt: »*Es tut mir leid.*« Ich dachte an meine Eltern, an Dads Präsidentschaft, an den Skandal, den diese Schwangerschaft mit sich bringen würde. Tausend wirre Gedanken rauschten durch meinen Kopf. Ich war verwirrt, ängstlich und allein.

»Was wirst du jetzt tun?« Nicky setzte sich neben mich, aber ich schüttelte nur den Kopf. Zu mehr war ich nicht in der Lage. Tränen stiegen in mir auf und rollten über meine Wangen. »Ich habe ihm heute gesagt, dass ich ihn liebe.«

»Du redest von Luke?«

»Er hat nur gesagt, dass es ihm leidtut.«

Sie zog mich an sich und nahm mich in den Arm. »Ach, Leni.«

Ich wusste nicht, wie lange Nicky und ich so dasaßen. Irgendwann hörten wir, wie jemand an die Zimmertür klopfte.

»Scheiße! Ich geh zur Tür, kümmere du dich um die Tests«, sagte Nicky, stand eilig auf und ging hinaus. Schnell nahm ich alle Beweise und suchte fiebrig ein Versteck, doch ich fand nur den Mülleimer, in den ich alles hineinstopfte.

Mum war da. Unter allen Umständen musste ich verhindern, dass sie etwas bemerkte. Ich warf einen Blick in den Spiegel und erschrak beim Anblick meiner verheulten roten Augen. Sofort klatschte ich mir kaltes Wasser ins Gesicht. Erst als ich dreimal durchgeatmet hatte, ging ich hinaus zu ihnen.

»Hi«, begrüßte ich sie so beiläufig wie möglich. Ich hatte beinahe vergessen, dass ich ja eigentlich sauer auf sie war. Ich fummelte an meinem Ohrring, lief hinüber zu meiner Schmuckschatulle und achtete nicht weiter auf sie.

»Hallo Schatz, ich wollte dich nur an deinen Termin bei Mr. Mangoo und Hugo erinnern.«

»Jup, ich weiß. Nicky und ich gehen gleich los.«

Ich spürte ihren Blick auf mir ruhen, was mein Herz zum Rasen brachte, aber sie schien nichts von meinem Zustand zu bemerken. »Gut, dann sehen wir uns heute Abend?«

»Ja, bis später.«

Kaum hatte sie die Tür geschlossen, klappte ich die Schatulle wieder zu und drehte mich zu Nicky. »Das war knapp.«

»Du musst zu einem Arzt, Leni«, mahnte mich Nicky.

»Nicht heute.«

Sie rollte mit den Augen. »Logisch, aber so schnell wie möglich. Und du musst es Luke sagen.«

Ich senkte den Blick. »Als Erstes muss ich selbst damit klarkommen. Ehrlich gesagt, haut mich das ziemlich um.«

»Das kann ich mir vorstellen. Ach Süße, komm mal her.« Sie umarmte mich, und eine Weile tat ihr Trost wirklich gut.

~

Heute Abend war das große Event im Kapitol. Das gesamte Secret Service-Personal und das FBI würden auf den Beinen sein. Dieses Großereignis war einmalig und wurde im Fernsehen übertragen. Ich hatte keine Ahnung, wie ich den Abend überstehen sollte. Luke würde in meiner Nähe sein, und Jim war auch anwesend. Hinzu kam die Neuigkeit, die ich erst vor ein paar Stunden erfahren hatte. Bei dem Gedanken wurde mir wieder schlecht.

Hugo und Mr. Mangoo erwarteten uns bereits in einem ihrer Studios, in dem sich die schillerndsten Hollywood-Persönlichkeiten die Klinke in die Hand gaben. Das Bewachungspersonal vom Weißen Haus hatte die Fahrt übernommen, und ich war dankbar, Luke nicht begegnet zu sein. Die Wagentür wurde geöffnet und ich stieg aus.

»Ah, da ist ja die wunderschöne Leni Davis. Willkommen, meine Liebe, in unserem bescheidenen Haus.« Mr. Mangoo verbeugte sich tief und hauchte mir wie immer einen Kuss auf den Handrücken.

»Ich freue mich, dass ihr euch Zeit für uns nehmt«, sagte ich und deutete auf Nicky. Mr. Mangoo begrüßte sie auf die gleiche Weise und lächelte charmant. »Charles, bitte schließen Sie die Tür. Dann können wir beginnen.« Ein hagerer Typ in schwarzen Hosen und gleichfarbigem T-Shirt ging mit riesigen Schritten zur Eingangstür und schloss diese ab. Virginia hatte mich darüber informiert, dass ein ganzes Geschwader an Bodyguards uns später abholen und direkt zum Kapitol fahren würde.

»Leni, du kennst ja den Weg. Bitte, nach euch.« Mit einer Handbewegung wies er uns an, durch den Laden zu laufen. Nicky bekam den Mund kaum zu. Sie war noch nie in einem Designerschuppen gewesen. Mr. Mangoo betrieb seine

Studios offiziell allein, da ja niemand von der wahren Beziehung, die er mit Hugo führte, wissen sollte.

Wir kamen schließlich im hinteren Teil des Studios an. Dieser war durch eine Glastür getrennt. Hier sah es aus wie in einem riesigen Ankleidezimmer; ein gemütliches Sofa, Stangen mit bunten Kleidern, ein Bereich für alles, was mit Kosmetik zu tun hatte, und in einer Ecke ein kleines Fotostudio.

Das waren Hugos und Mr. Mangoos heilige Hallen, und mittendrin stand ein breit grinsender Hugo. Weit hatte er die Arme ausgebreitet und wartete darauf, dass ich ihn umarmte.

Als er mir ins Gesicht sah, gefror sein Lachen. »Aber ... Honey?! Wieso siehst du so traurig aus?«

Ich gab mir alle Mühe, meinen Kummer zu verbergen, aber es gelang mir offensichtlich nicht. Er schloss mich in seine Arme, und ich wusste nicht warum, aber ich fing bitterlich an zu weinen. Hugo führte mich zum Sofa. Er reichte mir ein Taschentuch und gab mir etwas Zeit, mich wieder zu fangen.

»Du bist ihre Freundin Nicky, nicht wahr?«, wollte er wissen.

»Ja, Sir«, sagte Nicky verlegen.

»Entschuldige, ich bin Hugo. Bitte setz dich, fühl dich wie zu Hause und hör mit dem schrecklichen ›Sir‹ auf. Wir sind alle nur Menschen.« Er wandte sich wieder an mich. »Du gefällst mir überhaupt nicht, Honey. Willst du mir erzählen, was geschehen ist?«

Ich wusste nicht, was über mich gekommen war. Letztens war ich schon zur Heulsuse mutiert; das musste eindeutig an den Hormonen liegen. Aber ich schämte mich nicht. Zu den beiden Designern hatte ich schon immer Vertrauen gehabt, aber noch zögerte ich.

»Also, wenn du wegen diesem Bengel namens Jim heulst, dann muss ich dir leider sagen, dass es dafür keinen Grund gibt. Im Gegenteil, alle haben erwartet, dass ...«

Ich schüttelte den Kopf. »Schlimmer.«

Er riss die Augen auf. »Schlimmer?« Er schaute zu Nicky. »Mädels, ich sitze jetzt schon auf heißen Kohlen, also raus mit der Sprache. Wer hat dich so zum Weinen gebracht? Du weißt, Honey, was hier besprochen wird, verlässt niemals diese Mauern.« Hugo war echt süß und brachte mich zum Schmunzeln.

Warum sollte ich ihnen nicht alles erzählen? In ein paar Wochen würde es so oder so die ganze Welt erfahren. Also begann ich mich ihnen anzuvertrauen und redete mir alles von der Seele. Als ich geendet hatte, schluchzte Hugo auf. »Heiliger Hodenkobold, das ist ja so herzzerreißend! Ich weiß gar nicht, was ich sagen soll.« Er nahm sich ein Papiertaschentuch aus der Spenderbox, wischte sich über die Augen und schnäuzte sich laut die Nase. »Dieser Bodyguard ist deine ganz große Liebe, und ich kann verstehen, wie du dich fühlst. So eine rührende Liebesgeschichte habe ich noch nie gehört.«

»Du könntest Millionen verdienen, wenn du die Filmrechte verkaufst«, scherzte Mr. Mangoo, worüber Hugo sich echauffierte. »Mangoo! Du bist herzlos! Das ist kein Film, und auch keine Erfindung. Das ist echt!«

Mr. Mangoo wiegelte seinen Freund ab. »Sorry, war auch nur ein Scherz. Also, ich sehe das so: Du darfst keine Angst vor dem Skandal haben, Leni. Die Leute reden so oder so, die beruhigen sich auch wieder. Was den Präsidenten betrifft … Nun ja, er wird Großvater, das macht ihn sympathisch. Aber ich habe keine Ahnung, was ich zu deinem Bodyguard sagen soll, was ich dir raten kann.« Er überlegte. »Meine Mutter sagte einmal: *Was zusammen gehört, findet sich auch.* Es geht um dich, dein Leben, dein Glück. Kämpfe um deine Freiheit.«

Hugo legte seine Hand an sein Herz und strahlte seinen Freund verliebt an. »Mangoo!«, rief Hugo erstaunt aus. »Wenn ich mich nicht schon längst in dich verliebt hätte, würde ich das jetzt tun.«

Mr. Mangoos Wangen leuchteten und er wischte sich verlegen über seine glänzende Glatze. »Auf jeden Fall musst du ihm sagen, dass du ein Kind von ihm erwartest.«

»Das habe ich ihr auch gesagt«, mischte sich Nicky ein. »Ganz egal, welche Stellung sie hat, und egal, wie ihr Leben ist, es geht um Leni, das Baby und Luke. Alles andere ist nicht wichtig.«

»Deine Freundin gefällt mir, Leni.« Mr. Mangoo stand auf, ging zu einem Schrank und holte etwas heraus. »Hier, diese Karte bekommen nur ganz wenige Menschen.« Er gab mir eine kleine Visitenkarte. »Das ist unsere Privatadresse. Wenn du Sorgen oder Kummer hast, kannst du Tag und Nacht kommen.«

»Ja. Wir sind für dich da, Honey, ganz egal was passiert.«

Ich las ihre wahren Namen: *Leonardo Smith und Michael Fallow*. »Danke, ihr seid so unglaublich lieb zu mir. Das werde ich euch niemals vergessen.« Wie die beiden es geschafft hatten, dass ich mich schlagartig besser fühlte, kapierte ich nicht, aber ich tat es. Ich war zwar immer noch traurig, doch ich sah klarer.

»So, und jetzt sollten wir uns beeilen.« Hugo klatschte in die Hände, und wie auf Kommando wurde die Glastür geöffnet und zwei Angestellte betraten das Studio.

»Wir haben noch eine Überraschung für dich, Leni. Sieh mal, das hat Hugo eigens für dich angefertigt.« Mr. Mangoo überreichte mir feierlich einen Karton mit einer großen lila Schleife.

Ich war überrascht. »Für mich?«

»Ja, mach es auf. Ich platze gleich vor Aufregung.«

Vorsichtig zog ich an dem Band und hob den Deckel an. Unter einer Menge Seidenpapier lachten mich lila Chucks an, die mit goldenen Nieten verziert waren. Jetzt hatten sie es endgültig geschafft, mir ein breites Lächeln ins Gesicht zu zaubern. »Oh, wie cool!«, entfuhr es mir. »Die sind absolut fantastisch.«

»Ja, nicht wahr? Und sie passen zu dir.«

»Ich darf die doch heute Abend tragen, oder?«

»Natürlich, dafür haben wir sie extra entworfen.«

Ich stand auf und warf mich in ihre Arme. »Vielen Dank. Ich bin total überwältigt und weiß gar nicht, was ich sagen soll.«

Zufrieden und stolz grinsten sie mich an.

»So! Genug des Dankes, wir müssen uns beeilen, wenn unsere Prinzessin und ihre charmante Begleitung rechtzeitig im Kapitol erscheinen sollen.« Und schon befanden Nicky und ich uns unter ihren Fittichen und ließen uns für den Abend herrichten.

Es war rührend, wie liebevoll sich Hugo und Mr. Mangoo um uns kümmerten. Nickys Maße wurden genommen, ihre blonde Mähne wurde auf große Lockenwickler gedreht. Ein Mitarbeiter begann mit der Maniküre, und die Designer foppten sich gegenseitig über die Farbauswahl der Kosmetik. Nicky hatte riesigen Spaß, ihnen dabei zuzuhören, und schaute kichernd zu mir, wenn die beiden sich auf ihre witzige Art aufzogen. Auch wenn ich mich bei ihnen sehr wohlfühlte, schweiften meine Gedanken immer wieder ab.

Wenn ich wirklich schwanger war, würde das eine Reihe an Veränderungen mit sich bringen. Nicht nur, dass diese Überraschung mein Leben komplett auf den Kopf stellte, vieles würde sich entscheiden – mein Studium, meine Zukunft, Luke.

Mein Gott, mein Magen grummelte, wenn ich mir die Reaktion meiner Eltern vorstellte. Sie würden wahrscheinlich ausflippen, einen Schreianfall bekommen oder mich gleich lynchen. Und Luke? Es war schwer, ihn einzuschätzen. Bisher hatten wir nicht über dieses Thema gesprochen. Immerhin wusste ich, dass er einen Neffen namens Milo hatte, den er sehr liebte. Aber ob er selbst einmal Kinder wollte, davon hatte ich keine Ahnung. Er hatte gesagt, dass sein Job seine Nummer Eins war. Diese Aussage schwirrte mir immer wieder durch den Kopf. Wenn herauskam, dass Luke der Vater meines Babys war, würde das seine Karriere zerstören. Der Secret Service würde ihn feuern, und wenn nicht die, dann mein Vater. Egal wie ich es drehte und wendete, es stellte sich mir die Frage, ob es nicht besser wäre, den Mund zu halten.

21

Luke

Wir machten uns auf den Weg, um Leni und Nicky bei den Designern abzuholen. Die gesamte Pennsylvania Ave war gesperrt, sämtliche Kanaldeckel zugeschweißt. Die Anwohner hatten die Anweisung, ihre Fenster nicht zu öffnen. Wie üblich wurde das Handynetz im Umkreis von fünf Meilen blockiert, was einige Demonstranten auf den Plan rief. Mit Rossky im Ohr, der immer wieder Informationen durchgab, fuhren wir mit den Limousinen direkt vor das Designerstudio und stiegen aus.

Ich war angespannt und kämpfte schon seit einigen Stunden mit mir selbst. Steven klopfte an die Tür des Studios und zeigte durch die Glastür seinen Ausweis, während wir anderen mit verschränkten Armen warteten.

Ein Spargeltarzan in Schwarz öffnete. »Mr. Mangoo und Hugo haben zwei von euch den Eintritt gestattet«, sagte er und beäugte uns von oben bis unten. Ihm gefiel wohl, was er sah. Besonders Steven musterte er länger als nötig. Dieser wandte sich um und nickte mir zu. Ich wäre nicht böse gewesen, wenn er einen anderen ausgesucht hätte, aber wahrscheinlich glaubte er, mir damit einen Gefallen zu tun.

Wir betraten den Verkaufsraum, und der dürre Typ führte uns zu einer Glastür. Dahinter wuselten noch mehr Kerle in Schwarz herum. Wir gingen hinein. Von Leni und Nicky war keine Spur zu sehen, aber Mr. Mangoo kam auf uns zu. »Meine Herren, willkommen. Wir sind gleich so weit.« Er verschwand hinter einem Vorhang und wir hörten Stimmen.

Hugo erschien zusammen mit Nicky, und ich registrierte, wie Steven kurz zuckte und seine Hand zu einer Faust ballte. Ich war erstaunt über die Geste. Hatte ich etwas zwischen den beiden verpasst? Zugegeben, Nicky sah toll aus. Sie trug ein schwarzes Abendkleid, das im Rücken frei war. Ihre Haare waren kompliziert hochgesteckt und ihr Make-up nicht zu übertrieben. Sie war eine schöne Frau. »Leni kommt gleich, sie musste noch schnell für kleine Mädchen«, sagte sie und errötete ein wenig.

Steven, dem Idioten, fielen fast die Augen aus. Ich rempelte ihn an, und sofort hatte er sich wieder im Griff. »Wir liegen gut im Zeitplan, Ms. Finniger.«

Wieso war mir das noch nie aufgefallen? Steven und Nicky? Ich schmunzelte, und genau in dem Moment fror mir das Gesicht ein.

Da war sie. Mir blieb die Luft weg. Fuck! Schwer schluckend konnte ich den Blick nicht von ihr nehmen. Mein Verstand war wie leergefegt, und alles, was ich mir vorgenommen hatte, zerplatzte augenblicklich wie eine Seifenblase. Sie sah zum Niederknien aus. Ihr hellrosa Kleid hatte als Verzierung an der Korsage goldene Nieten. Der Schnitt brachte ihre schlanke Taille zur Geltung und der bauschige Rock aus Tüll unterstrich ihre Zartheit. Das Haar trug sie offen, genau wie ich es an ihr liebte, und es fiel in winzigen Locken über ihre Schulter. Das Pink ihrer Haarsträhne war aufgefrischt worden. Ihre grau-grünen Augen funkelten und ihr definierter Mund war so verführerisch, dass ich mir über die Lippen lecken musste. Einzig beim Anblick ihrer Schuhe zog ich eine Augenbraue hoch. Sie trug lila Chucks mit den gleichen Nieten wie an ihrem Kleid.

Unsere Blicke begegneten sich. Ich sah die Traurigkeit darin, für die ich verantwortlich war. Sofort widerstand ich dem Drang, auf sie zuzugehen, und biss die Zähne zusammen.

»Danke für alles«, sagte sie und verabschiedete sich von den beiden Männern, die aus meiner Leni eine Königin gemacht hatten.

»Sehr gern. Melde dich, wenn es Neuigkeiten gibt.« Der Unterton in Hugos Stimme ließ mich aufhorchen.

»Mach ich.« Sie küsste die Männer auf die Wange, nahm ihre winzige Handtasche und trat auf uns zu.

»Und ihr passt gut auf sie auf, ja?« Mr. Mangoo klopfte Steven auf die Schulter.

»Keine Sorge, das ist unser Job«, sagte dieser und hielt den Mädchen die Tür auf. Als sie an mir vorbeiging, beachtete sie mich nicht, aber ich spürte, wie viel Mühe sie sich gab, mich nicht anzusehen. Ich sollte eigentlich schlauer sein und mich nicht von ihrer Attraktivität einlullen lassen, doch diese Frau hatte einfach eine ungeheure Wirkung auf mich.

Wir liefen hinaus, während ich einen innerlichen Konflikt mit meinem Körper ausfocht. Es war wie verhext – *sie* hatte mich verhext. Sie stiegen in die Limousine. Im Wagen hatte ich eine Pause und konnte mich neu sortieren.

Die Fahrt zum Kapitol verlief ruhig, nach Plan und ohne

Zwischenfälle, wenn man von der unerträglichen Stille im Fahrzeug absah. Ich war froh, dass Steven diesmal fuhr. Jeff und Richie saßen bei den Mädchen hinten. Rossky gab uns die Koordinaten für die Kontrollpunkte durch, die wir passieren mussten, bevor wir direkt vor dem Kapitol hielten.

Die Kuppel der Rotunde war hell erleuchtet, die amerikanische Flagge wehte im Wind. Wie geplant hielten wir vor dem roten Teppich, der zum Eingangsbereich hinaufführte. Hunderte Schaulustige, die auf beiden Seiten eine Gasse bildeten und hinter gut bewachten Absperrungen standen, ließen mein Adrenalin ansteigen.

»So, Jungs, ihr werdet heute Abend von unseren Kollegen vom FBI unterstützt. Das heißt aber nicht, dass ihr euch ausruhen könnt, verstanden? Wir haben Scharfschützen auf den Dächern und um das Gelände. Also, Augen und Ohren auf. Unser Funk ist sauber und ich will euch alle regelmäßig hören«, dröhnte Rossky in unsere Kopfhörer.

Damit begann unser Spiel.

Steven, Jeff, Richie und ich stiegen aus und umstellten den Wagen. Wir warteten auf das Okay von Rossky, bevor ich die Wagentür öffnen konnte, um Leni aussteigen zu lassen. Dieses Zeitfenster nutzte ich und scannte die Menschenmasse ab. Journalisten, Schaulustige und unzählige Kameras waren auf uns gerichtet. Auf Plakaten stand *›Lass uns poppen, Leni!‹* und *›Leni for President‹*. Die Leute waren echt verrückt nach ihr.

»Okay, Luke, ich sehe euch. Keine Auffälligkeiten, Bluefire kann starten«, hörte ich Rossky sagen.

Den Türgriff fest in der Hand, warteten wir. Steven, der direkt neben mir stand, steckte seine rechte Hand ins Jackett, stets bereit, die Waffe zu ziehen und zu schießen. Langsam öffnete ich die Tür. Kaum hatten die Leute einen winzigen Blick auf die Tochter des Präsidenten erhascht, wurden der Applaus und das Geschrei noch lauter. Jetzt war höchste Konzentration gefordert. Leni stieg aus, schaute mir kurz in die Augen. Auch sie war aufgeregt, aber da lag noch etwas anderes in ihrem Blick, was ich nicht richtig deuten konnte.

»Bluefire hat den Wagen verlassen«, informierte Rossky alle Einsatzkräfte. Erst als weitere Agents vor Leni auftauchten, gingen wir los. »Wir sind auf dem Weg«, gab ich kurz in meinen Ärmel als Information zurück.

Leni zeigte ihr umwerfendes Lächeln und winkte den Menschen zu. Für später war ein Bad in der Menge geplant, was wir Agents niemals empfehlen würden, aber es war unser Job, dafür zu sorgen, dass alles gut ging. Dabei hatte ich wirklich Mühe, mich zu konzentrieren, weil ihre Rückenansicht genauso fantastisch war wie der Rest ihres Körpers. Diese Frau war eine Sünde.

Unterhalb der Treppe zur prunkvollen Rotunde wurde Leni von einigen Regierungsmitgliedern begrüßt. Für meinen Geschmack dauerte das Begrüßungszeremoniell eine Spur zu lange. Sie war Freiwild in diesem Augenblick, und jeder Schuss hätte sie tödlich treffen können. Sofort vermied ich diesen Gedanken, weil jede negative Art zu denken als schlechtes Omen gewertet werden könnte.

Endlich stieg sie die Stufen hinauf und wurde oben von der Presse empfangen. Vom Blitzlichtgewitter und tosendem Applaus begleitet, blieben Steven und ich dicht hinter ihr. Genau in dem Moment, als Leni sich noch einmal zu den Menschen umdrehte, um ihnen zuzuwinken, spürte ich ein seltsames Brummen in meinem Magen. Ich konnte nicht sagen, was es war, aber ich fühlte eindeutig, dass etwas in der

Luft lag. Befangen warf ich Steven einen Blick zu, der mich nickend fragte, was los war. Wenn ich das nur selbst wüsste!

Vielleicht bildete ich mir das nur ein. Ich hätte kotzen können, dass sich Unsicherheit in mir breitmachte. Sie bremste meinen Scharfsinn und irritierte mich. Kaum merklich schüttelte ich den Kopf und gab Steven ein entwarnendes Zeichen, dennoch trat ich einen Schritt näher an Leni heran. Verdammt! Ich hatte schon einige Leute beschützt und mich bisher immer auf mein Bauchgefühl verlassen können, aber das hier war anders.

Ich war froh, dass Leni sich nicht auf längere Interviews und Fragen einließ und wir kurz davor waren, das Gebäude zu betreten, wo sie sicherer war.

»Mädels, gleich habt ihr es geschafft«, witzelte Rossky zwischendurch.

Irgendjemand antwortete ihm, dass er selbst die größte Pussy wäre und sich feige hinter einem Bildschirm verstecken würde. Steven lachte kurz auf, aber ich überhörte den Kommentar, blieb einfach misstrauisch. Ich achtete auf jede Kleinigkeit, jede unkontrollierte Bewegung und jedes Geräusch.

Abrupt blieb Leni stehen, drehte sich zu mir um und lächelte mich an. »Mr. Carter, wären Sie so freundlich und würden bitte Ihren Abstand zu mir einhalten? Ich kann kaum atmen.«

Den letzten Satz hatte sie leise zischend ausgesprochen. Ich war so konzentriert gewesen, dass ich nicht bemerkt hatte, wie dicht ich zu ihr aufgeschlossen hatte. Ich registrierte ihre Wut, was mich erneut ablenkte.

»Verzeihung, Ms. Davis.«

Daraufhin wandte sie sich um und ging mit Nicky ins

Gebäude. Es kam mir wie eine Ewigkeit vor, aber dann beruhigte ich mich wieder und die Anspannung fiel ein wenig von mir ab.

~

Leni lief mit Nicky durch den Eingang. Die Damen trugen bunte Abendkleider, die Männer Smokings. Auch wir hatten uns in Schale geworfen.

Im Schritttempo schlenderten wir hinein und erreichten die riesige Vorhalle, die direkt unter der Kuppel endete. Gleich würde das Abendprogramm beginnen, und einige Gäste nahmen vor der Bühne Platz. Der Sprecher des Repräsentantenhauses würde in wenigen Minuten die VIPs begrüßen. Kameras wurden ausgerichtet, ausgewählte Fotografen schossen Bilder, und das Kapitol war erfüllt von warmem Licht und fröhlichem Geplapper. Steven, Richie, Jeff und ich postierten uns seitlich, der Rest der Agents, der für Leni zuständig war, verteilte sich. Das Pflichtprogramm begann. Der Vorsitzende des Repräsentantenhauses betrat die Bühne, Applaus dröhnte unter der Kuppel und er begrüßte die Gäste.

Das merkwürdige Gefühl, das ich draußen noch empfunden hatte, war gewichen. Meine Nackenmuskeln lockerten sich wieder. Mein Blick wanderte durch die herausgeputzte Gesellschaft, und da entdeckte ich Jim Henderson. Er saß gut gelaunt in einem Smoking neben einer Blondine und tat das, was er in den letzten Wochen auch getan hatte: Er flirtete. Sofort drängte sich mir die Frage auf, was Lenis Eltern sich von so einem Typen versprachen. Ich war nicht der richtige Mann für Leni – aber dieser Schnösel war es dreimal nicht.

Eifersüchtig zwang ich mich dazu, nicht länger darüber nachzudenken, schließlich ging mich das nichts an.

Das Programm auf der Bühne nahm seinen Lauf. Als die Gäste eine Stunde später applaudierten und zum geselligeren Teil übergingen, war deutliche Erleichterung zu spüren. Musik ertönte aus den vielen Lautsprechern. Leni und Nicky folgten dem Strom in den vorderen Hallenbereich, wo Kellner mit kleinen Snacks und Getränken die Gäste bei Laune hielten.

Ich beobachtete Leni. Sie lächelte, unterhielt sich, hin und wieder flüsterte sie Nicky etwas zu, aber ich sah ihr an, dass sie am liebsten gar nicht hier wäre. Krampfhaft umklammerte sie ihr Glas Orangensaft und schaute überall hin, nur nicht in meine Richtung. Hollywoodstars, politische Persönlichkeiten und bekannte Künstler betrieben Small Talk mit ihr, bis ihr Blick unverhofft an dem Henderson-Arsch hängen blieb.

Ich bekam noch mit, wie Nicky auf sie einredete, hörte aber nicht, was sie genau zu ihr sagte. Leni erdolchte ihn mit ihrem Blick. Ihr Mund verzog sich zu einem dünnen Strich. Plötzlich ging sie direkt auf ihn zu.

Irritiert folgten wir ihr. Die Leute bildeten eine Gasse, als hätten sie darauf gewartet. Einige reckten ihre Hälse, um zu sehen, was gleich geschehen würde. Kurz bevor sie bei Jim ankam, rutschte ihr das Orangensaftglas aus den Fingern, und als es klirrte, versetzte es alle Einsatzkräfte in Alarmbereitschaft. Ich erfasste sogar die bewaffneten Posten ganz oben in der Kuppel, die zu uns hinunterschauten.

Leni blieb vor Henderson stehen und starrte ihn wütend an. Alle Kameras waren auf die beiden gerichtet und auch das Blitzlichtgewitter konzentrierte sich auf sie. Mir war klar, dass die Presse gleich ihre Schlagzeilen bekommen würde, und ich konnte nichts dagegen tun. Sie war unberechenbar und schwer einzuschätzen.

Jim lächelte sie an, sagte etwas und blinzelte einen winzigen Moment in die Menge. Er wusste, dass sie im Fokus des Geschehens standen. Doch Leni schien alles auszublenden, ballte eine Faust, holte aus und donnerte diese direkt in seine Fresse.

Das alles geschah wie in Zeitlupe. Der Schlag war so fest, dass Henderson kurz ins Straucheln geriet, weil er damit nicht gerechnet hatte. Fassungslos schaute er auf sie hinab und rieb sich das Kinn.

Ein erschrockenes Raunen ging durch die Reihen, während ich innerlich jubelte und mein Mädchen feierte. Alle hielten den Atem an und warteten darauf, dass noch mehr passierte. Aber Leni schüttelte ihre Hand aus, machte auf dem nicht vorhandenen Absatz kehrt und lief hocherhobenen Hauptes Richtung Ausgang.

»Leni! Leni, warte!«, rief Henderson, doch Steven und Richie hielten ihn auf, während ich ihr zusammen mit Nicky folgte.

In einer Seitennische kam sie endlich zum Stehen. »Was bildet sich dieser Kerl nur ein?«, schimpfte sie. Schnell war Leni von unseren Leuten umringt.

»Er hat es zwar verdient, aber leider ist es vor laufenden Kameras passiert«, sagte Nicky.

»Weißt du, wie egal mir das ist?«, fauchte Leni sauer.

»Was hat er denn gesagt?«

Leni schüttelte resigniert den Kopf. »Einen seiner dämlichen Sprüche. Eigentlich nichts Besonderes, aber da ging es mit mir durch. Er kapiert einfach gar nichts.«

»Und was ist mit deiner Hand?«

»Wir brauchen einen Eisbeutel und einen Arzt«, murmelte ich in meinen Ärmel.

Leni bewegte ihre Finger. »Wahrscheinlich wieder verstaucht, aber das ist auch egal.«

Während Nicky dafür sorgte, dass Leni sich abreagierte, hatten unsere Leute jede Menge damit zu tun, sie vor den sensationsgeilen Journalisten und neugierigen Blicken der anderen Gäste abzuschirmen. Daher brachten wir sie in eine Art Aufenthaltsraum. Dort gab es zwar nur wenige Tische, Stühle und einen Getränkeautomat, aber das würde reichen. Der Arzt kam und versorgte Lenis Hand. Nur kurze Zeit später tauchten der Präsident und die First Lady auf.

Mrs. Davis bedachte mich mit einem langen Blick, bevor sie zu ihrer Tochter ging. Was genau gesagt wurde, konnten wir nicht verstehen, aber Leni führte ganz offensichtlich eine Diskussion mit ihren Eltern. Ich widerstand dem Drang, einfach hineinzugehen und mich schützend vor sie zu stellen. Unruhig trat ich von einem Bein aufs andere.

»Mach dir keine Gedanken. Sie kann sich gut verteidigen«, murmelte Steven mir zu.

Minuten vergingen, ehe das Präsidentenpaar wieder herauskam. »Wir müssen auf jeden Fall den Schaden so klein wie möglich halten. Am besten überlassen wir das den Experten«, sagte der Präsident und lief mit Mrs. Davis an uns vorbei.

Endlich wurde die Tür geöffnet, und Nicky kam heraus. »Steven, ich soll Ihnen ausrichten, dass Leni in ein paar Minuten bereit ist, zu den Leuten rauszugehen. Sie können alles vorbereiten.« Sie wandte sich an mich. »Mr. Carter, würden Sie mir bei einer Kleinigkeit im Zimmer behilflich sein?«

»Natürlich.« Mehr als gern folgte ich ihr hinein. Ich wollte unbedingt wissen, wie es Leni wirklich ging. Ich betrat den Raum und bemerkte erst, dass Nicky sich hinter mir hinausschlich, als die Tür zufiel. Leni saß an einem Tisch und sah ziemlich mitgenommen aus. Sie fixierte einen Punkt auf ihrer verbundenen Hand und schaute erst auf, als ich sie ansprach.

»Wie geht es deiner Hand?«

»Luke? Was machst du denn hier?«

Ich griff nach der Lehne eines Stuhls, drehte ihn herum und setzte mich. »Willst du mir nicht erzählen, was los ist?«

»Willst *du* es mir nicht sagen?«

Damit hatte sie den Ball zu mir zurückgeworfen. Wieder spürte ich die innere Zerrissenheit, mit der ich zu kämpfen hatte. »Es geht um die Sache im SUV, habe ich recht?« Sie antwortete nicht. »Ich weiß, ich habe dir wehgetan, weil ich nichts erwidert habe, als du ...«

»Es tat weh, ja, aber das ist es nicht.« Nervös drückte sie ihre Finger und senkte den Blick.

»Ist es wegen ihm?« Von meiner Eifersucht angestachelt, hatte ich schon etwas Abweisendes auf den Lippen, was jedoch sofort erstarb, als sie mit dem Kopf schüttelte.

»Darum geht es nicht. Ich ... Ich muss dir etwas sagen, Luke. Etwas, das alles verändern wird, und ich habe Angst davor.«

Ich runzelte die Stirn. Sorgen und Furcht standen ihr ins Gesicht geschrieben. Das beunruhigte mich. »Was?«

»Es geht um dich und mich«, begann sie vorsichtig.

Plötzlich wurde mir klar, was ihr Problem war, und genau das quälte mich. Im SUV hatte sie es schon gesagt und mich damit an die Grenze gebracht. Jetzt war sie im Begriff, es wieder zu tun.

»Luke, ich ...«

Es würde mich umbringen. Sie durfte es nicht noch einmal wiederholen. Das könnte ich nicht ertragen. Ich schloss die Augen. »Sag es nicht, bitte ...«

»Siehst du, du tust es schon wieder!«, funkelte sie mich an und stand abrupt auf.

»Fuck, Leni! Du hast keine Ahnung, wie ...« Ich fuhr mir durchs Haar. »Ich weiß, was du mir sagen willst, aber das solltest du nicht tun.«

Sie hob abwehrend die Hände. »So, Mr. Oberschlau, was wollte ich denn sagen?« Ihre Augen flirrten mich gereizt an.

»Das Gleiche wie heute Morgen im SUV?«

Sie schwieg, also hatte ich richtig gelegen. Verzweifelt überlegte ich, wie ich ihr das ausreden konnte.

»Warum hast du geschwiegen? Warum hast du kein Wort gesagt? Ich hätte verstanden, wenn es dir zu schnell gegangen wäre oder du mir irgendetwas von deinen heiligen Prinzipien erzählt hättest, stattdessen kam kein Wort von dir – nichts. Du hast ausgesehen, als hätte ich dir eine schlimme Krankheit an den Hals gewünscht. Nach allem, was wir zusammen erlebt haben, dachte ich, ich wäre dir zumindest eine Antwort wert.« Sie ging zum Getränkeautomaten und wandte sich von mir ab.

Wann war der richtige Augenblick um zu endgültig zu beenden? Wann war der Moment, in dem ich ihr das Messer in den Rücken rammen sollte? Jetzt? So gerne hätte ich es noch hinausgeschoben, aber es war vielleicht besser so. Verfluchte Scheiße! Lieber ein Schrecken ohne Ende, als ... Wie ging das scheiß Sprichwort? Ich holte tief Luft, suchte verzweifelt den restlichen Mut, den ich noch im Leib hatte, und trat zu ihr. Sachte berührten meine Hände ihre Schultern und drehten sie zu mir um. Mein Gott, wie verlockend ihre Haut war! Sofort wischte ich die Gefühle beiseite, erinnerte mich daran, dass ich hart sein musste, für uns beide. Jetzt.

In dem Augenblick, als ich die Tränen sah, die an ihren Wangen hinunterliefen und ihr Make-up verschmierten, schrumpfte mein heldenhafter Mut auf die Größe einer Erbse. Fuck! Meine Vernunft löste sich in Rauch auf, mein Herz gewann – vorerst. Irgendetwas würde mir schon einfallen. Mit dem Daumen strich ich ihr eine Träne aus dem Gesicht. »Du hattest recht, Babe. Es gibt Dinge, die man nicht greifen kann, für die es keine logische Erklärung gibt. Du bist davon überzeugt, dass es Magie ist, aber ich weiß seit heute Morgen, dass man es Liebe nennt.«

Sie sah mich verwirrt an. »Luke Carter, quatsch keine Opern, das passt nicht zu dir.«

Lachend warf ich den Kopf in den Nacken. Das war meine Leni – frech und direkt. Das Lachen blieb mir im Hals stecken, als ich sie wieder ansah und mir bewusst wurde, dass ich nun Farbe bekennen musste. »Ich habe im SUV deshalb nichts erwidert, weil ...«

»Ja?«

Ich seufzte. Herrgott! Warum musste sie es mir so schwer machen? Herrisch zog ich sie an mich. »Weil ... das zwischen uns mehr ist, als ich erwartet habe, weil du etwas in mir losgelöst hast, das nicht sein darf, und wir deshalb Probleme bekommen werden. Aber ... ich liebe dich, Leni Davis. Bei Gott, das tue ich.«

Noch mehr Tränen rannen über ihre Wangen. Ihre Lippen waren meinen so nahe, dass ich nicht länger widerstehen konnte. Ich küsste sie gierig und suchte ihre Zunge. In diesem Moment verpufften all meine Sorgen und Gedanken, alles geriet in den Hintergrund. Nur sie zählte. Ihre Zartheit, ihr Duft und ihr Wesen nahmen mich vollkommen ein und ließen mich vergessen.

Viel zu früh beendete ein dumpfes Pochen an der Tür unseren Kuss, und schwer atmend löste ich mich von ihr. Mein Schwanz schmerzte und ich sehnte mich nach ihr. Wo bekam ich jetzt einen Eimer kaltes Wasser her?

»Wir müssen los, Babe«, flüsterte ich an ihren Lippen.

»Luke, warte, ich muss dir etwas sagen«, wisperte sie, und wieder legten sich Sorgenfalten auf ihre Stirn.

»Ich muss auch etwas mit dir besprechen, aber ich befürchte, wir müssen es auf später verschieben. Da draußen warten eine Menge Leute auf dich.«

»Na gut«, lenkte sie ein und stieß erleichtert den Atem aus.

Ich küsste sie ein letztes Mal, bevor ich den Raum verließ. Von Anfang an hatte unsere Beziehung unter keinem guten Stern gestanden. Das tat sie auch jetzt nicht. Unsere Liebe war zum Scheitern verurteilt. Sie würde mich hassen, und das war gut so.

~

Mein Handy summte. Normalerweise hätte ich meine Schwester weggedrückt, aber nach allem, was ich heute erfahren hatte, musste ich rangehen. Wir waren gerade dabei, Lenis letzten Punkt auf ihrer Pflichtliste vorzubereiten. Steven gab uns Instruktionen. Ich entfernte mich ein paar Schritte und nahm das Gespräch an. »Caroline, was gibt‘s? Ich bin mitten im Einsatz.«

»Luke! Luke! Du musst irgendwie herkommen. Ich ...«

Caroline war außer sich. Sie weinte hysterisch und war durcheinander. »Beruhige dich und sag mir genau, was passiert ist.«

»Ich habe Waffen gefunden, Luke, viele Waffen! Er plant etwas Schreckliches. Er hat von einer Entführung gesprochen, und der Name Leni Davis ist auch gefallen. Ich habe Angst, bitte ...« Sie klang verzweifelt, und im ersten Moment wusste ich nicht, was ich darauf sagen sollte.

»Was? Bist du sicher?«

»Verdammt, Luke, ich weiß nicht, wo die Waffen herkommen, aber ich weiß, was ich gesehen und gehört habe. Er will Leni Davis entführen. Das hat er klar und deutlich gesagt. Du musst etwas unternehmen, hörst du?«

Wie konnte das sein? Das passte nicht in das Bild, oder etwa doch? Meine Gedanken rasten, Panik überschwemmte mich. Ich schaute zu Steven, der mir nickend ein Zeichen gab, dass wir losmussten. »Zu wem hat er das gesagt?«

»Keine Ahnung! Was weiß ich, mit wem er da immer telefoniert.«

Okay, ich musste klar bleiben. »Wo bist du jetzt?«

»Auf dem Heimweg.«

Ich konnte nicht an zwei Orten gleichzeitig sein. Das Wichtigste war, Caroline und den Kleinen in Sicherheit zu wissen. »Okay, hör mir genau zu. Du rufst jetzt die Polizei, schnappst Milo und fährst so weit weg wie möglich. Hast du mich verstanden? Ich verständige das FBI.«

»Wo soll ich denn hin?«, schluchzte sie.

»Egal, Hauptsache weg. Fahr in ein Motel. Wo ist Dad?«

»Zu Hause in seinem Arbeitszimmer. Zumindest war er da noch, bevor ich gegangen bin.«

»Hab keine Angst, es wird alles gut«, versuchte ich sie zu

beruhigen.

»Luke, es geht los«, rief Steven dazwischen. »Ich muss Schluss machen, Caroline. Ich melde mich in zwanzig Minuten wieder.«

»Okay.« Verfluchte Scheiße! Was war nur in meinen alten Herrn gefahren? War er jetzt total verrückt geworden? Noch nie zuvor hatte ich meine Schwester so erlebt. Sie würde so etwas nicht sagen, wenn es nicht wahr wäre. Ausgerechnet jetzt brauchte ich einhundert Prozent Konzentration. Fuck! Ich atmete tief ein und sammelte mich. Gefasst, aber mit einem hohen Adrenalinspiegel schloss ich zur Gruppe auf. Mir begegnete Stevens fragender Blick. Er wusste sofort, dass etwas nicht in Ordnung war. »Probleme?«, raunte er mir zu.

»Ja ... Sobald wir im Wagen sind, müssen wir das FBI verständigen. Mein Vater … Ich erzähle es dir gleich.«

Er runzelte die Stirn. Wir wurden von Rossky, der uns grünes Licht für unseren letzten Marsch gab, unterbrochen. Leni hatte sich in der Zwischenzeit frischgemacht und kam zu uns. Auch sie bemerkte, dass etwas mit mir los war, aber ich wich ihr aus, wollte sie auf keinen Fall verunsichern.

Wir verließen das Kapitol und machten uns auf den Weg. Leni sollte zu den Leuten gehen, sich mit ihnen fotografieren lassen, Nettigkeiten austauschen und einfach dafür sorgen, dass die Menschen mit einem Lächeln nach Hause gingen. Ich versuchte, das Chaos in meinem Kopf auszublenden, und konzentrierte mich. Sofort als wir ins Freie gelangten, überfiel mich wieder dieses Gefühl, aber diesmal schob ich es auf die Probleme zu Hause. Ich bekam schon Paranoia.

Kaum erblickten die Fans und Journalisten hinter den Absperrungen die Präsidententochter, begannen der Applaus und das Geschrei. Leni schaute verunsichert zu mir, ließ sich aber von den Leuten, die ihr zuriefen, ablenken. Wir folgten ihr, als sie zum Sperrbereich ging. Alle Augen lagen auf Leni, während ich nach potenziellen Gefahrenquellen in der Menge suchte. Kinder, Jugendliche, Frauen und Männer riefen durcheinander, winkten und schossen begeistert mit ihrem Handy Fotos.

Steven gab mir ein Zeichen, dicht bei ihr zu bleiben, sie mit unseren Körpern abzuschirmen, so gut es ging. Meine Nervosität steigerte sich von Sekunde zu Sekunde. Es fiel mir schwer, nicht an Caroline und meinen Vater zu denken, während mein ganzes Talent und Können gefragt war. Ich trat nahe an Leni heran, war ihr menschlicher Schutzschild.

Ihre Augen fragten stumm, was los war, aber zum Glück wurde sie von einem kleinen Mädchen abgelenkt, das von seiner Mutter hochgehoben wurde. Das Kind streckte Leni ein selbstgemaltes Bild entgegen. Sie nahm es und redete mit der Kleinen.

Und plötzlich spürte ich es wieder, dieses seltsame, drückende Gefühl. Diesmal wusste ich ganz instinktiv, dass etwas nicht stimmte. Die Luft sirrte, es roch nach Gefahr. Hastig scannte ich die Leute ab, sortierte sorgfältig ihre Körpersprache. Automatisch griff ich in mein Jackett zu meinem Halfter und umklammerte meine Waffe. Langsam folgte ich meinem Gespür, was mich von Leni entfernte.

Mein Blick fing einen Kerl ein, der in einem dunklen Sweatshirt, dessen Kapuze er tief ins Gesicht gezogen hatte, vorne bei der Absperrung stand. Seine Kleidung war schmutzig und überall eingerissen. Beide Hände hielt er in den Seitentaschen versteckt. Der Kerl passte definitiv nicht in die Szenerie.

»Rossky«, rief ich in meinen Ärmel. »Ich entferne mich kurz von Bluefire. Auf zwei Uhr habe ich einen verdächtigen Typen gesehen. Ich checke ihn.« Ohne eine Bestätigung von Rossky ging ich los.

Als der Typ mich bemerkte, sah er auf und schaute mir direkt in die Augen. Seine Pupillen waren geweitet, und ich vermutete, dass er unter dem Einfluss irgendeiner Droge stand. Niemand nahm Notiz von ihm, da alle Aufmerksamkeit Leni galt.

Sein Gesicht erhellte sich. Er lachte mich breit an, als würde er mich erkennen, dabei entblößte er eine Reihe fauler und fehlender Zähne. Er stieß mit dem Ellenbogen den Hünen neben ihm an. Dieser musterte mich. Der Typ war genauso ungepflegt, hatte tiefe Schatten unter den Augen und eine Narbe auf der linken Wange. Plötzlich zog der Riese eine Waffe unter seinem schwarzen Mantel hervor und drückte ab.

Schüsse. Geschrei. Schwefelgeruch in der Luft. Seine Kugeln durchsiebten mich. Fuck! Ich hatte nicht den Hauch einer Chance. Die Menschenmenge geriet kreischend in Panik, rannte auseinander. Unendlicher Schmerz tobte in mir. Entkräftet fiel ich auf die Knie, die Pistole in meiner Hand. Fassungslos starrte ich zum Schützen. Er grinste. Die Luft war erfüllt von Angst und Tod.

Mit letzter Kraft hob ich meinen Arm, zielte und schoss ihm direkt in die Stirn. Fast zeitgleich wurde er von unseren Männern erschossen. Meine Waffe schlitterte zu Boden. Keuchend stieß ich den Atem aus. Blut sickerte aus den Wunden. Der metallische Geschmack in meinem Mund stieg an. Ich fiel vornüber auf meine Hände, Blut floss in einem Rinnsal aus meinem Mund. Langsam wich die Energie aus mir. Lenis Schreie drangen zu mir und zerrissen mich. Ich wollte zu ihr, doch es war zu spät. Umringt von unseren Leuten schrie sie panisch und schaute in meine Richtung. Sie rief meinen Namen. Ich hatte keine Kraft mehr, mich auf den Händen abzustützen, und brach zusammen.

»Luke, verdammte Scheiße! Halt durch, Hilfe ist unterwegs.« Richie kniete neben mir, um uns herum waren andere Agents, die hektisch durcheinanderredeten.

»Verfluchte Scheiße, es hat ihn böse erwischt.«

Der Schmerz, den die Kugeln in meinen Eingeweiden verursachten, brachte mich um. Ich schloss die Augen, fühlte, wie unsagbare Schwere mich mehr und mehr einnahm. Es war wie ein Frieden, der langsam in meinen Körper schlich. Das Bild der Frau, die mein Herz so viele Male hatte höherschlagen lassen, tauchte in meinem Kopf auf. Ein leises Glücksgefühl loderte in mir, als ich sie vor mir sah. Ihr süßer und unwiderstehlicher Duft drang in meine Nase. Sie lächelte und ihre pinkfarbene Haarsträhne wurde vom Wind in ihr Gesicht geweht.

Plötzlich wurde es still, und ich spürte den Abschied nahen. Es tröstete mich, noch einmal in ihr wunderschönes Gesicht zu sehen. So konnte ich sterben, so konnte ich gehen. »Ich liebe dich, Luke«, wisperte sie. Sie streckte ihre Hand nach mir aus, doch ich hatte keine Kraft, nach ihr zu greifen. Es tat mir unendlich leid. So gern würde ich bei ihr bleiben, doch die Dunkelheit nahm mich ein und zog mich in einen tiefen, langen Schlaf. Ich stieß den Atem aus ...

Ende Teil 1

Any Cherubim

KEINE PANIK!

Ich arbeite auf Hochtouren, damit du den zweiten und letzten Teil von “White House Princess” bald lesen kannst. Ich hoffe, du schenkst mir ein wenig Zeit.

Danke fürs Lesen

Deine Any

Willst du mehr über die Geschichte von Leni und Luke erfahren? Dann besuche mich doch bei Facebook.

WHITE HOUSE

Princess

DER NEUE LIEBESROMAN VON
ERFOLGSAUTORIN ANY CHERUBIM

WWW.ANYCHERUBIM.DE

Um dir die Wartezeit zu versüßen, schau dir doch mal dieses Buch an:

Offene Boots, Lederjacke, zerrissene Jeans, ein sexy Lächeln - so hatte sich Joy einen FBI-Agenten in ihren kühnsten Träumen nicht ausgemalt. Und diesem Typen soll sie ihr Leben und das ihrer Schwester anvertrauen? Wahrscheinlich wären sie in einem tosenden Hurrikan sicherer als bei diesem unverschämt charmanten Kerl.

Seit dem Tod ihrer Mutter hat es sich die neunzehnjährige Joy zur Aufgabe gemacht, sich um ihre kranke Schwester Holly zu kümmern. Die Familie hat eine enge Bindung, bis das schier Unvorstellbare geschieht:
Kurz vor den Sommerferien konfrontiert der Vater sie mit der Wahrheit, die alles zerstört. Durch sein dunkles Geheimnis bröckelt seine mühsam aufgebaute Fassade. Joy und ihre Schwester werden aus ihrem gewohnten Leben gerissen und drohen in einen Abgrund zu stürzen.

Der Black Summer beginnt ...

10376454R00228

Printed in Germany
by Amazon Distribution
GmbH, Leipzig